新时代油气田内部审计工作探索与实践

《新时代油气田内部审计工作探索与实践》编委会　编

石油工业出版社

内容提要

本书是在中国石油西南油气田公司审计部门通过开展一系列研究，并结合审计管理和审计项目工作实际及相关标准化工作探索形成的研究成果基础上，梳理形成油气田内部审计相关工作的经验总结。

本书适合财务会计、审计工作人员阅读，也可作为高等院校相关专业师生参考用书。

图书在版编目（CIP）数据

新时代油气田内部审计工作探索与实践 /《新时代油气田内部审计工作探索与实践》编委会编 .—北京：石油工业出版社，2024.11. —ISBN 978-7-5183-7179-2

Ⅰ. F239.62

中国国家版本馆 CIP 数据核字第 20241S422L 号

出版发行：石油工业出版社
（北京安定门外安华里 2 区 1 号　100011）
网　址：www.petropub.com
编辑部：（010）64523561　　图书营销中心：（010）64523633
经　　销：全国新华书店
印　　刷：北京中石油彩色印刷有限责任公司

2024 年 11 月第 1 版　2024 年 11 月第 1 次印刷
787 × 1092 毫米　开本：1/16　印张：14.5
字数：360 千字

定价：88.00 元
（如出现印装质量问题，我社图书营销中心负责调换）

《新时代油气田内部审计工作探索与实践》

编委会

编写组

主　　编：王　虓

副主编：白　建　邓德美

成　　员：张　娟　伍晓玮　王家明　刘锦屏　舒　婷　肖　鑫　税　敏　周　越　于海龙　杨　锋　樊锦鹭　蔡　艺　唐　煌　张　锐　何　维　聂常文　杨　帆　肖　雲　高　睿　梁桠东　余　跃　周丽君　彭　群　李　磊　宫　雪　喻芳媛　李　峰　邓广霖　刘　洁　毛　羽　贺玉亭　刘富权　颜　爽　王一平　苟建林　唐卫东　何泽龙　陈　阳　黄　佳　杨　蓓

序

在当今全球能源格局不断演变、油气行业面临前所未有的挑战与机遇之际，内部审计作为企业管理的重要组成部分，其角色与重要性日益凸显。在复杂多变的市场环境中，建立健全、高效、创新的内部审计体系，对于保障企业资产安全、提升运营效率、促进合规经营具有不可估量的价值。

《新时代油气田内部审计工作探索与实践》正是在这样的背景下应运而生的，它不仅是对石油天然气行业内部审计实践的一次深度梳理，更是对未来发展方向的前瞻性思考。书中汇聚了众多审计专家与从业者的智慧结晶，通过理论探讨与实践经验相结合的方式，系统地阐述了油气田内部审计的新理念、新方法、新技术，以及在应对行业特有风险、提升管理效能方面的独特作用。

《新时代油气田内部审计工作探索与实践》对于“探索”二字有着深刻的诠释。在油气田这样资本密集、技术复杂、风险多变的领域，内部审计不能仅限于传统的查错防弊，而必须紧跟时代发展步伐，利用大数据、云计算、人工智能等现代信息技术，实现审计手段的智能化、审计范围的全面化、审计效率的高效化。书中提到的多种审计管理模式、方式方法都是在充分总结历年审计实践经验的基础上，对审计理论和技术方法进行的多层次、多角度的研究，这正是研究未知事物的探索精神的生动体现，为同行提供了宝贵的经验与启示。

内部审计不仅在企业管理中发挥着“最后一道防线”的作用，更是推动企业持续健康发展的重要驱动力。希望本书的出版，能够激发更多同行对内部审计工作的深入思考与实践探索，共同推动油气田内部审计事业迈向新的高度。

在此，向该书所有参编人员表示衷心的感谢。你们的辛勤付出与无私奉献，为油气田内部审计工作的发展贡献了宝贵力量。相信随着该书的广泛传播与深入应用，必将对我国油气行业的健康发展产生积极而深远的影响。

让我们携手并进，共创油气田内部审计工作的美好未来！

何骁

前言

在当今全球经济一体化与能源行业快速变革的背景下，油气田作为能源产业链的重要一环，其运营效率、成本控制与风险管理能力直接关系到企业的可持续发展与国家能源安全。内部审计，作为企业内部管理控制的关键组成部分，对于确保油气田项目的合规性、提高运营效率、预防腐败及降低经营风险具有不可替代的作用。

随着油气田开发技术的不断进步和管理要求的日益提高，内部审计工作面临着前所未有的挑战与机遇。一方面，数字化、智能化技术的应用为内部审计提供了更为高效、精准的工具；另一方面，复杂多变的市场环境与国际油气价格的波动要求内部审计更加注重风险预警与战略支持。本书通过系统梳理油气田内部审计的理论基础、方法体系及实践案例，旨在帮助读者：深入理解油气田内部审计的独特性与复杂性；掌握先进的审计理念与技术手段，提升审计效率与质量；借鉴成功案例，解决审计实践中遇到的具体问题；强化风险管理意识，促进油气田企业高质量发展。

本书汇聚行业内部审计的最新研究成果与实践经验，为油气田企业的管理者、内部审计人员及相关领域学者提供一个全面详实的学习资料。全书共分为六章，内容涵盖但不限于：

第一章介绍国内外内部审计发展与变化。

第二章阐述运用风险导向编制油气田内部审计计划、探索“两段式”审计组织模式。

第三章介绍油气田内部管理效益审计方法、数据驱动审计新模式、内部审计咨询服务等方式方法的创新应用。

第四章探讨油气田内部审计质量评估、审计外委业务质量管理与风险控制。

第五章系统梳理和提炼油气田内部审计成果的概念，分类，运用内容、特点和作用，存在的主要问题和制约因素，运用机制的建立，运用主要对象及方式，运用途径及程序。

第六章系统分析和总结油气田内部审计整改内涵和目标、整改的制度与政策、整改工作存在的不足及整改的具体措施。

本书适合油气田企业的管理人员、内部审计人员、财务人员、风险管理人员，以及高等院校相关专业师生、研究机构研究人员和对油气田内部审计感兴趣的各界人士阅读。

我们诚挚希望本书能够成为您提升专业知识、优化审计实践、推动油气田行业健康发展的得力助手。通过本书的出版，我们期待促进更多关于油气田内部审计的深入探讨与合作，共同为构建更加安全、规范、高效的油气田管理体系贡献力量。

限于编者认识水平，本书不足之处在所难免，敬请读者批评指正。

目录

第一章

新时代内部审计概述

第一节　国际内部审计发展与变化

一、国际内部审计职能的历史演变

1941 年，国际内部审计师协会（以下简称 IIA）成立。根据国际内部审计协会在 1947 年以来多次颁布或修订的权威规范中界定的内部审计概念，可以看出内部审计职能变迁的特点，主要经历了五个阶段的演化。

（1）以财务为导向。作为内部审计的初级阶段，委托人的监督需求为组织会计信息和财务报表真实性、合规性，内部审计主要围绕会计账簿和财务报表开展，以期达到“查错纠弊”的审计目的。

（2）以业务为导向。这一阶段内部审计重点为组织具体的业务活动及其管理控制情况，作出提高组织运营效率的审计评价和建议，为管理层提供决策参考。与财务导向的职能相比，审计的范围有了较大的拓展，审计服务对象也不再局限于委托人。

（3）以管理为导向。随着 20 世纪 70 年代公司治理理论的产生和发展，内部审计开始探索从组织整体的角度出发，评价内容转向组织的目标和相关决策的效果，进而推动组织治理不断改善。自此，内部审计要为组织提升管理水平、增加价值的职能定位理念不断强化，内部审计地位也逐步提高，报告层面上升至董事会。

（4）以风险为导向。IIA 于 1999 年首次将内部审计赋予新的定义，要求内部审计在组织风险管理、内部控制（简称内控）和公司治理中发挥重要作用，对内部审计职业胜任能力提出新的标准。内部审计活动不再是低层次的管理活动，而是更高层次的治理活动，内部审计被纳入公司价值链，关注公司治理、协助公司治理的完善、提高整个公司治理的有效性并为企业价值增值和利益的合理分配提供支持成为新型内部审计的使命。

（5）以数据为导向。2007 年，IIA 发布了 3 期《全球信息系统审计指南》，对信息科技领域的管理、控制和安全问题及时进行了回应。2008 年，继续发布 2 期《全球信息系统审计指南》，分别与业务连续性管理和信息科技审计计划的发展有关。随着数字科技的深入发展，数据采集、数据存储、数据挖掘、数据分析逐步丰富传统的审计模式，内部审计开始进入以数据为导向的审计模式。

二、国际内部审计职能的发展趋势

《国际内部审计专业实务框架》（IPPF）是 IIA 发布的内部审计行业权威标准的概念性

框架，于2009年首次发布，目前使用版本是2017年修订版。IIA于2022年下半年启动了对2017年版本的修订工作，于2023年初完成了《全球内部审计准则》的征求意见稿，经过向关键利益相关方、广大内部审计从业人员和全社会征求意见，于2024年初完成了《全球内部审计准则》的最终稿并正式发布，将于2025年1月起正式生效。修订后的准则用于指导全球内部审计实务，并作为评价和提升内部审计工作质量的标准。该准则进一步深化了内部审计职能作用，体现出内部审计与战略、目标和风险的相互作用日益紧密，强调了内部审计的前瞻性，重申了内部审计对公司治理的促进作用。

1. 明确内部审计的价值定位

新准则进一步明确了内部审计的价值定位，强调了内部审计对促进组织功能成功发挥的重要作用。内部审计的宗旨在于帮助内部审计人员和内部审计利益相关方理解内部审计价值，为组织强化价值创造、保护组织的价值和可持续发展、治理、风险管理和控制过程、维护组织的声誉等方面提出更高的要求。

2. 增加职业道德原则

在职业道德规范方面，新准则增加了“履行应有的职业审慎”原则，要求内部审计人员在计划和开展审计工作时需要更加审慎，以确保审计工作的质量和效果。

3. 针对关键领域的具体指导

新准则特别针对网络安全等关键领域提供了具体的指导和标准，以适应快速变化的业务环境，提高组织对新兴风险的响应能力。

4. 灵活适应不同地区的挑战

新准则设计得更灵活，能够适应世界不同地区审计师面临的独特挑战，提高了准则的适用性和有效性。

这些变化旨在指导全球内部审计实务，提升内部审计工作质量，增强内部审计职能作为董事会和高级管理层重要业务合作伙伴的作用。

三、国际内部审计发展对我国审计工作的启示

国际内部审计发展趋势对我国内部审计的发展带来了很好的启示：

（1）审计理念由监督制约向管理服务转变。随着我国社会主义市场经济的建立和发展，内部审计由监督型向服务型转变并与国际接轨是其重要的发展方向。

（2）审计职能由查错纠弊向增加价值转变。判断内部审计是否成功，重要的标志之一是其服务给组织提供的价值。

（3）审计范围由财务收支领域向经营管理领域转变。审计重点既要包括供、产、销等主要经营环节的各种具体业务，又要涵盖人、财、物的管理效率和管理水平。

（4）审计时间由鉴证历史向着眼未来转变。内部审计应由单一的事后审计扩展为事前、事中、事后审计相结合，只有把审计工作贯穿于生产经营的全过程，并着眼于未来的预测，才能改进控制和提高绩效。

（5）审计技术由计算机向信息化和数据化转变。这种转变可以使内部审计人员及时审查会计信息，实现实时审计和非现场审计，从而降低审计成本，提高审计效率和效益，

彻底改变内部审计的工作模式。

（6）审计模式由控制导向向风险导向转变。内部审计人员根据风险评估的思路开展对内部控制的评价，以组织目标为起点和核心，能够更加有效地发挥其建设性作用，为组织增加价值做好服务。

（7）审计主体由小而全向多元化转变。21世纪内部审计主体、审计人员结构、审计人员知识结构逐渐出现多元化的趋势。

第二节　我国内部审计发展与变化

一、新中国内部审计的建立与发展

我国内部审计真正开始发展是在中华人民共和国成立以后。1983年9月15日，中华人民共和国审计署（以下简称审计署）正式成立。同年，《国务院批转审计署关于开展审计工作几个问题的请示（国发〔1983〕130号）》，首次提出建立内部审计监督制度问题，这标志着我国现代内部审计正式启动。1985年12月5日，审计署公布《相关内部审计工作若干要求》，此项要求成为中国开展内部审计的依据。30多年来，我国内部审计取得了巨大发展，总体上可以分为四个阶段。

1. 初步建立阶段（1983—1992年）

这一阶段内部审计的发展与创新主要体现在：（1）加快内部审计机构的组建；（2）不断完善内部审计规范，指导内部审计工作的开展；（3）围绕内部审计任务，积极发挥内部审计在维护财经纪律和提高经济效益方面的作用。

2. 稳步发展阶段（1993—2002年）

这一阶段内部审计的发展与创新主要体现在：（1）内部审计的行业管理发生重大转变；（2）随着政府机构改革，政府部门内部审计在发展中经历波折；（3）随着非国有经济组织的发展，内部审计规定得到进一步修订；（4）内部审计的主要任务围绕国有企业转换经营机制、建立现代企业制度展开。

3. 转型与发展阶段（2003—2012年）

这一阶段内部审计的发展与创新主要体现在：（1）中国内部审计协会在内部审计行业管理中发挥日益重要的作用，内部审计准则体系不断完善；（2）监管部门发布了一系列规范，强化了内部审计监督；（3）内部审计在完善组织治理、加强风险管理、支持转变发展方式、促进股份制改造、建立现代企业制度等方面发挥越来越重要的作用。

4. 快速发展阶段（2013年至今）

党的十八大以来，内部审计的发展与创新主要体现在：（1）强化党对内部审计的领导；（2）强化内部审计政治站位，强调内部审计在推动国家治理与国家治理能力现代化中发挥作用；（3）审计监督不断强化，审计的功能不断提升；（4）审计监督的目标和任务"全覆盖"；（5）国家审计、内部审计和社会审计资源加快整合；（6）内部审计的独立性不断增强，这主要体现在总审计师的建立与地位的提升；（7）审计将在境外审计和企业战略层面发挥作用；（8）审计将在合规管理、内部控制与风险管理方面发挥更大作用；（9）内部审计开始思考在数字经济背景下的转型问题。至此，我国的内部审计进入一个快速转型与发展的新时期。

二、中国内部审计的新要求与职能定位

1. 内部审计新要求

中国特色社会主义进入了新时代，我国内部审计承载着新使命。我国内部审计理论研究者和实务工作者应深刻理解和深入研究内部审计的新使命，为理论研究和实际工作提供指导。

（1）党和国家赋予内部审计的新使命。党的十九大报告中提出“改革审计管理体制”，强调“构建党统一指挥、全面覆盖、权威高效的监督体系”，把审计监督提高到一个更高层次。十九届三中全会决定组建中央审计委员会，作为党中央决策议事协调机构。中央审计委员会的主要职责是，研究提出并组织实施在审计领域坚持党的领导、加强党的建设方针政策，审议审计监督重大政策和改革方案，审议年度中央预算执行和其他财政支出情况审计报告，审议决策审计监督其他重大事项等。改革审计管理体制，组建中央审计委员会，是加强党对审计工作领导的重大举措，目的是构建集中统一、全面覆盖、权威高效的审计监督体系，更好发挥审计在党和国家监督体系中的重要作用。内部审计机构和内部审计人员应充分认识新使命，增强内部审计职业的自信，以高度的政治责任感、历史使命感和职业荣誉感，切实把思想和行动统一到党中央重大决策上来，统一到公司审计工作总体部署上来，依法全面履行审计监督职责，努力开创新时代审计工作新局面。

（2）全国内部审计工作座谈会赋予内部审计的新使命。2018 年 9 月 11 日，全国内部审计工作座谈会在京召开，中央审计委员会办公室主任、审计署党组书记、审计长胡泽君发表讲话并强调，要提高政治站位，站在党和国家事业全局的高度，加强党对内部审计工作的全面领导，扎实推进党和国家重大决策部署的全面落实。

加强内部审计工作是落实党和国家重大决策部署的重要内容之一，是实现内部审计转型升级发展的需要。对于内部审计机构和内部审计人员而言，要深入把握和不断总结内部审计工作的规律和经验，改革内部审计组织领导体制和审计模式，坚守党和国家对内部审计工作的职责定位，推动内部审计工作促进我国经济高质量发展。我国内部审计只有把握大局、明辨方向、找准路子、扎实工作，才能完成新使命、取得新发展、实现新作为、开创新局面。

（3）审计署赋予内部审计工作的新使命。2018 年 1 月 12 日《审计署关于内部审计工作的规定》发布，并于 2018 年 3 月 1 日起正式实施。《审计署关于内部审计工作的规定》赋予了内部审计的新使命，将内部审计的职责范围从“财政财务收支、经济活动”扩展到了“内部控制评价与风险管理审计”，并对内部审计提出了新使命，即贯彻落实党和国家重大决策部署跟踪审计、企业发展规划和发展战略审计、“三重一大”决策程序审计、企业年度业务计划执行情况审计、企业涉及的履行管理自然资源资产和保护生态环境责任的审计、境外审计等内容。对于内部审计和组织管理，要求国有企业和国有控股企业

建立总审计师制度，总审计师在企业党组织、董事会领导下具体管理内部审计工作。

内部审计机构和内部审计人员应充分认识内部审计的新使命，增强内部审计职业的自信；提高贯彻落实的内在自觉性，做好与其制度的对接；深层次研究内部审计在新时期的新特点，发挥内部审计的确认和咨询作用；切实履行内部审计的新使命、新要求，切实提高内部审计质量和成效。

（4）科学技术发展赋予内部审计的新使命。在数字经济时代，如果离开数字化技术和方法，将无法提高内部审计工作的效率。科学技术进步正逐步取代部分内部审计人员，内部审计行业的岗位需求将逐步下降。科技在某些方面可以模仿人类甚至可以超过人类，但并不会使内部审计人员毫无用处。内部审计的重要发展方向之一就是要细分工作职能，挑选适合的“人”去实施相应的“事”。

科学技术发展赋予内部审计的新使命，是要求内部审计机构和内部审计人员加强对科技能力的培养和运用，要用科技武装内部审计人员的头脑，让内部审计插上科技的翅膀。在现代科学技术飞速发展的时代，内部审计人员应采用大数据技术了解被审计单位情况、利用互联网了解内部控制的有效性，建立智能化的内部审计工作流程，采用区块链技术控制内部审计质量。因此，内部审计机构和内部审计人员要坚持科技强审，向互联网要信息，向大数据要资源，向智能化要效率，用高科技推动内部审计工作的现代化。

（5）建设内部审计队伍赋予内部审计的新使命。“打铁必须自身硬”，建设一支政治素质过硬、业务素质精湛的内部审计队伍，对于保障新时代内部审计完成新使命、取得成效而言尤为重要。内部审计人员要提高政治思想水平，深入学习、认真贯彻习近平新时代中国特色社会主义思想，要坚定理想信念，精通内部审计业务，拥有过硬的工作作风，廉洁奉公；强化担当意识，勇于改革创新，激发内部审计工作效能，肩负起新时代内部审计的新使命。

内部审计机构和内部审计人员应强化共产主义理想信念和实现中华民族伟大复兴中国梦的教育，使内部审计人员既有远大理想又能脚踏实地地工作，既能抵御各种诱惑又能客观公正待人处事；既能严格遵守各项纪律又能坚持文明审计、和谐审计，努力建设一支高标准、高素质、专业化的内部审计队伍，为实现新时代的内部审计新使命提供人力资源保障。

综上所述，内部审计要从服务审计主体需求转向服务审计客体需求，其目标从促进加强经济管理和实现经济目标提升为完善公司治理；拓展了内部审计职能，内部审计要加强咨询服务职能；增加了党组织对内部审计的领导要求，并强调国有企业应建立总审计师制度；强化审计发现问题整改；拓宽了内部审计范围，内部审计要从传统管理审计向现代风险导向型管理审计转型。特别是增加了贯彻落实国家重大政策措施情况审计、自然资源资产管理和生态环境保护责任的履行情况审计等新职责，直接体现了内部审计和国家审计共同服务于实现高质量发展的时代要求。

2. 内部审计职能定位

（1）内部审计与党的领导和国家治理。

党的十八大以来，审计工作越来越得到党和国家高度重视，十八届四中全会把审计监督列为与党内监督、人大监督、民主监督、行政监督、司法监督、社会监督、舆论监督并列的8类监督类型之一，并强调完善审计制度，对公共资金、国有资产、国有资源和领导干部履行经济责任情况实行审计全覆盖。党的十九大作出了改革审计管理体制、构建党统一指挥、全面覆盖、权威高效监督体系的战略部署。党的十九届三中全会通过《深化党和国家机构改革方案》，审计更是成为一个职能优化和加强的部门。组建中央审计委员会，以加强党对审计工作的领导；同时，将审计职能进行合并重组，将以前国家发展和改革委员会的重大项目稽察、财政部的中央预算执行情况和其他财政收支情况的监督检查、国资委的国有企业领导干部经济责任审计和国有重点大型企业监事会的职责划入了审计署，以此构建统一高效的审计监督体系。这些都说明了党中央、国务院对审计作用的认可，表明审计在促进国家治理能力现代化方面的地位和作用日趋重要。

内部审计是审计监督体系的重要组成部分，从其诞生伊始就纳入了审计监督体系的顶层制度设计。内部审计作为审计监督体系的重要组成部分，在促进单位经济决策科学化、内部管理规范化和运行风险防控常态化方面具有第一道防线的基础性监督特点，决定了内部审计在夯实国家和社会治理基础，促进社会经济活动各个环节、各个层面、各个领域协调发展和健康运行方面具有重要作用，对于推动实现国家治理体系和治理能力现代化、促进经济高质量发展具有重要意义。

（2）内部审计与国家审计监督。

内部审计作为我国审计监督体系中的重要组成部分，具有与国家审计相同或相似的审计目标、方法和内容。因为国家审计客观上存在审计资源稀缺性的成分，可以利用内部审计的数据及成果，对审计流程进行优化设计，避免重复审核，降低审计成本，提高审计效率。国家审计机关可以在了解内部审计系统的基础上，根据内部审计评估和建议，对审计过程中可能存在的审计风险点作为审计监督的重点，关注业务过程中易发风险薄弱环节，集中精力进行重点审计，有助于降低审计风险，提高审计质量。

国家审计关于单位内部控制的评审结果，特别是薄弱环节，内部审计要跟踪调查核实；利用国家审计提供的问题，确定审计方向。内部审计要与国家审计及时沟通，做到资源共享，扩大审计影响。国家审计可以利用内部审计工作成果，一是利用内部审计关于单位内部控制制度的评审结果；二是利用内部审计机构对下属单位进行审计的结果；三是利用内部审计发现问题的线索，确定审计的重点领域。国家审计成果与内部审计成果可以相互借鉴，相互利用。国家审计作为一种外部审计，在工作中要利用内部审计的工作成果，内部审计根据国家审计成果，更有效实施内部审计和监管。

（3）内部审计与国有企业治理。

内部审计是促进部门（单位）经济决策科学化、内部管理规范化、运行风险防控常态化的一项重要制度设计。正如胡泽君审计长在全国审计工作会议上指出的，只有每一个市场主体的细胞是健康的，市场经济才能减少出问题的风险。而要减少出问题的风险，健全和完善的内审制度具有举足轻重的作用。

内部审计作为公司治理四大基石之一，在确保优质的公司治理方面发挥着越来越重要的作用。内部审计被看作是风险管理的能手以及审计委员会职能的延伸。内部审计助力国有企业提质增效，内部审计工作对国有企业风险控制具有监管与预防作用，内部审计还是防范国有企业高管腐败的有力“武器”，是国有企业开展全面从严治党的重要抓手。

（4）内部审计全过程服务于组织治理、风险管理和内部控制活动。

中国特色社会主义进入新时代，在国家产业结构调整、经营理念转变、市场竞争加剧的经济转型重要时期，我国经济已由高速增长阶段转向高质量发展阶段。十九大以来，党中央推出了一系列重大战略举措，出台了改革发展的政策新规，内部审计作为党和国家监督体系的重要组成部分，在新时代的感召下也面临着深刻的变化和严峻的挑战。

审计署2018年修订的《审计署关于内部审计工作的规定》，要求内部审计拓展审计职能，明确了内部审计内容、职责、目的，将监督范围拓展至组织治理、风险管理和内部控制活动中，将目标定位为“促进单位完善治理、实现目标”，同时还明确了涉及财政财务收支审计、内部管理领导人员经济责任审计等12项职能，特别增加了贯彻落实国家重大政策措施情况审计，发展规划、战略决策、重大措施以及年度业务计划执行情况审计，自然资源资产管理和生态环境保护责任的履行情况审计，境外机构、境外资产和境外经济活动审计，协助督促落实审计发现问题的整改工作，指导监督所属单位内部审计工作等职责。围绕新时代要求，内部审计的职责和作用已牢牢定位于服务国有资本，增强国民经济活力、控制力和影响力，审计站位也提升到更加有效地服务于国家战略部署、服务于企业改革发展、服务于全面从严治党。

三、国有企业内部审计的发展与变革

中国国有企业内部审计的发展历程，是伴随着中国经济体制改革和国有企业改革的不断深化而逐步形成的。在国家审计管理体制改革不断推进的大背景下，我国国有企业的内部审计制度和职能定位也引来大变革、大发展。

2005年，国务院国有资产监督管理委员会（以下简称国资委）发布《关于加强中央企业内部审计工作的通知》（国资发评价〔2005〕304号），对中央企业内部审计工作提出了更高要求，强调进一步加强内部审计工作是全面深化改革、完善现代企业制度的需要，也是全面推进依法治企、深入开展反腐倡廉的需要。中央企业要有效发挥内部审计功能作用，内部审计工作应该促进企业战略执行落地、促进企业全面提质增效、促进企业重要岗位权力约束、促进企业依法合规运营、促进企业重大风险识别和防范。2016年12月5日中央全面深化改革领导小组第三十次会议审议通过《关于深化国有企业和国有资本审计监督的若干意见》，强调“要完善国有企业和国有资本审计监督体制机制，做到国企国资走到哪里，审计就要跟进到哪里，不留死角”。为了加强内部审计工作，2018年1月，审计署印发了《审计署关于加强内部审计工作业务指导和监督的意见》，明确了审计工作要以习近平新时代中国特色社会主义思想为指导，充分认识加强内部审计工作对强化单位内部管理、统筹整合审计资源、增强审计监督效能、推进审计事业发展的重要意义。2018年3月，《审计署关于内部审计工作的规定》正式施行，为加强审计机关依法履行对内部审计的业务指导和监督职责，提供了制度遵循。2018年5月，中央审计委员会成立，习近平总书记任审计委员会主任，并在5月23日召开的中央审计委员会第一次会议讲话中指出，“要加强对内部审计工作的指导和监督，调动内部审计和社会审计的力量，增强审计监督合力。”2020年，为有效推动中央企业构建集中统一、全面覆盖、权威高效的审计监督体系，贯彻落实党中央、国务院关于深化国有企业和国有资本审计监督的工作部署，国资委发布《关于深化中央企业内部审计监督工作的实施意见》国资发监督规〔2020〕60号，为新时代我国国有企业内部审计工作的开展作出了详细部署。2021年10月，新修订的《中华人民共和国审计法》明确规定：“国家实行审计监督制度。坚持中国共产党对审计工作的领导，构建集中统一、全面覆盖、权威高效的审计监督体系。”“被审计单位应当加强对内部审计工作的领导，按照国家有关规定建立健全内部审计制度。”内部审计是国家审计监督体系的重要组成，在各部门单位防范风险、提质增效、反腐倡廉、精益化发展方面起着重要的推动作用，加强内部审计工作是实现审计全覆盖，推进国家治理体系和治理能力现代化，推动经济高质量发展的需要。

在这一时期，内部审计开始更加注重风险管理和内部控制的有效性。通过应用系统的、规范的方法，内部审计对风险管理、控制和治理的效果进行评价和改善，帮助国有企业实现其目标。同时，内部审计也开始关注企业的战略管理和可持续发展，为国有企业提供更加全面、深入的审计服务。

第二章

风险导向编制内部审计计划和审计组织

第一节　风险导向编制审计计划

公司和集体企业审计计划由审计部门统筹立项，依据国有主业和集体产权的权属划分，分别独立编制。采用风险导向模式，集中分析业务活动中风险高、管控弱的领域环节，坚持“领导干部离任必审、强化任中审计、竣工决算审计全覆盖、突出重大风险领域专项审计”的立项原则，做到应审尽审，形成下一年度审计项目计划建议，呈公司执行董事审批后，下达年度审计项目计划。

一、审计计划的定义及分类

1. 定义

审计计划是指审计人员为了完成各项审计业务，达到预期的审计目标，在具体执行审计程序之前编制的工作计划。

中国内部审计协会 2014 年 1 月施行的中国内部审计准则《第 2101 号内部审计具体准则——审计计划》第二条规定：“本准则所称审计计划，是指内部审计机构和内部审计人员为完成审计业务，达到预期的审计目的，对审计工作或者具体审计项目作出的安排。”

2. 分类

审计计划包括总体审计计划和具体审计计划。具体审计计划是指审计人员为获取充分、适当的审计证据，依据总体审计策略，就拟实施审计程序的性质、时间和范围等事项所作出的安排与说明。

中国内部审计准则《第 2101 号内部审计具体准则——审计计划》第四条规定：“审计计划一般包括年度审计计划和项目审计方案。年度审计计划是对年度预期要完成的审计任务所作的工作安排，是组织年度工作计划的重要组成部分。项目审计方案是对实施具体审计项目所需要的审计内容、审计程序、人员分工、审计时间等作出的安排。”

3. 审计项目计划的层次与具体内容

内部审计人员在实际工作中需要制订包括年度审计计划、项目审计计划和审计方案三个层次的审计计划。

（1）年度审计计划是对未来一年内审计工作所作的事先规划，是组织年度审计工作计划的重要组成部分。年度审计计划包括以下内容：内部审计年度工作目标：根据组织战略、组织年度目标并考虑内部审计工作的实际需要而确定，制订时应注意和本机构的内部审计手册相关内容保持一致；需要执行的具体审计项目及其先后顺序，这是年度审计计划的最重要内容，具体审计项目是指审计范围内的重点审计领域；各审计项目所分配的审计资源，包括所需要的审计人员数量及预计耗费的审计工时；后续审计的必要安排：后续审计的目的是为检查被审计单位对审计发现问题的整改情况。

（2）项目审计计划是对具体审计项目实施全过程的总体安排，是对年度审计计划所确定的具体审计项目从审计准备到审计完成全过程的规划。项目审计计划由审计项目负责人制订，包括以下内容：① 审计目的和审计范围。应说明本项目的总体审计目的，如审查和评价经营活动及内部控制的适当性、合法性和有效性，评价被审计单位对特定政策、法规、合同等的遵循情况等。此外，还应说明项目的审计范围，包括审计对象的范围和审计活动的范围、重要性和审计风险的评估。② 审计小组构成和审计时间的分配，包括人员安排及时间预算，审计项目负责人需要根据审计项目的性质和特点来配备具有相应胜任能力的内部审计人员。③ 对专家和外部审计工作结果的利用。审计项目负责人应注意在项目审计计划中列明对专家或外部审计人员所作的工作安排。④ 其他有关内容。审计项目负责人应结合实际情况，考虑是否还有其他需要纳入项目审计计划的内容，如被审计单位提供的资料和协助等。

（3）审计方案是对具体审计项目的审计程序及其时间等所作出的详细安排，是根据项目审计计划，对实施项目审计计划的具体审计目的、审计程序及其时间安排进行的详细规划与说明。审计方案也由项目负责人负责制订，具体内容包括：① 具体审计目的。是对项目总体审计目的的细化，用以指导具体审计方法及程序；② 具体审计方法和程序步骤。用以指导审计人员的具体操作；③ 执行人及执行日期。应对所要执行的程序具体分配审计人员，并规划执行时间；④ 其他有关内容。审计项目负责人应结合实际情况，确定所需要的其他相关内容。

年度审计计划、项目审计计划与审计方案这三个层次之间是由大到小、由总括到具体的关系。年度审计计划是对年度审计工作的安排，而项目审计计划和审计方案是根据年度审计计划，对具体审计项目的安排。当组织规模较小、面临的风险较单一、审计业务较简单时，可能不需要完整的三个层次的审计计划，内部审计部门可以根据组织的性质、规模及审计业务的复杂程度等因素决定审计计划层次的繁简。年度审计计划、项目审计计划与审计方案贯穿着审计工作的始终，影响着内部审计走向成功。

二、审计计划编制存在的缺陷

传统的审计项目计划生成机制过多地依赖于审计人员的主观判断，并且这种计划的制订是定性的、被动的，其采用的方式是自下而上。这种方式下确定的审计项目计划大多具有主观臆断性，难以覆盖到所有的审计范围，难免出现遗漏现象。加之，这种定性的分析没有与企业的发展战略相结合，没有与企业的风险管理体系相结合，使审计计划的制订缺乏科学性。

1. 制度存在缺失和时滞

虽然审计计划编制建立了相关的制度和规范，但以风险导向编制审计计划的有关制度的缺失和制度制订的时滞，影响工作的开展及其质量。现实的审计生成实践中，虽然关注了组织的主、客观风险，强调了以风险为导向进行审计项目计划编制，但由于缺少具体明确的规定和标准，缺乏科学有效的技术和方法，与组织运营实际的关联性及贴近程度不够，以及审计计划编制人员认知程度及专业水平的差异，生成的审计项目计划难以保证审计行为的有效性和内部审计为组织增加价值这一功能。缺乏完整统一的风险导向编制审计计划的有关制度和实施细则，难以实现审计计划编制思想的一致。

2. 未与内部控制及全面风险管理成果有机结合

现行的审计计划生成机制虽然体现了以风险为导向的专业思想理念，但对风险构成要素的选取缺乏充分性、相关性、合理性及必要性，缺乏与内部控制部门建立的公司层面风险数据库、业务活动层面风险数据库、反舞弊风险数据库、法律风险数据库的有机结合，不能真正体现企业的固有风险。加之，受评价标准强烈的主观性以及分析技术原理的限制，风险要素的选择的客观性受到影响，风险评估结论的指导作用弱化。

3. 与审计信息化建设进程不相匹配

大量不具体、难以计量、充满变数信息的存在，以及信息源的确定、信息内容的遴选、分析模型构建等的困难，使得定量分析技术的应用遇到障碍。加之，计算机辅助审计手段与生产、业务等系统的整合尚未实现，审计管理信息系统与财务辅助审计系统、审计数据仓库等的数据共享尚未实现，大大延缓了利用信息技术生成审计项目计划的进程。

三、以风险导向编制审计计划的必要性

在风险管理全球化的大背景下，内部审计部门的目标和职责正在悄然发生变化，与传统审计项目计划生成机制相比，风险导向审计计划的制订克服了“凭空想象”计划不够科学性的弊端，并将审计计划的内容与高级管理层的战略目标相互统一。风险导向审计项目计划的制订采用自下而上、自上而下相互结合的方式，通过定量化的风险评估并按照风险值大小进行排序，在考虑可分配审计资源的前提下，确定审计项目计划，从而增强了审计计划制订的科学性，为内部审计部门提升服务价值指明了方向，因此得到了广泛运用。

1. 内部审计的目标与职责使然

内部审计的本质目标是评价受托经济责任的履行情况。20 世纪 90 年代以后，由于技术的快速创新以及由此导致的制度创新，企业处于高风险的经营环境之中，企业管理从某种意义上说已经演变成对企业风险的管理。在这种背景下，受托经济责任的具体内容更多地体现为对企业风险的管理。因此，评价管理者对企业风险管理的有效性也就成为内部审计的目标和职责，而内部审计风险的具体内容也就逐步演变成由于不能正确、全面地评价企业风险管理的有效性而给审计人员带来的风险。审计目标和审计风险在具体内容上发生的这种转变，客观上要求内部审计工作作出适应性调整，越来越多的企业开始认识到，内部审计部门必须集中精力关注组织的重大风险，必须将有限的审计资源集中于那些有助于组织目标和愿景实现的事项，审计计划必须针对这些真正重要的事项制

订，正是在这样的背景下，风险导向内部审计模式应运而生。

2. 内部审计部门自身发展的要求

随着现代企业管理实践的不断发展，风险管理已渗透到企业管理的方方面面，传统的内部审计模式已很难适应企业管理的需要，内部审计职业正面临着日益严峻的生存和发展问题。一方面，由于内部审计部门仍采用过时的审计技术和方法，审计目标和范围不能很好地针对企业经营风险和问题，不能有效地为组织增加价值，使得内部审计本身在企业内部开始不被重视。另一方面，由于社会审计拓展服务领域，向企业提供内部审计服务，企业为节省成本和开支，削减内部审计机构或部门，不断将内部审计部分或全部地对外委给社会审计机构，使内部审计发展壮大变得愈发艰难。这种职业危机感迫使内部审计部门寻求新的途径以体现和提升自己的职业价值，而风险导向内部审计模式为内部审计转型发展提供了契机。

3. 国际内审协会的倡导

IIA 一直致力于推动风险导向的内部审计。2017 年修订的《国际内部审计专业实务框架》对内部审计的定义是：内部审计是一种独立、客观的确认和咨询活动，旨在增加价值和改善组织的运营。它通过应用系统的、规范的方法，评价并改善风险管理、控制和治理过程的效果，帮助组织实现其目标。这一定义，以风险为基础，对内部审计的对象、目标和职能进行了定位，为内部审计的职业发展指明了方向。《国际内部审计专业实务框架》第 2010 条规定：首席审计执行官必须制订以风险为基础的计划，以确定与组织目标相一致的内部审计活动重点。第 2210.A1 条规定：内部审计师必须对与被检查活动相关的风险进行初步评估，业务目标中必须反映该评估结果。这两条标准实际上就是要求内部审计部门在编制年度审计计划和具体审计项目实施方案时应该采用风险导向审计方法，体现了 IIA 对风险导向内部审计的倡导。

四、风险导向审计计划编制的内涵、特征与基本程序

1. 风险导向内部审计计划编制的内涵

风险导向审计计划编制就是指在以风险为导向编制审计项目计划的过程中，负责计划编制的组织或部门之间如何相互作用，通过什么程序和方式来形成审计项目计划。也就是指审计项目计划产生的原理及详细过程。

2. 风险导向内部审计计划编制的特征

与传统的账表导向和控制导向审计模式下的计划编制方法相比，风险导向审计计划编制有以下几个特点：

（1）以对组织目标的分析为起点。

明确的审计目标是计划编制的前提和基础，内部审计的工作目标是评价并改善风险管理、控制和治理过程的效果，帮助组织实现其目标。因此，内部审计部门在编制计划时必须了解组织目标，分析影响组织目标实现的因素（即风险），基于既定的组织目标，明确审计服务的类型、目标和范围，并以此作为计划编制的起点。

（2）以对风险管理的确认与改进为落脚点。

内部审计的职责就是评价并改善风险管理、控制和治理过程的效果，内部审计最有价值的工作就在于确保识别本组织的主要风险，并且准确评估和有效管理。因此，风险导向模式下审计计划的编制会始终围绕和体现这一工作中心，始于对风险的识别和评估，止于对风险管理状况的确认和改进。

① 注重对风险的全面评估。风险导向模式下的内部审计活动通常会在组织的年度计划 / 预算期间实施组织内部全范围的风险评估，这个时候可以获得与该组织需要相匹配的资源，尤其是人力资源。根据该组织的风险配置审计资源，可以使内部审计将可用资源（现有人员及水平）覆盖到尽可能多的风险。进一步，内部审计可以向董事会列示各种人员配置水平之下风险的覆盖情况。由此，董事会和高级管理层可以在了解各个覆盖水平之下的成本和接受的风险（通过观察在每个覆盖水平之下未覆盖的风险）之后，作出审慎的风险管理决策。

② 有一套系统规范的计划编制程序。风险导向审计计划生成机制会通过结构化和规范化的方法明确审计对象的优先顺序，即给出选择某一审计对象的理由，而不是单纯依赖“直觉”。这种方法的优点是系统地考虑了影响组织风险的关键因素，这种考虑有助于增加选择被审计者时的信心，同时可以避免内部疏通或其他干预对选择程序施加过多的影响。

总之，风险导向内部审计计划生成机制采用系统规范的计划编制程序，以对组织目标的分析为起点，以对风险管理的确认与改进为目标。与传统计划编制方法相比，它能够使内部审计人员更加宏观、全面和系统地识别风险、评估风险，并提出有价值的风险管理建议，因而得到了广泛运用。

3. 风险导向审计计划编制的基本程序

关于如何以风险为导向编制审计项目计划，国内外学者进行过大量研究，编制风险导向年度审计项目计划一般需要依次执行以下程序。

1）确定审计范围

审计范围是指包含所有备选审计项目的完整清单，这个清单应包括审计类型和审计项目实施地点等内容。确定审计范围是审计计划编制工作的起点，也是重点和难点，一般需要耗费计划编制工作一半以上的时间。确定审计范围的方法很多，但具体到某一个单位，要找到一套简单易行、行之有效的方法，却并不是一件容易的事，对于大型企业集团来说，其难度则会更大。绝大多数内部审计活动采用一种或几种方式的组合来确定审计范围。

（1）审计范围的确定方法。

确定审计范围的方法为以下四类：

① 系统确认法。审计部门经过风险分析，对风险程度根据重要性原则排出审计优先顺序。它通常以审计图或表的形式表现出来，审计项目的安排以风险评价作为基础，也就是说，优先审计风险较高的被审计者，再审计风险较低的审计者。

② 强制性包含领域。国际或政府组织、国家法规、外部审计（政府审计或独立审计）等发现或要求，急需关注和处理的问题，替代或增加到内审人员系统审计的业务量。

③ 企业的正式组织结构。按照企业的组织结构所涉及的部门和业务，结合其他特殊要求，根据审计的资源适当配置。实际上，在审计资源短缺的情况下，按照“企业的正式结构”确定审计范围，也需要按风险程度进行优先配置。

④ 被审计者的要求。

第一，利益相关者的观点：即将管理高层、董事会和审计委员会关注的事项纳入计划范围。

第二，公司风险目录：内部审计应在其计划中采用公司风险目录，从而与公司认定的涉及其能否持续成功的关键风险保持高度一致。应分析公司风险目录，确认组织设计和采用风险目录的方式是否具有意义，测试风险目录的样本以确保目录所含信息与对应领域之风险评估和风险管理的现实情况相符，在此基础上将其运用于确认关键的审计优先事项。

第三，审计关注事项：将与合规性、信息系统工程、控制环境、信息技术（IT）安全与数据完整性、道德成熟以及舞弊政策等有关的审计事项添加至风险目录，从而制订出更高阶的审计计划。

第四，警报（即预警信息）：用专门的数据审查软件来帮助确定企业风险管理程序中的控制薄弱环节及其影响。

第五，变更事项：风险评估过程必须包括持续获取新的风险信息，倘若基本业务发生重大变化，那么就有理由优先对其进行审计。计划应保持与环境契合、定时更新，反映组织关键人物的当前关注事项、经营方案、制度和控制的重大变化。

（2）确定审计范围重点注意事项。

① 将计划与企业战略关联。

审计范围应与公司战略之间保持关联以使计划基础坚实并且符合实际。审计范围可以吸收组织战略计划的成分，通过吸收战略计划，审计范围将考虑到并反映出总体业务目标。审计计划最重要的线索来自高层次的战略目标，要研究战略计划并询问管理层，以确定未来几年内组织的经营方向。

② 确认风险记录表的完整性和准确性。

如果企业中存在有效的风险管理流程，内部审计负责人制订审计计划时，可以参考公司的风险记录表。但审计计划不是简单地复制公司风险记录表，审计人员应当评价风险记录表是否可靠，以决定是否适宜将风险记录表作为审计计划的基础。如果风险记录表不完整、不准确，应对其进行改进。

③ 确定列入审计计划的风险。

对风险记录表中所包含的固有风险记录表进行过滤，剔除不可行或不必要的审计，主要包括：

第一，没有超过企业风险容量，不需要采取进一步行动的风险，这类风险不需要审计；

第二，由于风险的性质，企业决定承受且不列入风险容量的风险，但是如果这类风险需要意外事故应对方案，则不能将其剔除，而要对该方案进行审计；

第三，正在接受第三方（如外部审计人员、质量控制部门、安全卫生部门等）确认的风险。这些第三方可以直接向审计委员会提供对该风险的确认，也可以通过内部审计部门或其他部门（如政府机构）向企业提供确认。由于对这些风险的确认是企业整体确认战略的组成部分，因此不需要对其进行审计；

第四，以前审计已证实被控制在风险容限之内的风险。在考虑了风险评估、以前审计的结果、管理层对控制的监控、该领域发生的变化以及上次审计时间等因素后，内部审计不需进行审计工作就可以确认这些风险保持在风险容量之内。这类风险可以考虑列入下次审计。

剔除以上风险后，剩下的风险就是需要通过审计活动进行确认的风险，构成了审计计划的基础。这些剩下的风险和那些已经剔除的风险都要包含在给审计委员会的报告中，以使其了解风险的管理状况。值得注意的是，那些采用回避或分担方式来进行应对的风险也应当列入审计计划，以确认企业对这类风险采取的应对措施是适当的，且风险已经不存在或被控制在风险容量之内。

④ 确定拟审计的风险。

第一步，对风险分类，即按照逻辑顺序将风险分成不同的组。对风险进行分类可以方便审计人员制订审计计划，防止重复审计。对风险的分类方法包括按目标、业务单元、流程及类型进行分类。

第二步，将风险与审计相联系。方法有两种：一种是对风险分组，另一种是划定审计范围。

2）确定风险因素及其权重

风险因素是内部审计人员用来评估可供审计的单位风险大小的标准事项。大多数的风险模型都利用了影响力、可能性、重要性、资产流动性、管理能力、内部控制的质量和内涵、变化或稳定程度、上次审计业务开展的时间和结果、复杂性、与雇员及政府的关系等风险因素。

（1）风险因素。

① 被审计单位内部控制系统的质量，内部控制系统的总体有效性取决于系统的设计及执行。有效性越低，风险越大。

② 管理人员的能力。这是管理人员的知识水平、经验、投入程度和判断能力的综合表现。能力提高则风险降低。

③ 管理人员的正直程度。管理人员可能为保证完成职责而损害职业道德标准。管理人员的这种倾向会增加组织的风险。

④ 单位的规模（依收入、资产计）。指投资于某领域的资产总额及在该领域内以费用和收入的形式流动的财务资源的总和。资产越多，风险越大。

⑤ 会计系统的近期变动。指会计政策、电子数据处理系统或会计管理人员的变动。会计系统的近期变动通常会增加出错的风险。

⑥ 经营业务的复杂程度。指技术上的复杂程度或为有效操作所要求的细致程度。经营的业务越复杂，则出错的风险越大。

⑦ 要职人员的近期变动。指在组织中对经营的成败负有重要责任的决策者的近期变动。这种变动常会增加风险或至少带来风险水平的不确定性。

⑧ 资产的流动性。指从组织中流出或变现的容易程度。流动性越大，发生损失的机会就越大。

⑨ 单位经济环境的恶化，即业绩每况愈下。因为业绩恶化，所以管理人员可能不顾后果地去歪曲业绩信息。

⑩ 快速增长。指工作量的增加。当工作量增大时，在生产费用控制方面的风险会增加。

⑪ 单位的电脑化程度，即在业务的重要领域中受电脑系统的控制程度。电子数据处理所经的人手较少，若电脑化程度进一步提高，那么对这些人员较少的部门的资产及信息失控的风险会增大。

⑫ 距上次审计的时间间隔。频繁的审计通常能降低风险。

⑬ 管理人员对完成目标的压力。指管理人员对达到更高的业绩水平的期望。若管理人员接受了完成过高的目标的压力，则在生产费用控制方面的风险会增加。

⑭ 政府法规的范围。指联邦和州政府所颁布的法律和法规对组织的经营及业绩的影响程度。这种影响通常在一定程度上难以预测，且有时会出现严重的违反行为。因此法规的约束程度越高，潜在的风险就越大。

⑮ 员工的士气状况。员工士气低落会增加组织的风险。

⑯ 独立的（即外部的）审计师的审计计划。指那些由政府的审计师 / 检查员或会计师事务所实施的审计计划——包括时间安排、次数及审计工作的覆盖范围。通常审计越频繁，覆盖面越广，风险就越低。

⑰ 对公众的公开程度。指通过各种媒介的曝光程度。增加对公众的透明度能降低风险。公开程度低则出现不当行为或低效率的风险增大。

⑱ 离总部的距离。离总部的直接监控越远，区域管理人员不顾整体组织并忽略控制的可能性就越大。

以上 18 种风险因素在不同的组织对其排序有所不同，表 2-1 所示的是银行、保险业、制造业及其他组织的审计师所选的前十种最主要的风险因素。

表 2-1　各行业前 10 种最主要的风险因素

序号	银行业 / 保险业 / 证券	制造业	其他组织
1	内部控制的质量	内部控制的质量	内部控制的质量
2	管理人员的能力	管理人员的能力	管理人员的能力
3	管理人员的正直程度	管理人员的正直程度	管理人员的正直程度
4	会计系统的近期变动	单位的规模	会计系统的近期变动
5	单位的规模	经济环境恶化	业务的复杂性
6	资产的流动性	业务的复杂性	资产的流动性

续表

序号	银行业 / 保险业 / 证券	制造业	其他组织
7	重要人员的变动	重要人员的变动	单位的规模
8	业务的复杂性	会计系统的近期变动	经济环境恶化
9	快速的增长	快速的增长	重要人员的变动
10	政府法规	管理人员对完成目标的压力	快速的增长

（2）评估风险大小。

① 梳理上述备选审计事项，列出清单作为风险评估的对象；

② 选择风险因素，确定因素权重；

③ 收集风险因素相关数据资料，作为风险评估的依据；

④ 组织专家对备选审计事项进行风险评估，汇总评估结果，得出备选审计事项的风险值；

⑤ 按风险值大小对备选审计事项排序。

3）根据风险评估结果配置审计资源，编制年度审计计划

（1）做好资源配置前的准备工作。

① 编制确认图谱，避免过度审计和审计不足。《国际内部审计准则》2050-1 协调规定：首席审计执行官应与提供相关保证和咨询服务的其他内外部人员共享信息、相互协调，以确保工作的全面性，最大限度地减少重复工作。实务公告 2050-2 确认图谱规定：尽管很多组织对内部审计、风险和合规活动进行监控，但并非能以整体方式审视其所有活动。确认图谱的做法是对应组织的关键风险描绘出确认涵盖的领域。通常组织会明确重大风险的类别并形成风险管理框架。在这种情况下，确认图谱以风险管理框架的结构作为基础。例如，确认图谱可以包括下列栏目：重大风险类别；对风险承担责任的管理层角色（风险责任人）；固有风险评定结果；剩余风险评定结果；外部审计覆盖面；内部审计覆盖面；其他确认提供者的覆盖面。组织内每个重要的部门都可以绘制本部门的确认图谱。内部审计部门也可以在制订和完善组织确认图谱方面发挥协调作用。组织确认图谱绘制完成后，就可以识别出缺乏适当确认的重大风险，或存在重复确认活动的区域。高级管理层和董事会需要针对这些风险考虑确认覆盖范围的改变。内部审计部门在制订内部审计计划时，需要考虑未被适当覆盖的领域。

② 在制订审计计划时，应当制订一项政策，决定哪些将纳入审计计划，以及审计频率如何。由于一次审计包括对几项风险的检查，所以可以通过加总所包含风险的控制得分来决定审计的优先顺序。应当对控制得分最高的风险优先开展确认业务，对那些控制得分最低的风险提供咨询服务。

③ 了解管理层和审计委员会希望通过审计获得的确认水平和所能接受的最小审计频率。

④ 估计当前审计能力和业务知识深度，是否足够开展该审计项目，特别关注技术能

力要求高的审计项目。

⑤ 综合所有信息，形成一套完备的确定审计项目优先顺序的方法。

（2）配置审计资源。

① 按照风险分值大小由高到低选择审计项目，从最高开始直到审计资源用尽。这种方法的好处是简便易行，但缺点是没有考虑审计覆盖率。

② 根据风险性质进行审计抽样。可参考杜邦沸腾壶风险审计模型，对处于高风险层次的风险因素一般要详细全审；对处于敏感风险性质的风险因素一般抽样 50%；适中风险性质的风险因素一般抽样 25%；对于低风险抽样 10% 进行审计。

③ 得分高、中、低的审计领域分别按以下审计循环的时间间隔进行审计：高风险领域：每年审计一次；中风险领域：每 2 年审计一次；低风险领域：每 3 年审计一次。

（3）编制审计计划草案提交审计委员会审批。

提交审批的审计计划应包括以下信息：拟审计的风险；实施计划中审计项目的流程；以前年度已经审计的风险；拟提供咨询服务的风险，以帮助管理层将风险降至风险容量以下；由于企业政策或资源限制而未覆盖的风险；声明审计计划与内部审计的职责范围相符。

所有计划好的审计工作都要有专门的段落来描述所审计的领域、风险事项以及将其纳入审计计划的原因；计划应能显示没有覆盖到的组织领域及其原因。审计部门负责人应该从两个方面评估提议的计划范围：覆盖组织实体的充分性以及涵盖交易和经营种类的全面性。如果所提议的审计计划不足以就组织的风险管理和控制过程提供保证意见，应该告知管理高层和董事会预计的缺陷及其成因和可能的后果。

4）年度审计计划的调整

由于制订年度审计计划时存在很多无法预料的不确定事项，所以需要对年度审计计划进行不断的调整以适应情况的变化。《国际内部审计专业实务框架》（2017 年修订）要求，内部审计部门要制订一套应对计划外未解决风险的优先处理方案。因此，组织应建立相应的机制以保证新出现的因素与影响公司整体和局部的风险评估信息被纳入审计计划中。应定期根据管理层的风险再评估结果、本期审计报告更新风险和审计范围，通常至少三个月一次。比如对发现的新的重大风险追加审计，并剔除已经消失的风险。

《国际内部审计专业实务框架》（2017 年修订）规定，审计范围和相关审计计划内容的更新，应该反映出管理层的方针、目标、重点和焦点出现的变化。建议至少每年对审计范围评估一次，以反映组织最新的战略和方针。在某些情况下，审计计划需要进行比较频繁（例如，每季度）的更新，目的是对组织的主营业务、程序、系统和控制等方面的变化作出反应。

风险评估的次数取决于潜在风险可能变化的频繁程度。风险或组织不经常发生变化，一年评估一次风险就可以了。另外，当风险或组织在一年中有很大变化时，风险评估和内部审计计划不局限于严格的一年一次更为合适。

在实务中，年度计划通常按季度滚动，这样就可以每三个月对年度计划进行一次调整，制订详细的员工工作安排。季度计划能够发挥最佳功效，季度经常被看作重要的计划期间。通过季度计划可以掌握企业面临的实时动态，运用可以获得的实际资源。很多企业认为季度计划比年度计划更有现实意义。每季度追踪审计工作也是帮助确保计划得以实现。

五、风险导向内部审计计划编制的前提条件

1. 企业需要建立完善的风险管理框架

并非所有的企业都应运用风险评估来生成基于风险导向的内部审计项目计划。也就是说，风险导向审计计划的制订前提是企业已经建立了完善的风险管理框架，并按照监管方的要求及企业自身管理的需求出具了风险管理评估报告。因为，风险管理评估的结果是内部确定审计范围的重要依据，同时也是避免内部审计计划制订中出现反复的重要参考依据。因此，企业要想制订风险导向内部审计计划，必须先对被审计单位的风险管理成熟度进行评估。一个企业的风险管理成熟度可以划分为五个层次，即初始级、发展级、成熟级、管理级及优化级。

如果被审计单位的风险管理成熟度处于风险初始级和发展级的话，就不能使用风险评估技术来制定内部审计计划。这不仅是因为内部审计人员不可能识别出所有的风险，更重要的是，它会让管理层认为风险管理是内审部门的责任。当然，内审部门有责任通过咨询作用的发挥，帮助管理层识别风险，建立起风险管理系统，也不能期望通过内控审计对风险的分析来制订风险导向内部审计项目计划。

对于成熟级以上的被审计单位，内部审计部门应在确定风险管理评估的流程及其结果有效的前提下来确定是否应该将风险管理系统评估的结果作为初步确定审计范围的基础。以此为基础，内部审计部门应首先得到经过修正后的企业风险清单，为制订审计计划打下基础。

2. 以风险为导向制订审计战略规划

基于既定的公司战略和公司目标，同时结合审计章程，分析制订审计战略，明确审计服务的类型、审计目标和审计范围，并以此作为计划编制的起点。

（1）审计战略应对审计资源作出规划，应制订正式的人力资源管理战略以使审计人员现在与将来都能够应对审计计划所蕴含的各种挑战；要使人力资源战略与审计战略相一致，尽可能保证计划的审计范围与核心审计团队成员、经验与总体胜任能力相匹配；资源必须符合风险导向审计计划的要求，而不是恰恰相反。

（2）制订审计战略需要考虑的因素有：不同类型审计服务的需求增长情况；重新关注咨询和保证服务的不同方面；根据控制自我评估项目转换技能；培养新的审计能力，以适应审计服务、方法和软件工具的变化；培训和发展项目，包括以资格认证为基础的计划方案；审计人员的未来供给和审计人员的满意水平调查；现有审计人员的离职率和退休计划；补偿金及其设置能否吸引合适的审计人员；业绩报告和事后对审计人员素质的反馈。

（3）审计战略应明确如何实现目标，履行职责，并对审计频率、覆盖面、审计方式、

风险偏好、容忍度等进行统筹规划。

3. 变革人员配备与机构设置

对风险导向审计计划过程应该给予恰当的资源，因为这是审计工作的关键部分。倡导有条件的内部审计机构要专门设置审计计划管理部门，配备专职人员，其主要职责是：负责统筹审计计划管理工作，定期收集和分析计划编制相关的信息数据，组织年度计划编制工作，跟踪计划执行动态，实时评估组织风险变动情况并对计划作出调整，评估计划执行结果，不断总结和改进计划管理工作。计划管理人员应具备一定的理论素养和实践经验，掌握风险管理相关知识和数据分析技术，具有宏观思维能力和不断学习创新的能力。

4. 尽快建设计划信息系统支撑平台

审计机构应借助信息化手段，开发建设支撑风险导向审计计划编制高效运转的信息化平台，将信息采集、专家打分和数据加工整理等大量繁琐的风险评估工作由手动变为自动，从而提高计划编制工作效率。

为确保计划管理信息系统框架设计科学合理，审计信息系统建设要与计划阶段的风险评估工作同步规划实施：一是要梳理出风险评估所需的信息，列出清单，建立风险评估信息数据库；二是要采集审计人员信息，建立审计人力资源管理信息数据库；三是开发风险评估软件，软件应具备自动捕获数据、自动计算风险分值和排序、自动检索出符合条件的审计人员等功能，从而实现风险评估和审计资源配置由手动到自动的飞跃；四是可尝试开发使用非现场审计系统、风险预警数据分析、风险确认图谱、审计资源分析等模块，为实时获取风险评估数据提供信息支撑。

5. 研究构建风险预警信息系统

为实现完整意义上的风险导向审计，须建立完善风险预警信息系统，以实现板块、单位、业务领域及业务流程风险的实时预警。风险预警指标体系的构建有利于审计系统实施在线监督，选择风险较大的板块、单位、业务领域及业务流程进行审计。

6. 制订相关管理办法

在现有审计计划制度的基础上，健全完善风险导向编制审计计划的相关制度和实施细则，将风险导向审计项目计划生成机制作为一种常态机制固化下来，使计划编制工作逐步走上程序化、制度化、规范化和科学化的轨道。

六、风险导向审计计划编制的内容及方法

1. 建立审计对象风险评估模型

风险评估是现代内部审计的基础工作，贯穿内部审计全过程。审计对象风险评估模型如下：

$$\text{审计对象风险值}=\sum(\text{风险发生的可能性}A_i\times\text{权重}A_j)\times(\text{风险程度}B_m\times\text{权重}B_n)\times\text{审计线索来源权重}C_x\times\text{评审人员权重}D_y \quad (2-1)$$

式中　A_i——审计对象风险可能性因素评价标准，i=1～7；

A_j——审计对象风险可能性因素评价权重，j=1～7；

B_m——审计对象风险影响程度因素评价标准，m=1～3；

B_n——审计对象风险影响程度因素评价权重，n=1～3；

C_x——审计线索来源权重，x=1-12；

D_y——评审专家权重，评审专家一般需10人及以上。

2. 确定审计项目线索来源及其权重

1）确定审计项目线索来源

确定审计线索来源的目的是为了初步确定审计范围。审计范围则为识别潜在的审计对象奠定了基础。审计线索的来源包括但不限于：

（1）董事会和管理层的领导关注的审计重点及需求。该审计重点及需求可以通过访谈、参加和阅读相关会议及记录来确定，例如高层领导干部工作会、年度公司工作会、领导干部工作报告、领导讲话、领导工作计划、年中工作会议、专业板块工作会议等确定的工作重点。

（2）与企业发展战略相联系确定的审计范围。关于企业发展战略的考虑，是为了将审计计划的制订与企业的战略发展目标相联系，以反映企业整体的业务发展目标，其将有利于实现审计目标与战略目标的一体化、审计目标与业务目标的一体化。由于企业发展战略的制订本身就已经考虑到了企业发展所面临的内外部环境因素，这些环境因素的评估结果同时反映出企业对待风险的态度和对待阻碍实现既定目标困难的态度，这些因素会对审计范围的确定及下一步风险评估的结果产生影响。这其中，内部审计师需要考虑运用PEST、SWOT分析企业发展战略制订中存在的风险因素。

（3）通过风险评估报告的结果识别相关风险领域，确定审计范围。审计人员在这一步骤中需要对已经列入风险评估报告中的风险进行筛选，进而确定审计的范围。其中，没有超过企业风险容忍度，不需要采取进一步行动的风险，这类风险不需要审计；由于风险的性质，企业决定承受的风险也不需审计；以前审计已证实被控制在风险容忍范围之内的风险不需审计。剔除上述风险后，剩下的风险就是需要通过审计活动进行确认的风险，构成了审计对象选择的基础。

（4）外部审计中反映的问题。外部审计包括审计署的审计以及会计师事务所的注册会计师审计。审计署的审计情况主要通过内部审计部门获取；注册会计师的审计情况要通过财务部门了解。

（5）上一年度审计的问题，本年度需要进行跟踪落实、整改的审计项目。

（6）风险预警体系中所反映问题。

（7）各职能部门反映的问题。

（8）年度公司财务预决算所反映的情况及问题。

（9）基层单位反映的热点、难点问题。主要通过审计需求调查来实现，方法有问卷、举报热线及基层单位的主动要求。

（10）内部控制评价结果。企业的内部控制自我评价报告，会计师事务所的内部控制评价报告以及集团的内部控制调查结果。

（11）以往年度其他各类检查结果及分析。这些检查包括各级纪检、财检及税务检查等。

（12）审计部门自己认为需要进行审计的其他范围。

2）确定审计项目线索来源权重

对于上述12项审计线索来源，由于其风险程度不一样，需分别确定其重要性程度。主要是采用调查问卷经专家评估，经过 yaahp 层次分析法软件计算出审计线索来源权重。

表 2-2　12 项审计线索来源及权重

序号	项目来源名称	权重
1	董事会、审计委员会和管理层的领导关注的审计重点及需求	
2	与企业发展战略相联系确定的审计范围	
3	通过风险评估报告的结果识别相关风险领域，确定的审计范围	
4	内控评价结果，企业的内部控制自我评价报告，会计师事务所的内部控制评价报告以及集团的内部控制调查结果	
5	风险预警体系中所反映的问题	
6	以往年度内部其他各类检查结果及分析	
7	政府审计及政府检查中反映的问题，包括审计署、国家税务总局、国资委等政府部门的审计和检查	
8	年度公司财务预决算反映的情况及问题	
9	上一年度审计的问题，本年度需要进行跟踪落实、整改的问题	
10	各职能部门反映的问题	
11	基层单位反映的问题，主要通过审计需求调查来实现，方法有问卷、举报热线、基层单位主动要求	
12	审计部门自己认为需要进行审计的其他范围	
合计		100%

一个项目有多个来源，取其来源权重最大值一项。

3）初步确定可审计事项

根据以上审计线索，审计人员可以通过重要性原则、有影响力的原则、可能出成果的原则及能胜任的原则来初步确定审计事项。

所谓重要性，就是关系公司大局的事项，其一旦出现问题将会给公司利益造成重大损失的经营项目。不同的公司、同一个公司在不同的时间里，重要的项目是不一样的，这需要我们的职业判断。如果不会判断，建议：一般来说，领导经常提起的事，都是重要的；各中层管理人员经常抱怨的事，都是重要的；以前出过大问题的项目，都是重要的。

所谓有影响力，就是说一旦发生，就会对公司的经营产生重大影响，就会对公司的其他事务产生连锁反应的事项。什么样的项目有影响力，这也需要我们的职业判断。

所谓有可能出成果，是指提出的建议有操作性，公司如果想做，就会做到，而且不会引起重大的负面影响。每个公司都有很多问题，这些问题中，有很多是大家都知道的，但都没有可行的解决办法。因此，在选择审计项目时，就应该选择那些有可能提出可行的解决办法的项目。这样做，就更容易为公司创造较高的效益，更容易取得领导的重视和同事们的尊重。

所谓能胜任的，是指内部审计资源总是有限的，如何利用可使用的审计技术、方法和人才等方面的内部审计资源，是内部审计部门在选择审计对象时需要考虑的一个重要问题。许多重要的审计对象可能因为缺乏合格的审计人员或时间不够用而无法展开，内部审计部门倘若不量力而为，勉强开展审计，很有可能会“虎头蛇尾”，最后不了了之，结果是既浪费了审计资源，又丧失了审计权威。

4）将初步确定的审计事项与专业板块及单位相联系，形成审计单元矩阵

初步确定的审计事项可能在分类上具有一定的混乱性和模糊性，只有将审计对象划分为具有可操作性的具体对象，才能给审计对象的选择留下较大的余地。实际工作中审计对象的划分可以按照一定的标准划分为不同的审计单元。审计单元的划分可以按职能部门、业务循环、地理位置、专业板块、贡献大小、具体项目等不同标准进行划分。例如，职能部门包括营销、采购、生产、财务、人力资源等；业务循环包括销售与收款、采购与付款、生产、人事与薪酬、投资与融资等；按照项目划分为基建项目、基础研究项目、产品开发项目、设备更新项目等；按照决策中心可以分为成本中心、利润中心、投资中心等；按照价值（资产总额或销售额）可以划分为不同等级层次，并按照不同的等级划分为不同的审计频率；按专业板块划分主要适用于大型跨行业的集团企业，例如，石油行业的勘探与生产、炼油与化工、销售、天然气与管道、国际油气业务、国际贸易、工程技术服务、石油工程建设、石油装备制造、科技创新、新能源等板块。

将初步确定的审计事项与专业板块及单位相联系，可以形成审计单元矩阵。审计单元矩阵进行汇总后，可以形成年度审计计划内容的初步方案。该方案可以根据审计计划线索的来源赋予不同的量化值（例如：5、4、3、2、1 或者 10、9、8、7、6、5、4、3、2、1）来体现优先考虑的顺序。例如：公司治理层与高级管理层提出的审计对象（赋值为 10）；内部审计人员根据风险评估报告披露的结果确定的审计对象（赋值为 8）；根据举报确定的审计对象（赋值为 3）；被审计单位提出的审计范围（赋值为 2）。赋值的确定可以通过主观专家打分赋值法，也可以通过科学的层次分析法来进行确定，无论采用哪种方法，其目标都是为了体现出初步确定的审计对象先后次序。

5）确定风险因素及评价标准，并根据风险因素及其标准进行风险评估

风险评估是制订风险导向内部审计计划的核心步骤。审计计划中的风险评估不同于风险管理流程中的风险评估，这里的风险评估是确定内部审计优先次序的判断来源，而风险管理中的风险评估是确定风险应对的判断标准，它们的应用目标是不同的。当然，审计计划中的风险评估还是借鉴了风险管理中的风险评估方法，可以通过定性和定量两

个方面进行风险评估。

（1）确定风险因素。

在初步审计计划单元确定后，为进行风险评估，内部审计部门应首先确定风险的影响因素，并进行权重的赋值，以此作为定量化风险评估的基础。

风险因素的确定有多种不同的方法，无论采用哪种方法，风险因素的确定都应尽量简单、易懂，其中部分风险因素应与风险管理中的风险因素的提法保持一致，有利于内部审计师未来在同一概念下与管理层和被审计单位沟通。

从大多数的风险模型来看，风险因素的确定大多从管理层的关注度、财务影响、金额的重要性、资产流动性、管理当局的胜任能力、内部控制的质量或者有效性、上次审计业务的时间和结果（审计频率）、业务的复杂性、管理当局实现目标的压力、分支机构距离总部的距离、经济业务特征、内外部经营环境、负责人的道德风险、以往的整改结果、舞弊可能性、对战略的影响等方面进行考虑。

当然，不同的组织，对于具体风险因素的考虑有所不同。可以是 5 个因素，也可能是 10 个因素。不同的行业，其风险因素的重要程度也有所不同。

从不同行业的风险分析看，大多数情况下会受到 5～10 个因素的影响，这主要是因为一些因素难以量化，从而不能纳入风险因素分析模式之中。

总之，将风险转化为可测量的风险因素时，内部审计师应结合企业风险管理的实际情况，选择最重要的风险因素，也可以将风险因素进一步细分为基本风险因素和次级风险因素，这完全取决于实际需要，以简化为宜。

以下是组织 10 余名有关专家经过多次讨论及研究，确定的风险因素：

可能性因素 7 项：内控的有效性、距上次审计时间间隔、业务复杂程度、外部经营环境状况及变化、以往审计整改到位率、舞弊的可能性、业务变化或稳定程度。

影响程度因素 3 项：金额的重要性、对企业绩效的影响程度、对企业健康发展的影响程度。

（2）对风险因素进行定量评估赋值。

根据企业实际情况确定的风险因素，应进一步考虑对每一个风险因素进行定量赋值，称之为风险因素值。赋值的目的是评估风险发生的可能性和影响程度。可以采用如下方法进行确定。

$$风险因素值 = 风险发生的可能性 \times 风险程度$$

其中，风险发生的可能性判断评分标准见表 2-3。

表 2-3　风险发生的可能性判断评分标准

文字描述	定量分析	影响重大事项发生的频率	日常营运发生频率	评分
基本确定	≥90%	1 年至少一次	常常会发生	9～10
很可能	60%～90%	1 至 3 年内可能发生一次	较多情况下发生	7～8
可 能	30%～60%	3 至 10 年内可能发生一次	某些情况下发生	5～6

续表

文字描述	定量分析	影响重大事项发生的频率	日常营运发生频率	评分
不太可能	10%～30%	10 至 30 年内可能发生一次	极少情况下才发生	3～4
几乎不可能	＜10%	30 年后可能发生一次	一般情况下不会发生	1～2

注：1～2：几乎不可能，是指几乎不可能有风险发生；
3～4：不太可能，是指风险不太可能发生或发生风险的可能性很小；
5～6：可能，是指风险可能发生但可勉强接受；
7～8：很可能，是指风险有较大的可能性发生；
9～10：基本确定，是指风险不可接受且发生风险的可能性基本可以确定。

风险影响程度的判断评分标准见表 2-4。

表 2-4　风险影响程度的判断评分标准

评分	判断标准	评分				
		1～2	3～4	5～6	7～8	9～10
定量方法	财务损失（占净利润的百分比）	轻微的财务损失（小于 1%）	较低的财务损失（1%～5%）	中等的财务损失（5%～10%）	重大的财务损失（10%～20%）	极大的财务损失（20%）
定性方法	对日常营运的影响（文字描述）	极低	低	中等	高	极高

注：1～2：极低，指发生风险的影响程度很小；
3～4：低，指发生风险的影响程度较小；
5～6：中等，指发生风险的影响程度适中；
7～8：高，指发生风险的影响程度较大；
9～10：极高，指发生风险的影响程度很大。

以上风险因素赋值时应注意，无论采用定量还是定性的判断，均要对每一个风险因素找到其相应的判断标准，目的是提供给专家，供专家打分作为判断标准使用。

通过组织 10 余名有关专家经过多次反复讨论及研究，确定 7 项风险可能性因素及 3 项风险重要程度因素定量评估赋值标准如下：

①可能性评价因素定量赋值标准。

a. 内部控制的有效性。

内部控制（内控）的有效性越低，发生风险的可能性越高，由评估专家根据被评估单位的内部控制有效性结合审计事项进行判定。内部控制有效性评分标准见表 2-5。

b. 审计频率。

审计频率越低，发生风险的可能性越高。由审计计划管理部门根据被评估单位审计频率结合审计事项进行判定。审计频率评分标准见表 2-6。

表 2-5　内部控制有效性评分标准

可能性	评分范围			备注
	文字描述	定性分析	评分	
基本确定	风险不可接受且发生风险的可能性基本可以确定	控制环境差，在风险评估、控制活动、信息与沟通、监督等方面措施效果差	9～10	
很可能	风险有较大的可能性发生	控制环境较差，在风险评估、控制活动、信息与沟通、监督等方面措施效果较差	7～8	
可能	风险可能发生但可勉强接受	控制环境一般，在风险评估、控制活动、信息与沟通、监督等方面措施效果一般	5～6	
不太可能	风险不太可能发生或发生风险的可能性很小	控制环境较好，在风险评估、控制活动、信息与沟通、监督等方面措施较有效	3～4	
几乎不可能	几乎不可能有风险发生	控制环境良好，在风险评估、控制活动、信息与沟通、监督等方面措施到位、有效	1～2	

表 2-6　审计频率评分标准

可能性	评分范围			备注
	文字描述	定量分析	评分	
基本确定	风险不可接受且发生风险的可能性基本可以确定	审计时间间隔＞5 年	9～10	
很可能	风险有较大的可能性发生	3 年＜审计时间间隔≤5 年	7～8	
可能	风险可能发生但可勉强接受	2 年＜审计时间间隔≤3 年	5～6	
不太可能	风险不太可能发生或发生风险的可能性很小	1 年＜审计时间间隔≤2 年	3～4	
几乎不可能	几乎不可能有风险发生	审计时间间隔≤1 年	1～2	

c. 业务的复杂性。

业务的复杂性越高，发生风险的可能性越大。由评估专家根据被评估单位业务复杂程度结合审计事项进行判定。业务复杂性评分标准见表 2-7。

表 2-7　业务复杂性评分标准

可能性	评分范围			备注
	文字描述	定性分析	评分	
基本确定	风险不可接受且发生风险的可能性基本可以确定	业务交易频率高，业务环节多、产品或服务种类多、交易复杂	9～10	
很可能	风险有较大的可能性发生	业务交易频率较高，业务环节较多、产品或服务种类较多、交易较复杂	7～8	

续表

可能性	评分范围			备注
	文字描述	定性分析	评分	
可 能	风险可能发生但可勉强接受	业务交易频率不高，业务环节不多、产品或服务种类不多、交易不算复杂	5～6	
不太可能	风险不太可能发生或发生风险的可能性很小	业务交易频率较低 ，业务环节较少、产品或服务种类较少、交易较简单	3～4	
几乎不可能	几乎不可能有风险发生	业务交易频率低，业务环节少、产品或服务种类少、交易简单	1～2	

d. 外部经营环境。

外部经营环境越复杂，发生风险的可能性越大。由评估专家根据被评估单位外部环境情况结合审计事项进行判定。外部经营环境评分标准见表 2-8。

表 2-8 外部经营环境评分标准

可能性	评分范围			备注
	文字描述	定量分析	评分	
基本确定	风险不可接受且发生风险的可能性基本可以确定	外部经营环境变化极大，涉及的政策风险、声誉风险、公共关系、财务损失、安全环境、营运等风险发生的可能性>95%	9～10	
很可能	风险有较大的可能性发生	50%<外部经营环境变化较大，涉及的政策风险、声誉风险、公共关系、财务损失、安全环境、营运等风险发生的可能性≤95%	7～8	
可 能	风险可能发生但可勉强接受	30%<外部经营环境变化一般，涉及的政策风险、声誉风险、公共关系、财务损失、安全环境、营运等风险发生的可能性≤50%	5～6	
太可能	风险不太可能发生或发生风险的可能性很小	5%<外部经营环境变化很小，涉及的政策风险、声誉风险、公共关系、财务损失、安全环境、营运等风险发生的可能性≤30%	3～4	
几乎不可能	几乎不可能有风险发生	外部经营环境变化极小，发生风险的可能性可以忽略不计	1～2	

e. 以往审计整改成果。

以往的审计整改成果越低，发生风险的可能性越高。由审计计划管理部门根据被评估单位以往审计整改程度结合审计事项进行判定。以往审计整改评分标准见表 2-9。

表 2-9　以往审计整改评分标准

可能性	评分范围			备注
	文字描述	定量分析	评分	
基本确定	风险不可接受且发生风险的可能性基本可以确定	整改率≤60%	9～10	
很可能	风险有较大的可能性发生	60%＜整改率≤80%	7～8	
可能	风险可能发生但可勉强接受	80%＜整改率≤90%	5～6	
不太可能	风险不太可能发生或发生风险的可能性很小	90%＜整改率≤95%	3～4	
几乎不可能	几乎不可能有风险发生	整改率＞95%	1～2	

f. 舞弊的可能性。

舞弊的可能性越高，发生风险的可能性越高。由评估专家根据被评估单位实际结合审计事项进行判定。舞弊的可能性评分标准见表 2-10。

表 2-10　舞弊的可能性评分标准

可能性	评分范围						备注
	文字描述	定性分析		定量分析		评分	
		舞弊线索发现频次	日常运营发生情况	事件发生频次	发现概率		
基本确定	风险不可接受且发生风险的可能性基本可以确定	已经获得了必要的舞弊线索	常常会发生	1 年内至少发生 1 次	概率＞95%	9～10	
很可能	风险有较大的可能性发生	以往发生舞弊的频次高	较多情况下发生	1 年内可能发生 1 次	50%＜概率≤95%	7～8	
可能	风险可能发生但可勉强接受	以往发生舞弊的频次较高	某些情况下发生	2～5 年内可能发生 1 次	30%＜概率≤50%	5～6	
不太可能	风险不太可能发生或发生风险的可能性很小	以往发生舞弊的频次较低	极少情况下才发生	5～10 年内可能发生 1 次	5%＜概率≤30%	3～4	
几乎不可能	几乎不可能有风险发生	以往未发生舞弊				1～2	

g. 业务变化或稳定程度。

业务经营运作的稳定程度越差，发生风险的可能性越高。由评估专家根据被评估单位业务稳定程度结合审计事项判定。业务变化评分标准见表 2-11。

表 2-11　业务变化评分标准

可能性	评分范围			备注
	文字描述	定量分析	评分	
基本确定	风险不可接受且发生风险的可能性基本可以确定	业务过程经常变化，有变化时需要一定的调整周期，适应性差，会产生大的负面影响	9～10	
很可能	风险有较大的可能性发生	业务过程时常变化，有变化时需要一定的调整周期，适应性较差，会产生较大负面影响	7～8	
可能	风险可能发生但可勉强接受	业务过程不经常变化，有变化时需要一定的调整周期，适应性一般，会产生一些负面影响	5～6	
不太可能	风险不太可能发生或发生风险的可能性很小	业务过程比较稳定，有变化时能够及时调整，适应性较强，会产生一点负面影响	3～4	
几乎不可能	几乎不可能有风险发生	业务过程稳定，有变化时能够迅速调整，适应性强，基本不会产生负面影响	1～2	

② 影响程度评价因素定量赋值标准。

a. 金额的重要性。

金额的重要性越高，风险的影响程度越大。由评估专家根据被评估单位实际情况结合审计事项进行判定。金额的重要性评分标准见表 2-12。

表 2-12　金额的重要性评分标准

影响程度	评分范围						备注
	文字描述	定量分析				评分	
		资产占比	收入占比	费用占比	投资占比		
极高	发生风险的影响程度很大	＞5‰	＞5‰	＞10‰	＞5‰	9～10	
高	发生风险的影响程度较大	3‰＜X≤5‰	3‰＜X≤5‰	6‰＜X≤10‰	3‰＜X≤5‰	7～8	
中等	发生风险的影响程度适中	2‰＜X≤3‰	2‰＜X≤3‰	4‰＜X≤6‰	2‰＜X≤3‰	5～6	
低	发生风险的影响程度较小	0.5‰＜X≤2‰	0.5‰＜X≤2‰	1‰＜X≤4‰	0.5‰＜X≤2‰	3～4	
极低	发生风险的影响程度很小	X≤0.5‰	X≤0.5‰	X≤1‰	X≤0.5‰	1～2	

b. 对企业绩效的影响程度。

对绩效的影响程度越高，风险的影响程度越大。由评估专家根据被评估单位实际情况结合审计事项进行判定。对企业绩效的影响程度评分标准见表 2-13。

表 2-13　对企业绩效的影响程度评分标准

影响程度	评分范围			备注
	文字描述	定性分析	评分	
极高	发生风险的影响程度很大	对绩效指标的影响程度极大	9～10	
高	发生风险的影响程度较大	对绩效指标的影响程度大	7～8	
中等	发生风险的影响程度适中	对绩效指标的影响程度一般	5～6	
低	发生风险的影响程度较小	对绩效指标的影响程度小	3～4	
极低	发生风险的影响程度很小	对绩效指标的影响程度极小	1～2	

c. 对企业健康发展的影响程度。

对企业健康发展的影响程度越高，风险的影响程度越大。由评估专家根据被评估单位实际情况结合及审计事项进行判定。对企业健康发展的影响程度评分标准见表 2-14。

表 2-14　对企业健康发展的影响程度评分标准

影响范围	风险类别	风险分值	备注
公司范围（跨地区）	地缘政治经济和安全风险[①]	10	
	战略风险[②]	9～10	
	经营管理风险[③]	7～8	
地区公司范围（跨二级单位）	地缘政治经济和安全风险	9～10	
	战略风险	7～8	
	经营管理风险	5～6	
二级单位范围（跨三级单位）	地缘政治经济和安全风险	7～8	
	战略风险	5～6	
	经营管理风险	3～4	

① 地缘政治经济和安全风险包括地缘、政治、军事及经济社会风险。

② 战略风险包括国家产业政策导向风险；投资项目决策风险；战略合作伙伴风险；油气资源风险；矿业权风险；公司设立及运作风险；内部改革风险；组织结构风险；资本结构风险；业务结构风险；资源保障风险。

③ 经营管理风险包括投资计划实施风险；公共关系风险；市场需求风险；价格波动风险；竞争风险；利汇率风险；物资采购风险；工程项目管理风险；技术与工艺风险；生产中断与产能不匹配风险；产品和服务质量风险；运营监控风险；信用风险；销售风险；健康安全环保风险；信息风险；人力资源风险；资产管理风险；舞弊及诚信风险；金融业务风险；资金流动性风险；土地管理及使用风险；交易管理风险；劳动关系风险；知识产权风险；财税风险；内部基础管理风险；财务报告风险；非财务报告风险。

③ 对风险可能性因素及影响程度因素进行权重赋值。

对上述 7 个风险可能性因素及 3 个风险重要性因素，由于重要程度不一样，需确定各自重要性程度。需要按照层次分析法的要求设计出调查问卷经专家打分，应用 yaahp 层次分析法软件计算出 7 个风险可能性因素及 3 个风险重要性因素各自权重（表 2-15 和表 2-16）。

表 2-15　风险可能性因素权重

序号	因素名称	权重
1	内控的有效性	
2	距上次审计时间间隔	
3	业务复杂程度	
4	外部经营环境状况及变化	
5	以往审计整改到位率	
6	舞弊的可能性	
7	业务变化或稳定程度	
合　计		100%

表 2-16　风险影响程度因素权重

序号	因素名称	权重
1	金额大小或重要性	
2	对企业健康发展的影响程度	
3	对企业绩效的影响程度	
合　计		100%

④ 组织专家对初步审计对象的风险可能性因素及影响程度因素进行量化打分。

为计算出初步审计对象的风险值大小，审计计划管理部门须根据风险可能性因素及影响程度因素量化赋值标准设计出专家量化打分表格，连同风险可能性因素及影响程度因素量化赋值标准、相关决策信息（如单位资产规模、收入大小、单位业务性质、外部环境信息等）一并发给专家，并组织专家进行量化打分。专家量化打分表格式见表 2-17。

表 2-17　×× 单位 ×× 年度初步审计对象风险因素程度专家量化赋值表

专家姓名：　　　　　　　　　　　　　　　　　　　　　　　　日期：　　年　月　日

序号	审计事项	审计事项涉及单位名称	风险可能性因素程度							风险重要性因素程度		
			内控的有效性	距上次审计时间间隔	业务复杂程度	外部经营环境状况及变化	以往审计整改到位率	舞弊的可能性	业务变化或稳定程度	金额的重要性	对企业绩效的影响程度	对企业健康发展的影响程度
1												
2												

续表

序号	审计事项	审计事项涉及单位名称	风险可能性因素程度							风险重要性因素程度		
			内控的有效性	距上次审计时间间隔	业务复杂程度	外部经营环境状况及变化	以往审计整改到位率	舞弊的可能性	业务变化或稳定程度	金额的重要性	对企业绩效的影响程度	对企业健康发展的影响程度
3												
……												
合计												

⑤确定各项指标评审专家权重。

参评专家人员权重，其取值大小见表 2–18。

表 2–18　参评专家权重

职称（职务）等级	分值	备注
局级或教授级专家	5	
处级或高级职称专家	4	
科级或中级职称专家	3	

⑥ 计算风险值，并依据其大小顺序进行排序。

根据审计对象风险值计算公式（2–1），可以计算得出汇总的风险值矩阵表格（表 2–19）。

表 2–19　××单位××年度初步审计对象风险值大小计算表

日期：　　年　月　日

序号	审计事项	审计事项涉及单位名称	风险可能性因素程度（风险因素值 × 权重）							风险重要性因素程度（风险因素值 × 权重）			审计线索来源权重	专家权重	风险值
			内控的有效性	距上次审计时间间隔	业务复杂程度	外部经营环境状况及变化	以往审计整改到位率	舞弊的可能性	业务变化或稳定程度	金额的重要性	对企业绩效的影响程度	对企业健康发展的影响程度			
1															
2															
3															

续表

序号	审计事项	审计事项涉及单位名称	风险可能性因素程度（风险因素值 × 权重）							风险重要性因素程度（风险因素值 × 权重）			审计线索来源权重	专家权重	风险值
			内控的有效性	距上次审计时间间隔	业务复杂程度	外部经营环境状况及变化	以往审计整改到位率	舞弊的可能性	业务变化或稳定程度	金额的重要性	对企业绩效的影响程度	对企业健康发展的影响程度			
……															
合计															

根据表 2-19 的总分，利用 Excel 数据排序功能可以得出各个审计对象的风险排序，计算得出如下表格（表 2-20）。

表 2-20　审计对象的风险排序

序号	审计对象	风险值大小
1		
2		
3		
4		
……		

⑦ 进行审计资源配置。

风险评估的结果仅是确定了内部审计活动的先后顺序，但这并不是内部审计计划的全部。审计计划的确定还受到审计资源的约束或者说限制。内部审计部门为此需要考虑为每个审计项目配置适当的审计资源。由于审计资源的衡量具有不同的标准，因此，这种考虑往往是十分复杂的，而不仅仅是定量化的结果，甚至还存在许多定性的考虑。

审计资源的衡量可以采用审计人员数量与工时总数，财务预算，开展工作所需要的知识、技术和其他能力。例如，总体可用的审计工时数，可采用表 2-21 来确定。

表 2-21　可用审计工时总数表

类别	人数	可用工时 / 人	总工时数
高级审计人员			
中级审计人员			

续表

类别	人数	可用工时 / 人	总工时数
初级审计人员			
外部审计专家			
外部审计资源			
合计			

其中，每个审计人员的审计工时计算公式如下：每人工作时数 =［365−52×2（双休日）−30（法定节假日）］×8=1848（小时）。假定审计人员病假、培训等特殊用途时间占其工作时间的 5%，则实际每人可用于审计工作时间为 1756 小时。

针对定性的考虑，高风险的审计项目应配置有经验的内部审计师，复杂的审计项目需要考虑利用专家的工作。由于审计资源有限，不可能对所有风险项目进行审计。审计部门要根据风险评估的结果，综合考虑审计资源情况，确定列入审计计划的审计项目或被审计的单位，进而有效地分配审计资源，使审计资源集中于企业最主要的风险领域。此外，内部审计部门要制订一套应对计划外确定的审计对象与必审项目。例如，下级审计部门，确定审计计划项目时应预留 10%～20% 的审计资源，用于安排临时审计项目和上级审计部门安排的审计项目。

⑧ 综合平衡审计资源与审计对象风险，拟定年度审计计划。

在全面核实本单位自身审计资源及可利用外部审计资源的情况下，扣除年度必审项目所需的审计资源，为单位年度可安排审计资源。对比按风险值大小排序的审计对象，在进一步明确审计事项对应的被审计单位所需审计资源的情况下，根据风险大小由高到低排列审计对象，并累加其所需审计资源，与本单位年度可安排审计资源进行对比，综合平衡选取审计对象为年度可选审计项目计划，加上一年度必审的审计项目计划，为年度单位拟定审计项目计划。

单位审计项目计划管理部门在年度单位拟定审计项目计划的基础上，组织单位相关人员予以讨论，确定年度单位审计项目计划方案。该方案按规定程序报请各级领导审阅，最终审定的审计项目计划方案为年度单位审计项目计划。

⑨ 审计项目计划的变更。

审计范围和相关审计计划内容的更新，应该反映出管理层的方针、目标、重点和焦点出现的变化。建议至少每年对审计范围评估一次，以反映组织最新的战略和方针。在某些情况下，审计计划需要进行比较频繁（例如，每季度）的更新，目的是对企业的主管业务、程序、系统和控制等方面的变化作出反应。例如：市场竞争形势的变化，行业政策的变化，管理层的方针、目标、重点和焦点出现的变化、公司工作重心可能出现变化，流程中控制风险的变化等。

七、风险导向审计计划编制运行及效果

1. 收集相关资料

收集的资料主要包括两类：一类是审计线索来源相关资料，用以形成备选审计项目；另一类是风险因素相关资料，用以对备选审计项目进行风险评估。

（1）审计线索来源相关资料收集情况见表 2-22。

表 2-22　审计线索来源相关资料收集情况

序号	审计线索来源	相关资料	收集结果（有 / 无）
1	董事会、审计委员会和管理层的领导关注的审计重点及需求	编制计划领导提出的审计建议、公司领导讲话	有
2	与企业发展战略相联系确定的审计范围	公司战略规划	无
3	通过风险评估报告的结果识别相关风险领域，确定的审计范围	风险管理报告	有
4	内控评价结果，企业的内部控制自我评价报告，会计师事务所的内部控制评价报告以及集团的内部控制调查结果	上一年度内部控制自我评价报告、审计报告和内部控制评价报告、会计师事务所的年度审计报告和内部控制评价报告	部分有
5	风险预警体系中所反映问题	风险预警指标体系及结果	无
6	以往年度内部其他各类检查结果及分析	内部其他各类检查结果（如监察处效能监察报告、举报线索，财务处财务大检查、财务稽核检查结果、质量安全环保处 QHSE 审核报告等）	无
7	政府审计及政府检查中反映的问题，包括审计署、国家税务总局、国资委等政府部门的审计和检查	审计署、国家税务总局、国资委等政府部门的审计报告和检查结果	无
8	年度公司财务预决算反映的情况及问题	所属单位财务年度报告	无
9	上一年度审计的问题，本年度需要进行跟踪落实、整改的	审计发现问题及整改建议、整改情况（审计项目台账等资料）	有
10	各职能部门反映的问题	编制计划时各职能部门提出的审计建议	有
11	基层单位反映的问题，主要通过审计需求调查来实现，方法有问卷、举报热线、基层主动要求	编制计划时基层单位提出的审计建议	有
12	审计部门自己认为需要进行审计的其他范围	编制计划时审计部门提出的审计建议	有

（2）风险因素相关资料收集情况见表 2-23。

表 2-23　风险因素相关资料收集情况

序号	风险因素	相关资料	收集结果（有 / 无）
1	F1：金额的重要性	年财务年度报表	有
2	F2：内部控制的有效性	内部控制自我评价报告	有
3	F3：审计频率	近 5 年开展的审计项目清单（包括项目涉及的单位和审计事项）	有
4	F4：业务的复杂性		无
5	F5：外部经营环境		无
6	F6：以往审计整改成果	审计统计报表	有
7	F7：舞弊迹象	风险事件数据库	无
8	F8：对企业绩效的影响程度	年度 KPI 指标	无
9	上一年度审计的问题，本年度需要进行跟踪落实、整改的	审计发现问题及整改建议、整改情况（审计项目台账等资料）	有

2. 根据审计线索来源资料形成备选审计项目清单

在分析审计线索来源资料的基础上，梳理出 50 个备选审计项目，形成备选审计项目清单，并对这些项目逐一列出具体线索来源。

3. 讨论修改风险评价因素

组织专家对提出的风险因素的充分性和适当性进行了讨论，通过讨论，对风险评价因素进行如下修改：

（1）对 5 个因素名称进行修改，同时在原有风险因素基础上新增“业务变化或稳定程度”因素。修改后的风险因素共有 9 个（表 2-24）。

表 2-24　风险评价因素修改前后对比

序号	新风险因素	原风险因素	修改情况（新增 / 变换名称 / 无变化）
1	F1：金额大小或重要性	F1：金额的重要性	变换名称
2	F2：内部控制的有效性	F2：内部控制的有效性	无变化
3	F3：距上次审计时间间隔	F3：审计频率	变换名称
4	F4：业务的复杂性	F4：业务的复杂性	无变化
5	F5：外部经营环境状况及变化	F5：外部经营环境	变换名称
6	F6：以往审计整改到位率	F6：以往审计整改成果	变换名称

续表

序号	新风险因素	原风险因素	修改情况（新增 / 变换名称 / 无变化）
7	F7：舞弊的可能性	F7：舞弊迹象	无变化
8	F8：对企业健康发展的影响程度	F8：对企业绩效的影响程度	变换名称
9	F9：业务变化及影响程度		新增

（2）对风险评价因素提出了新的归类方案（以下简称方案 2）：将内控的有效性、距上次审计时间间隔、业务复杂程度、外部经营环境状况及变化、以往审计整改到位率、舞弊迹象、变化或稳定程度归为可能性评价因素；将金额大小或重要性和对企业健康发展的影响程度归为影响程度评价因素。重新归类的理由是部分专家认为原方案（以下简称方案 1）有些牵强，如：距上次审计时间间隔只能作为可能性评判指标，金额大小或重要性只能作为影响程度评判指标，如果用这些指标去评判可能性和影响程度两个维度，操作起来不太好理解。

4. 确定审计线索来源权重和风险因素权重

制作审计线索来源权重和风险因素权重的调查问卷，由 10 位专家进行现场打分，随后研究人员汇总打分结果，输入层次分析法软件，生成指标各自权重。

（1）审计项目线索来源权重见表 2–25。

表 2–25　审计项目线索来源权重

序号	项目来源名称	权重
1	董事会、审计委员会和管理层的领导关注的审计重点及需求	17.77%
2	与企业发展战略相联系确定的审计范围	16.64%
3	通过风险评估报告的结果识别相关风险领域，确定的审计范围	9.15%
4	内控评价结果，企业的内部控制自我评价报告，会计师事务所的内部控制评价报告以及集团的内部控制调查结果	5.70%
5	风险预警体系中所反映问题	8.96%
6	以往年度内部其他各类检查结果及分析	4.76%
7	政府审计及政府检查中反映的问题，包括审计署、国家税务总局、国资委等政府部门的审计和检查	8.14%
8	年度公司财务预决算反映的情况及问题	5.45%
9	上一年度审计的问题，本年度需要进行跟踪落实、整改的	7.73%
10	各职能部门反映的问题	5.61%

续表

序号	项目来源名称	权重
11	基层单位反映的问题，主要通过审计需求调查来实现，方法有问卷、举报热线、基层主动要求	5.54%
12	审计部门自己认为需要进行审计的其他范围	4.55%
合 计		100%

（2）风险因素权重 – 方案 1（表 2–26 至表 2–27）。

表 2–26 可能性因素权重（方案 1）

序号	因素名称	权重
1	金额大小或重要性	6.97%
2	内控的有效性	25.76%
3	距上次审计时间间隔	7.35%
4	业务复杂程度	6.76%
5	外部经营环境状况及变化	6.47%
6	以往审计整改到位率	8.65%
7	舞弊的可能性	19.54%
8	对企业健康发展的影响程度	11.59%
9	变化或稳定程度	6.91%
合 计		100%

表 2–27 影响程度因素权重（方案 1）

序号	因素名称	权重
1	金额大小或重要性	7.74%
2	内控的有效性	23.92%
3	距上次审计时间间隔	4.94%
4	业务复杂程度	5.53%
5	外部经营环境状况及变化	6.13%
6	以往审计整改到位率	8.04%
7	舞弊的可能性	21.30%

续表

序号	因素名称	权重
8	对企业健康发展的影响程度	14.21%
9	变化或稳定程度	8.19%
合　计		100%

（3）风险因素权重－方案2（表2–28至表2–29）。

表2–28　可能性因素权重（方案2）

序号	因素名称	权 重
1	内控的有效性	26.09%
2	距上次审计时间间隔	7.67%
3	业务复杂程度	8.05%
4	外部经营环境状况及变化	7.72%
5	以往审计整改到位率	10.80%
6	舞弊的可能性	28.94%
7	变化或稳定程度	10.73%
合　计		100%

表2–29　影响程度因素权重（方案2）

序号	因素名称	权重
1	金额大小或重要性	20.83%
2	对企业健康发展的影响程度	79.17%
合　计		100%

5. 对备选审计项目进行筛选过滤

组织专家对7个审计线索来源形成的50个备选审计项目进行筛选过滤。筛选原则有两条：一是按照重要性、有影响力、有可能出成果、能胜任四个原则剔除了不能或不需审计的项目；二是对备选审计项目中的必审项目，由于其不需通过风险导向计划生成机制生成，故对其进行了剔除。经过筛选过滤，形成的需要进行风险评估的备选审计项目共有32个。

6. 对所选审计项目按评估标准进行打分

组织专家对32个备选审计项目从可能性和影响程度两个维度，对其9个风险因素进行了评估打分，形成了风险因素评分。

7. 预估所选审计项目所需审计资源

对于审计项目预计所需审计资源，采取了由专家分别预估，然后取其中位数的办法进行确定。

8. 项目选择

（1）汇总评估结果，求出备选审计项目风险值。

将 10 位专家填写的调查问卷和风险评估表中的评分结果逐一录入 EXCEL 表格，汇总评估结果，得出备选审计项目风险值。

（2）估计可用审计资源，据此形成年度审计计划初步方案。

① 估计可用审计资源。

单位审计总资源 = 单位自身审计资源 + 外包业务审计资源

单位自身审计资源 = 在岗审计人员 × 审计工作日

全年审计工作日需考虑：法定节假日 20 天；审计人员学习培训 20 天；审计人员年休 15 天；法定双休日 104 天；审计报告及待审理 15 天。

审计总资源须扣除必审的审计项目所需审计资源以及预留 10%～20% 审计资源以备审计计划调增，方为全年可安排审计资源。

② 综合平衡审计资源，拟定审计计划。

对备选审计项目按风险值大小进行排序，并计算出其累计所需审计资源。根据可用审计资源，按风险值大小选定列入年度审计计划的审计事项。入选审计项目共计 15 项，加上一年度必审审计项目 15 项，通过模拟测试拟定的年度审计计划共包括 30 个审计项目。

9. 总结分析

通过将试运行生成的审计计划与当年实际审计计划进行对比，试运行生成 15 个审计项目，其中 9 个与实际审计计划一致，符合率达 60%，说明当年年度审计计划基本上是按风险大小筛选项目。但上级在离任经济责任审计中发现的风险事项在年审计计划未予安排，相反，试运行选定的审计项目计划中有针对此项风险的计划安排，说明风险导向生成的审计计划更能客观反映单位的潜在风险情况。另外，通过将试运行生成的其余 6 个审计项目的平均风险值（1.19）与实际审计计划中的其余 5 个审计项目的平均风险值（0.50）进行比较发现，前者大于后者，说明风险导向生成机制更容易将高风险审计项目识别出来。后经与审计部门审计计划管理人员了解核实，实际安排的 5 个审计项目为上一年度跨年审计项目，剔除此项因素，试运生成的项目计划与实际计划符合率达 93.33%。

第二节 “两段式”审计组织模式

一、分组调配审计资源

传统审计模式是将财务、合同等审计要点分配给审计组成员，由其负责该要点的审前调查、现场核查、底稿编制等全部工作。“两段式”审计组织模式是将人员分为数据分析人员和现场核查人员，综合审计人员知识结构、专业技能、年龄构成等因素，数据分析人员突出审计业务素质、信息技术水平、信息系统运用和综合分析能力。现场核查人员突出现场工作经验、沟通交流能力、具备出差条件等。数据分析组设三重一大、财务收支、资产和大修理、内部控制等分析岗位，每个岗位分设 AB 角，实现分析人员的相对固定，尽量保证对不同单位数据分析标准的一致性，减少不同审计人员主观认识和判断的误差。

二、固化审计作业内容

在经济责任审计项目启动前，由审计部门和审计中心的主管领导、经济责任审计骨干一起，对照经济责任审计相关法律法规、上级审计要求，逐一对项目进行梳理，落实具体要求、确定审计重点，发布经济责任审计工作要求清单。清单同时界定了数据分析人员和现场核查人员各自负责完成的工作内容，由各项目组对照执行。清单的制订，规范了不同项目组的审计工作内容、明确了不同审计要点的审查作业标准，有利于审计项目的质量控制。经济责任审计工作要求清单见表 2-30。

表 2-30　经济责任审计工作要求清单

事项类别		具体要求	实现路径	执行团队
一、工作方式	（一）组织方式	（1）建立并固化经济责任分析团队；	执行	经责审计科
		（2）分析团队要总结经验，通过收集数据、字段，建立并验证经济责任审计分析模型，为财务、合同审计信息化监督平台建设提供支撑；	试验验证	数据分析组
		（3）主审根据分析团队提供的分析结果、疑点等内容，编制详细的审计现场实施方案。实施方案要具体到事项如何查证、落实，对每一项查证内容都要限定现场查证时间；	试验验证	主审
		（4）问题查证后，主审要与分析团队进行沟通，由分析团队确认事项是否查证清楚；	执行	主审
		（5）在总结组织方式的基础上，将经济责任审计流程标准化、统一化	总结提炼	经责审计科
	（二）报告要求	（1）经济责任审计报告结构模块化，设计模板；	总结提炼	经责审计科
		（2）离场前要形成较为成熟的报告（初稿）并与被审计单位沟通	执行	现场核查组
	（三）时间安排	系统梳理、评估非现场和现场审计时间，作为下达审计通知书和时间安排的依据	试验验证	经责审计科
二、审计内容	（一）“三重一大”决策制度执行情况	（1）“三重一大”决策执行程序遵循性 100% 覆盖，执行效果抽样样本量由审前调查确定；	执行	数据分析组

续表

事项类别		具体要求	实现路径	执行团队
二、审计内容	（一）“三重一大”决策制度执行情况	（2）非现场审计重点审查：有无“三重一大”决策制度实施细则、是否建立“三重一大”事项清单目录、是否形成决策事项台账；	执行	数据分析组
		（3）现场重点审查：会议记录纪要是否与决策事项台账匹配、决策程序酝酿、会前资料是否提前发给参会人员（同时要促进被审计单位使用电子邮件或系统化方式实现），到会人数是否符合规定，正职领导意见表达是否遵循末位表态，会议被否决事项后续处理情况，抽查“三重一大”决策事项检查执行效果；	执行	现场核查组
		（4）审查企业领导人员履行作为党风廉政建设第一责任人情况。重点关注党风廉政建设工作会布置落实和安排情况；	执行	数据分析组
		（5）现场审计重点核实企业领导人员是否听取纪委工作汇报，是否履行中层干部廉洁谈话、廉政逐级签字，相关控制实施证据是否完整。（具体内容建议进一步确认）	执行	现场核查组
	（二）贯彻落实分公司重大经济工作方针政策及决策部署情况	（1）梳理分公司工作报告、生产经营分析会布置安排等涉及重大经济决策部署情况细化分解至各二级单位，作为每年固定常态化工作；	执行	数据分析组
		（2）审前调查，要求被审计单位在述职报告中专项叙述贯彻落实公司重大经济工作方针政策及决策部署的安排、制订的目标、采取的措施、取得的效果，列出部署措施清单，并以此作为编制现场审计实施方案的基础；	执行	数据分析组
		（3）重点审查：被审计单位年度工作安排有无落实公司年度工作安排内容；生产经营分析会落实年度工作安排是否得力；	执行	数据分析组
		（4）重点关注落实天然气产、供、储、销体系建设投资计划落实情况；	执行	数据分析组
		（5）落实大力提升油气勘探开发力度重大政策措施情况（建设投资计划）；	执行	数据分析组
		（6）落实“处僵治困”工作情况（成化厂）；	执行	数据分析组
		（7）勘探开发：通过收集勘探开发井生产和财务数据，分析投入产出情况，与对应时间内整体勘探、开发方案进行对比，评价效果；	执行	数据分析组
		（8）地面建设：是否按时达到开发方案和可行性研究效果；	执行	数据分析组
		（9）科研项目：待下一步讨论确定	研究	经责审计科
	（三）业绩考核指标完成情况	采用非现场审计方式完成	执行	数据分析组

续表

<table>
<tr><th colspan="2">事项类别</th><th>具体要求</th><th>实现路径</th><th>执行团队</th></tr>
<tr><td rowspan="13">二、审计内容</td><td rowspan="3">（四）财务收支的真实、合法及效益情况</td><td rowspan="3">（1）企业财务会计核算是否准确、真实，是否存在财务状况和经营成果不实的问题。弱化主业，重点关注：其他业务收入，结合合同、司库系统，关注天然气价格变化时间点是否执行到位；结合合同、司库和报销系统关注成本支出是否真实；五项费用要按每项费用确定风险点；采用分析性复核分析判断是否存在会计确认标准或计量方法不正确，随意变更或滥用会计估计、会计政策，故意编造虚假利润，虚列、多列、少列或不列收入及成本费用的疑点；
（2）通过非现场审计方式关注企业资金使用情况；
（3）结合重大经济决策、绩效考核指标等内容审查：
① 企业财务报表的合并范围、方法、内容和编报是否符合规定，是否存在故意编造虚假财务报表等问题；
② 根据审计发现问题，编制资产负债调整表和利润调整表，确定审计认定数；
③ 按审计认定数计算各类财务绩效指标，分析财务绩效指标变动的主要原因并进行评价；
④ 在财务收支审计基础上，审查企业成本效益和预算完成情况，揭示企业在增收节支、预算管理等方面问题</td><td>执行</td><td>数据分析组</td></tr>
<tr><td>执行</td><td>数据分析组</td></tr>
<tr><td>执行</td><td>分析和现场共同完成</td></tr>
<tr><td rowspan="3">（五）资产管理、使用及质量变动情况</td><td rowspan="3">（1）通过非现场审计方式，利用资产系统和实物资产台账，确定资产监盘抽样范围；
（2）形成的抽样检查清单必须经组长审核；
（3）对于不良资产要进行深入查证，查明问题形成原因、造成的后果及责任，对于因决策失误、管理不当、处置不力等形成的不良资产作为问题予以反映</td><td>执行</td><td>数据分析组</td></tr>
<tr><td>执行</td><td>数据分析组</td></tr>
<tr><td>执行</td><td>现场核查组</td></tr>
<tr><td rowspan="7">（六）内部控制制度的建立和执行情况</td><td rowspan="7">（1）通过非现场审计方式确定货币资金管理抽样样本；
（2）现场根据抽样样本实施监盘；
（3）通过非现场审计方式对合同管理系统中数据进行全面分析性复核，关注支出合同审查审批流程，明确疑点；
（4）现场直接对支出合同存在的疑点进行核实，由被审计单位现场作出解释，审计组对解释进行判断，确认是否作为问题反映；
（5）编制工程项目承诺清单，由被审计单位按工程项目列明施工企业是否具有市场准入、是否存在转分包，作出承诺背书。分析团队在此基础上进行抽查；
（6）对委托收款，可能存在转分包的情况，将司库系统中付款单位、合同系统中合同相对人进行交叉比对，若出现合同相对人没有，但司库系统有对外付款的单位，应作为疑点，交由审计组核实；
（7）对应招标未招标，前段筛选方式应固化，抽查每年应招标未招标合同金额排位在前10位的单位，作为现场查证重点。对履行可不招标手续的理由是否充分进行判断，是否满足可不招标的十一条规定，若不满足，则作为疑点，交由审计组现场深入查证</td><td>执行</td><td>数据分析组</td></tr>
<tr><td>执行</td><td>现场核查组</td></tr>
<tr><td>执行</td><td>数据分析组</td></tr>
<tr><td>执行</td><td>现场核查组</td></tr>
<tr><td>执行</td><td>数据分析组</td></tr>
<tr><td>执行</td><td>数据分析组</td></tr>
<tr><td>执行</td><td>数据分析组</td></tr>
</table>

续表

<table>
<tr><th colspan="2">事项类别</th><th>具体要求</th><th>实现路径</th><th>执行团队</th></tr>
<tr><td rowspan="5">二、审计内容</td><td rowspan="2">（七）廉洁从业制度制定和执行情况</td><td rowspan="2">（1）固化被审计人职务消费信息表单，在审前调查前由被审计单位填报背书；
（2）通过非现场审计方式取得被审计单位领导人员个人信息申报表，检查是否存在本人或家属经商办企业、与企业发生业务往来等问题</td><td>执行</td><td>数据分析组</td></tr>
<tr><td>执行</td><td>数据分析组</td></tr>
<tr><td rowspan="2">（八）以往审计发现问题整改情况</td><td rowspan="2">（1）通过非现场方式，从审计部门获取以往审计发现问题整改情况；
（2）通过监察处，收集巡视整改反馈报告，落实巡视巡察发现问题整改情况中与经济责任有关的事项（如五项费用）。以监察资料为基础，对整体巡视巡察整改反馈情况要有结论性的描述</td><td>执行</td><td>数据分析组</td></tr>
<tr><td>执行</td><td>数据分析组</td></tr>
<tr><td>（九）披露事项</td><td>通过非现场方式，了解任期前遗留问题、重大未决诉讼及其他对企业有重大影响事项，根据重要程度进行披露</td><td>执行</td><td>数据分析组</td></tr>
</table>

三、实现“两段式”审计

经济责任审计项目下达后，成立对应的数据分析组和现场核查组，实行“两段式”作业。第一阶段为数据分析阶段。数据分析组依靠公司应用的各类业务信息系统，采取远程审计方式开展分析工作，发现问题疑点，确定抽样样本，提出核查线索；主审根据数据分析组提供的分析结果、疑点、线索，编制详细的审计实施方案；数据分析组与现场核查组进行集中交底，明确线索核查方向和重点。第二阶段为现场核查阶段。现场核查组在审计通知书下达后进点，不再扩大审计范围，按实施方案进行现场审查，落实分析组发现的疑点、线索，形成对应工作底稿交主审审核，主审据此编写审计报告。

四、取得的成效

1. 线索和核查效果突出

2019 年应用了“两段式”审计模式的 14 个经责审计项目，数据分析阶段累计发现问题线索 306 个，现场核实阶段确认属实问题线索 157 个，核实率达到 51%。加上现场核查组根据线索拓展发现的 43 个问题，平均每个项目报告问题 14 个，发现问题金额 ××× 万元，较上一年 16 个经济责任项目平均报告问题 10 个，发现问题金额 ××× 万元，分别增长 40% 和 19%。问题数量和问题金额大幅上升。

2. 发布经济责任审计工作要求清单，统一了审计实施标准

经济责任审计工作要求清单是依据经济责任审计有关规章制度，并结合各单位生产经营特点梳理出来的，是在原有审计内容的基础上再次细化和突出重点，建立的是一套统一的审计实施标准，其尽可能地避免了原来审计内容不够细化和不同审计人员对审计重点的理解不同造成的执行偏差，确保了公司所有经济责任审计项目的质量。

3. 审计工作效率大幅提升，降低了安全风险和审计成本

按照审计人员特性配置的数据分析组和现场核查组人员，最大化地利用了审计资源，且由于执行标准明确，数据分析人员对每一个项目所分配任务均可直接进入主题，寻找审计线索，现场核查人员根据分析组提供的线索进行查证、核实，现场查证目的性和针对性更强，减轻了审计人员的劳动负荷，提高审计效率。“两段”结合，直接缩减了审计人员的现场时间，既降低了出差在外的安全风险，又极大地节约了出差费用。

4. 审计人员信息技术能力得到提升

数据分析人员从信息系统获取数据，利用信息技术和审计查证思维开展分析，从2019年实施“两段式”审计的14个经济责任项目看，财务管理信息系统（Financial Management Information System，FMIS）、合同管理、物资采购等各类业务管理系统在数据分析中发挥了重要作用，数据透视、多维度数据分析等新技术得到了充分运用，审计人员对信息技术知识学习的主动性和积极性空前高涨，大数据思维在工作中得到了培养并得以运用。

5. 大力推广非现场审计，体现了组织的人性关怀

数据分析采用非现场审计方式，降低了审计人员出差频率，缩短了出差时间，从根本上解决了审计人员长期出差照顾不到家庭的矛盾，有效缓解了审计人员心理焦虑的问题，体现了公司以人为本的管理理念，有助于建设一支和谐、健康的内部审计团队，更好地发挥监督、服务作用。

第三章

内部审计方式方法探索与实践

第一节　管理效益审计方法在经济责任审计中的应用

一、经济责任审计与管理效益审计概念

1. 经济责任审计的概念

经济责任审计是中国特色社会主义审计监督制度的重要组成部分，是对党政主要领导干部和国有企事业单位主要领导人员任期内履行经济责任情况的审查，并将审计结果报告给委托人的一种审计。经济责任审计的基本理论依据即是特定受托经济责任关系的存在，此种受托经济责任关系既明确指向依法属于审计机关审计监督对象的党政主要领导干部和国有企事业单位主要领导人员，又必须依托被审计领导人员任职单位的有关经济活动，这是经济责任审计内涵不断发展的根本动因所在。在我国经济责任审计实践和发展过程中，在不同时期不同阶段曾经经历了账项导向审计、制度导向审计和风险导向审计，各种导向审计模式发展演进的过程同时也是经济责任的内涵不断拓展变化的过程。

2010 年 10 月 12 日，中共中央办公厅、国务院办公厅印发的《党政主要领导干部和国有企业领导人员经济责任审计规定》（以下简称《经济责任审计规定》）中明确“经济责任是指领导干部在任职期间因其所任职务，依法对本地区、本部门（系统）、本单位的财政收支、财务收支以及有关经济活动应当履行的职责、义务”。2019 年 7 月 15 日，为适应新形势新要求，进一步完善和规范经济责任审计，修订发布了《经济责任审计规定》，将领导干部的经济责任界定为“经济责任是指领导干部在任职期间，对其管辖范围内贯彻执行党和国家经济方针政策、决策部署，推动经济和社会事业发展，管理公共资金、国有资产、国有资源，防控重大经济风险等有关经济活动应当履行的职责”。习近平总书记强调，要依法全面履行审计监督职责，促进经济高质量发展，促进全面深化改革，促进权力规范运行，促进反腐倡廉。因此，经济责任审计工作要围绕这一目标要求，突出审计重点，通过审计重大经济方针政策措施落实情况，促进经济高质量发展；审计财政、企业、金融、民生、投资等领域改革任务完成情况，促进全面深化改革；聚焦权力运行和责任落实，抓住重大资金分配、资产处置、公共资源交易等重要领域和关键环节，揭示存在的问题，促进权力规范运行和反腐倡廉。

综上所述，经济责任审计的内涵，从最初的主要针对财务收支以及有关经济活动，进一步发展到强化政治意识、提高政治站位，延伸到落实方针政策和决策部署，推动高质量发展和深化改革，促进权力规范运行和反腐倡廉，及时揭示和反映新情况、新问题、

新趋势，推进国家治理体系和治理能力现代化。经济责任审计范围逐渐扩大，内容更加丰富，站位更加高远，也对创新经济责任审计方式方法、更好地发挥审计的建设性作用提出了挑战。

2. 管理效益审计的概念

国外学术界对于管理效益审计的理论研究，最早是美国管理咨询师威廉·伦纳德于 1962 年撰写的《管理审计》一文，1972 年美国管理协会出版的《经营审计》、1988 年美国利奥·赫伯特等撰写的《管理绩效审计学》、1990 年英国学者约翰·格林撰写的《绩效审计》，以及 1992 年美国 R.E. 布朗等撰写的《政府绩效审计》等著作，都结合审计实践对管理效益审计进行了较为成熟的理论研究。管理效益审计的核心就是对经济（economy）、效率（efficiency）、效果（effectiveness）的“3E”审计。20 世纪 90 年代初，罗伯特·卡普兰和戴维·诺顿提出了平衡计分卡理论体系，在考虑财务指标与非财务指标的平衡、内部与外部因素的平衡、滞后指标与先驱指标的平衡基础上，从财务、客户、内部运营、学习成长四个维度，构建了财务指标和非财务指标相结合的效益评价指标体系，从而达到对企业的管理效益进行全面客观评价的作用。

自 20 世纪 90 年代起，我国对管理效益审计理论的研究取得了一定的进展。王光远在 1996 年系统阐述了管理审计的评价标准体系结构，全面叙述了管理审计的发展历史。彭华彰（2006）提出了效益审计的相关理论与方法，对政府部门绩效审计和政府投资项目审计提出了有针对性的方案与评价标准[1]。刘玲君（2012）认为：“以财务数据和非财务相结合的审计方法，找准工作切入点解决管理效益审计中的重点工作目标”[2]。王学龙（2015）详细分析了经济效益审计的程序与方法，并强调管理审计是经济效益审计的高层次审计形式[3]。刘昕雁（2014）认为：“深入了解被审计单位的经营管理全过程，依据企业的不同情况合理确定审计程序是落实管理效益审计精细化的有效手段”[4]。

综上所述，管理效益审计的目的在于帮助组织识别和纠正管理偏差，优化管理，创建更为合理的效益输出模式。因此从审计目的来看，管理效益审计的属性可以理解为一种审计类型，也可以理解为一种审计思维方式。在审计实务中，管理效益审计的开展常常呈现多种方式，作为一种审计类型，可采用专项审计方式予以实施；作为一种审计思维方式，其审计内容可融于经济责任审计、投资项目审计等常规审计类型之中。

二、经济责任审计实施现状及发展瓶颈

经济责任审计经过多年实践，审计范围和审计对象逐步扩大，审计制度、审计标准、审计内容、审计程序、审计报告、审计评价、审计方案、审计组织等逐步完善，经济责任审计的框架体系已基本规范成型。经济责任审计坚持“离任必审、任中为主”推动审计对象全覆盖，编写年度经济责任审计工作方案确定审计重点，根据组织人事部门建议制订审计计划，听取纪检等各部门意见，发挥联合监督作用，按照“三个区分开来”定责追责，要求定性评价与定量分析相结合规范审计评价，健全各项制度，完善审计结果运用。通过强化领导人员管理监督、规范权力运行，进一步促进企业贯彻执行国家经济方针政策、决策部署，推进企业治理体系和治理能力现代化，推动企业高质量发展，提

升管理水平，增强经济活力、抗风险能力和发展能力，客观、公正地评价企业领导人员任期经营业绩和经济责任履行情况，为干部管理部门考核、奖惩、任用干部提供重要依据。在经济社会快速发展变革的复杂环境下，要进一步落实党中央、国务院的要求，经济责任审计需要不断规范完善和创新发展，仍然面临诸多瓶颈。

1. 审计资源难以满足“离任必审、任中为主”的全覆盖要求

随着经济责任审计全覆盖的深入推进，实践中遇到的问题逐渐凸显。一是审计对象较多与审计资源有限的矛盾较为突出，推进全覆盖任务艰巨。要实现“离任必审、任中为主”的全覆盖要求，工作量巨大，而企业各级审计部门的内审人员数量有限，难以在高频率的审计中兼顾审计的广度和深度，实际操作中就演变为“离任必审、任中为辅”，甚至是走过场、交任务，无法实现审计的目的。二是审计立项存在突击性、无计划性和时间上的滞后性，先离后审的现象较为普遍。一方面，经济责任审计项目普遍由组织人事部门在干部离任后提出委托，审计部门在计划安排上的主动权较少，在领导人员离任后实施审计，从客观上削弱了审计的权威性，也未达到将审计结果作为选拔任用干部重要依据的效果。另一方面，由于考察任免时间紧、保密要求高，各企业领导干部任免较为集中、涉及人员较多，导致审计部门需要在短期内完成多名领导人员的经济责任审计，甚至部分企业干部调整较为频繁，出现经济责任审计跟不上领导人员调整的现象。

2. 对经济责任审计内容和审计重点把握不准确

《经济责任审计规定》对经济责任审计内容和审计重点有明确规定，在审计实践中，由于对经济责任界定的理解把握不准以及审计资源和时间有限等影响，导致审计内容和审计重点出现偏差，无法实现审计目的。

（1）审计站位层次不高，审计查证不深、不透。部分审计人员对经济责任的范围和内容理解过窄，审计工作的出发点仍然停留在被审计领导人员履职的真实性和合法性方面，有的甚至将审计关注点还放在财务核算方面，对履职的经济性、效益性和效果性关注较少，视野不开阔，对任期内重大经济决策情况、重大经济事项实施情况等内容未深入开展审计，导致经济责任审计没有与被审计对象的经济责任履行情况挂钩。

（2）审计重点不突出，审计报告整体性不足。部分审计人员将经济责任界定过于宽泛，把不应作为经济责任审计内容的事项均纳入经济责任审计范围。还有的对经济责任审计内容的系统性和整体性把握不够，审计重点不突出、不精准，经济责任审计报告反映的问题较零散、整体性不足，忽视企业经济性、效益性等长期发展问题，最终导致经济责任审计整体质量不高，不能实现审计目的。

3. 经济责任审计缺乏科学完善的评价体系

经济责任就是一个要求鉴别其多方责任履行情况的工作，评价内容包含了财务、法纪、效率以及社会等方面的内容，是一个比较综合的概念，建立审计评价体系关键是评价指标的选取、量化，并能适应不同类别、不同岗位的审计对象。审计评价作为经济责任审计的重要环节，要求全面、客观、准确。在经济责任审计中面对纷繁的审计情况，如果没有科学完善的审计评价体系，审计评价可能受审计人员的主观判断影响较大，易

出现审计评价风险。

目前，经济责任审计对于问题责任的准确界定和作出恰如其分的评价较难把握。

一是领导干部应当履行的经济责任指标不够明确。各级企业虽然有相关考核制度，但考核目标过粗，评价指标不够具体全面，审计人员要科学、客观地评价领导人员经济责任履行情况存在一定的困难。

二是重大决策效果的滞后性影响审计评价。领导人员履职过程所主导的许多政策措施的效果、实施的重大工程项目的效益等具有一定的滞后性，在审计期间其实质性作用可能还无法显现，这种政策效果的滞后性也给客观准确评价领导人员履行经济责任情况带来困难。

三是审计评价标准难以把握。审计评价标准难以统一，评价要求程度存在差异，导致不同审计报告中对同一类型审计事项的定责和评价缺乏一致性，对同一类型企业领导人员的评价缺乏可比性。

四是审计评价指标体系尚未完善。虽然已对经济责任审计评价的内容、角度和方式提出了明确要求，但评价指标体系尚不完备，缺乏科学的、操作性强的评价指南，审计评价受审计人员主观判断影响较大。上述问题客观上主要表现为：有的审计评价未保持应有的审慎态度，没有做到“审什么评什么”；有的审计评价泛泛而谈，聚焦问题不足；有的审计评价沿用传统评价方式，经济责任履行情况无从体现；有的审计评价采用记叙事实的方式，就具体事项开展评价，就事论事，缺乏评价的全面性；还有的审计评价内容模板化，“千人一面”“画像不准”，没有突出被审计单位领导人员在其任期内应负的经济责任的重点，审计评价较为笼统，缺乏针对性。

4. 经济责任审计成果的利用率有待提高

审计结果的运用是经济责任审计制度能否落到实处、充分发挥作用的重要环节。对审计结果的运用包括：审计机关对审计结果的利用；有关部门对审计结果的综合运用；运用结果的反馈；在对审计结果综合分析基础上的宏观运用。审计成果利用是审计目标实现的最终体现，是经济责任审计在加强干部管理，促进领导干部依法用权、秉公用权、廉洁用权方面发挥作用的实现渠道。

在审计实践中，审计成果利用的实效性还有待提高。

一是被审计单位对审计发现问题的整改力度和效果还有待提升。现阶段审计整改以被审计单位自查自改为主，部分被审计单位不重视审计整改，避重就轻，或者通过局部整改、表面整改等敷衍了事，而审计部门在后续整改阶段由于审计资源有限，缺乏跟踪监督，对被审计单位促进整改的后劲不足，存在“重审计、轻整改”的现象，导致审计整改浮于表面，直接影响了审计成果。尤其是在离任经济责任审计中，由于审计整改主体调离原岗位，新任领导对审计查处的问题整改积极性不高。

二是经济责任审计结果对于领导人员选拔任用机制影响的权重还不够。一方面，部分经济责任审计报告普遍存在重问题、轻评价，罗列问题和数据过于琐碎等现象，纪检机关、组织部门难以清晰地对被审计领导人员作出明确判断，审计报告对领导干部整体评价的参考意义不大，进而导致审计结果未能充分运用到各级党委和组织部门考核、任免和奖惩领导人员的工作当中。另一方面，经济责任审计普遍存在先任后审、先离后审的现象，影响了经济责任审计对于领导干部廉政勤政作用的有效发挥，制约了审计结果的实际利用。

5. 未能及时有效利用大数据进行经济责任审计

大数据时代的来临，冲击了传统的经济责任审计思维导向，国内许多学者也对大数据技术在经济责任审计方面的应用做了大量的理论与实践方面的研究，总体来说大数据技术影响了经济责任审计的整个流程。但在经济责任审计实践中，还是以传统审计思维为导向，以传统审计方式方法开展审计，未能及时跟进信息化发展步伐，未能利用大数据从数据搜集、管理和处理等方面来全面提高审计要求。未来经济责任审计应紧跟时代，开发和利用大数据技术，从而使审计结果更加全面完善。

2017 年 12 月，习近平在实施国家大数据战略第二次集体学习中提出，大数据是信息化发展的新阶段，要形成覆盖全国、统筹利用、统一接入的数据共享大平台，并要求领导干部要善于获取数据、分析数据和运用数据。国家网信办提出了总体思维、容错思维、相关思维和智能思维四项大数据思维。大数据能摆脱数据样本束缚，解决全样本研究问题；同时提高数据处理能力，可以进行媒体或网络数据分析[5]。大数据思维给经济责任审计提供了新的思路：（1）从整体考虑审计的诸多对象，而并非仅关注抽样样本；（2）教会审计人员更多地从宏观角度洞察和认知，同时利用占比近 95% 的非结构化数据，而非仅利用 5% 的结构化数据；（3）在审计过程中摒弃偏见，通过数据观测与分析，挖掘出事件之间隐蔽的相关关系；（4）让审计人员不断开发和利用新型智能工具，而非局限于传统的手工审计模式，以此提高整体经济责任审计的智能化水平。

大数据主要提供数据的采集、挖掘和分析，这对经济责任审计提出了更高的要求：（1）要求审计数据搜集覆盖面更广。现阶段的审计数据主要包括实物数据、书面数据、口头数据和环境数据。针对不同的数据类型，审计人员采取不同抽样方法，选取被审计单位的部分数据，通过样本估计整体；而对于没有被选入样本的敏感证据，不易被审计人员察觉。随着大数据时代的到来，审计数据更多来自于大数据和数据云，通过跨单位和跨部门获得更加全面的审计数据，属于既包括结构性数据也包括非结构性数据的全样本数据[6]。（2）对单位数据的管理与保密提出了更高要求。经济责任审计中，在提供单位内各项数据给审计人员的同时，如何做好相关数据管理从而保证数据不泄密是在审计过程中需要重点关注的问题。（3）对大数据采集处理的要求提高。大数据分析模式替代了传统的审计抽样模式，进行全数据分析处理，在海量的数据中如何剔除相关性较低的杂乱数据信息，获得与领导干部经济责任相关度较高的审计证据，需要涉及大数据的处理、采集问题，需要更高要求的算法和智能程序，这些都对审计提出了更高的技术要求[7]。

大数据时代通过影响审计过程中的各个阶段直接影响经济责任审计全程。（1）影响审计准备阶段。传统的审计准备阶段需要了解被审计单位基本情况、评价被审计单位内控建设程度等。大数据时代下，该类工作均可以通过大数据直接选取、筛选获得，并且所获得的数据将比传统方式获取的更加详尽，从而影响审计重要性水平的确定。（2）通过审计证据影响审计实施阶段。大数据使审计证据的获得更加可靠。传统审计中，通常需要翻查、复印留存大量文档材料作为书面证据，审计人员通过发送函证等方式获取更为可靠的外部审计证据，以此佐证最终审计结论，这样的审计过程会消耗大量的人力、物力。而运用大数据进行审计，能够使各方信息更直观地呈现、互相监督和印证，在成本较低的情况下很大程度上提高审计实施阶段的可靠性，进而缩短审计实施流程和时间。（3）影响审计结束阶段。大数据时代节约了资料归档时间，各类型数据可以更加全面地展现，从而简化了审计报告的编制。

三、经济责任审计应用管理效益审计方法的必要性

随着经济体制的不断改革和完善，对经济责任审计的要求也在不断变化。经济责任审计在发挥对领导人员监督职能的同时，也要在贯彻执行党中央、国务院经济方针政策、决策部署，以及提升企业价值方面对领导人员任职期间的经营管理水平和经济决策进行分析和评价，因此有必要将管理效益审计的思维和方法融入经济责任审计中去，才能使审计评价更加客观、全面、准确，充分发挥经济责任审计在企业经营管理中的监督和服务职能。

1. 管理效益审计在现代企业经营管理中起着重要作用

经济效益是衡量一切经济活动最终结果的综合评价指标。在企业内部进行管理效益审计有监督其管理活动、反馈信息与促进提高管理水平的作用，通过审计评价能及时发现企业内部管理、内部控制制度等方面的缺陷和漏洞，进一步分析管理中存在的不足，查找问题根源，起到风险警示作用。通过对管理效益审计指标进行比较、分析，并在此基础上提出针对性的建议，不仅可以为领导决策提供参考依据，而且还可以提高企业经营管理效率、经济与社会效益。

2. 经济责任审计与管理效益审计密切相关

企业管理效益与领导人员的经济责任紧密相连，两者缺一不可。企业财务和生产经营指标，既反映企业管理效益情况，又是领导人员经济责任履行情况的重要组成部分。在经济责任审计中开展效益分析，一方面，既关注了在重大经济决策方面是否科学，是否具备充分的决策依据，而且还关注了在决策时是否盲目草率、造成决策不当等；另一方面，还可查看企业是否建立了有效的内部控制制度，对领导干部及有关责任人员是否建立了考核评估及责任追究制度等，有利于对被审计领导人员在经济性、效率性和效益性等方面的评价。效益审计与真实合法性审计的并行，不仅可以为经济责任审计工作的开展提供理论依据，而且也可以有效提高经济责任审计的工作效率，更好地推动我国经济社会的发展。

3. 融入管理效益审计思维是提高经济责任审计质量的有效途径

随着党中央、国务院对审计工作进一步发展的要求，中国石油集团强力推动企业从生产型向经营型转变的现实需求，经济责任审计工作的发展方向已呈现从单纯关注被审计领导人员所在企业经济活动的真实性、合法性向更加重视企业管理效益和高质量发展的转变。目前，大部分经济责任审计项目还停留在对领导人员任职期间各项管理、决策

活动真实性和合法性审计的层面上，缺乏对经济活动的效益性和企业整体经营发展情况的深入查证和分析。通过融入管理效益审计思维，经济责任审计可以在满足合规性审计的基础上，对企业管理、决策活动的经济性、效率性和效益性进行分析、评价和建议。如果说当前的经济责任审计主要是对领导人员管理、决策的执行过程的行为审计，那么融入管理效益审计则可实现对领导人员管理、决策能力的评价。搞好两者的结合，有利于提高经济责任审计的质量和水平，进一步深化经济责任审计工作，推进经济责任审计工作提质增效。

4. 应用管理效益审计方法符合经济责任审计的工作需求

在经济责任审计中关注被审计领导人员所在企业的管理和效益问题，关注企业经营发展质量问题，这是全面落实经济责任审计目标，客观、全面、深层次评价领导人员经济责任履行情况的重要抓手，不仅有助于为组织人事部门评价、任用干部提供科学的参考依据，健全对领导人员业绩责任的考核机制，完善干部管理机制，而且有利于促进各企业提高经营管理水平、投资决策水平，推进公司治理体系现代化。

管理效益审计是当前经济责任审计发展的更高阶段，审计署把全面推进绩效审计，提高公共资源和财政资金配置、利用、使用的效率性、经济性和效果性作为审计工作的一项主要任务，并要求每年所有的审计项目都开展管理效益审计。世界上许多国家都已把管理效益审计作为政府审计工作的重点。据有关报道，在美国，管理效益审计工作量占据政府审计工作量的 90% 以上，澳大利亚则在 50% 以上，这说明管理效益审计已成为世界上许多国家政府审计工作的主流。

四、经济责任审计应用管理效益审计方法的总体思路

管理效益审计方法包括审计查证方法和审计分析方法。查证方法包括在各类审计项目通用的审阅、检查、访谈、问卷、函询、盘点、抽样、复核等常规方法的基础上，根据审计内容和重点的不同，综合选用平衡计分卡、回归法、模型预测法、时间序列法、量本利法、德尔菲法、投入产出法等。分析方法包括传统的对比分析法、结构分析法、趋势分析法、因素分析法、多因素联动分析法等，以及比较前沿的层次分析法、敏感分析法、数据包络分析法、相关分析法、聚类分析法、判别分析法等。

上述各种管理效益审计方法都必须应用指标分析法，即建立符合不同分析特点的指标模型，在此基础上利用各种工具和方法进行分析和查证。因此，首先要建立经济责任审计的管理效益分析指标模型，考虑全面性、可操作性和和普遍适用性，综合平衡计分卡、时间序列法、投入产出法的特点，突出石油企业资源、市场、质量、发展等核心指标的选择；其次要应用管理效益审计和大数据思维，综合使用对比分析、趋势分析、联动分析等分析方法，发现管理效益薄弱环节，揭示背后的问题和风险，提出改进完善的建议，督促领导人员履职尽责、担当作为；最后要结合大数据时代背景，利用信息化手段，探索智能化指标分析工具的开发和应用，提高数据采集、整理、分析、展示的质量和效率，为经济责任审计人员更好地进行管理效益分析创造条件。

五、管理效益分析指标与经济责任评价指标的区别

1. 应用场景不同

经济责任评价是事后评价，是在审计查证或认定事实的基础上，综合运用多种方法，定性评价与定量分析相结合，在审计范围内，对企业领导人员任职期间履行经济责任情况作出客观公正、实事求是的评价。审计评价内容，一是效益类和营运类业绩考核指标的完成情况；二是任职期间主要工作，包括主要业绩、履职作为、突出做法等；三是综合评价，包括贯彻上级方针政策和决策部署情况、三重一大执行情况、财务收支真实合法效益情况、财务绩效情况、内控制度体系情况、遵守廉洁从业规定情况等。

管理效益分析是审计方法，通过对大量数据和相关指标的分析，发现被审计单位的管理效益薄弱环节，揭示背后的问题和风险，提出改进完善的建议，其结果属于审计查证或认定的事实，可作为经济责任评价的依据。

2. 指标构成不同

经济责任评价指标属于经济责任审计评价中的定量分析部分，以根据审计结果调整的企业通用财务指标为主，包括评价财务状况真实合法性的资产失真率、负债失真率、所有者权益失真率、资产负债表项目失真率；评价经营成果真实合法性的平均利润总额失真率；评价盈利能力的净资产收益率、总资产收益率；评价资产质量的总资产周转率、不良资产比率；评价债务风险的资产负债率、已获利息倍数；评价发展能力的平均营业增长率、平均资本保值增值率。

管理效益分析一般按照财务、客户、内部运营、学习与成长等多个维度，根据不同行业、不同类型的企业特点选择相关指标进行分析，而不是只关注财务指标分析。仅关注财务指标会使企业领导人员过分注重一些短期行为而忽视一些长期利益，比如企业核心竞争力的培育发展、员工的培养和开发、市场网络的开拓和维护等。从相互联系、相互影响的多个维度指标进行管理效益分析和衡量，有助于企业的长期高质量发展，并最终保证财务指标的实现。

六、选择管理效益分析指标的具体方向

1. 着眼企业发展战略，以技术经济指标为主

近年来，中国石油以“建设世界一流综合性国际能源公司”为战略目标，以推动高质量发展为主题，以深化供给侧结构性改革为主线，以改革创新为根本动力，统筹推进“发展、调整、改革、管理、创新、党建”总体工作布局，努力实现企业更高质量、更有效率、更加公平、更可持续、更为安全的发展。中国石油曾明确提出，要深化供给侧结构性改革，要向市场升级要效益，向管理升级要效益，向质量升级要效益；国内上游业务要大力稳油增气降本，切实增强立足国内保障国家能源安全的能力，全力以赴提质增效，切实发挥好生存之本、发展之基、效益之源作用；炼油化工及销售业务要强化一体化统筹，产销协同应对市场，联动考核提升价值；天然气销售业务要坚持量效兼顾、量效双增，实施差异化、精细化营销策略，优化市场布局和用户结构。

管理效益指标的选取旨在帮助企业加强管理，提高效益，增强核心竞争力，中国石油作为典型技术与资本密集型的集团企业，影响经济效益的内外因素繁多，勘探、开发、炼化、销售过程涉及领域繁杂，业务链条长，既受到能源市场和世界经济环境的影响，还受地质结构、科技发展、国家政策等方面的制约。因此，选择与企业发展和效益紧密相关的核心技术经济指标作为经济责任审计进行效益分析的对象，符合中国石油战略发展和审计提升转型的需求。

2. 反映企业经营管理成果，以通用财务指标为辅

财务指标分析是指总结和评价企业财务状况与经营成果的分析指标，包括偿债能力指标、营运能力指标、盈利能力指标和发展能力指标，可以作为经济责任审计效益分析的共性指标使用。（1）偿债能力指标。偿债能力主要反映企业偿还到期债务（包括本息）的能力，包括流动比率、速动比率和现金流动负债率等短期偿债能力分析，是衡量企业流动资产变现能力的重要标志；以及资产负债率、产权比率、利息保障倍数等长期偿债能力分析，是反映企业财务状况稳定与否及安全程度高低的重要标志。（2）营运能力指标。营运能力分析是指通过计算企业资金周转的有关指标分析其资产利用的效率，是对企业管理层管理水平和资产运用能力的分析，主要包括应收账款周转率、存货周转率、总资产周转率、固定资产周转率等指标。（3）盈利能力指标。盈利能力就是企业资金增值的能力，它通常表现为企业收益数额的大小与水平的高低。盈利能力指标包括主营业务毛利率和净利率、净资产收益率、资本保值增值率等指标。（4）发展能力指标，发展能力是指企业在生存的基础上，扩大规模，壮大实力的潜在能力。发展能力指标包括营业收入增长率、总资产增长率、固定资产成新率、利润平均增长率等指标。

3. 针对不同类型企业特点，突出高质量可持续发展

中国石油涵盖油气勘探开发、炼油化工、成品油销售、天然气销售、工程建设、油服、物资装备、国际贸易、金融保险等诸多类型的企业，因此在指标选择上既要考虑企业通用的共性指标，又要考虑与主营业务紧密相关的个性指标。以油气田企业为例，有反映油气资源储备的新增证实储量、储量替换率、勘探成功率、储采比等指标；有反映油气生产能力的油气当量增长率、综合递减率、油气商品率、老油田采收率等指标；有反映经营管理的单位操作成本、计划投资控制率、新建产能产量符合率等。通过上述特色指标，关注资源配置能力，收集企业油气产储量、油气加工能力等相关数据，掌握油气田企业业务规模、经营规模，客观反映各业务结构、生产规模以及对油气资源的掌控能力，综合评价当前效益水平和长远发展潜力，落实突出主营业务要求，引导企业高质量发展，强化经营理念，推动建立有序发展的资源配置体系，促进提升企业核心竞争力。

4. 把握重要性信息化原则，优选不同维度指标

考虑经济责任审计资源和时间有限的背景，为利于操作和推广使用，分析指标数量不宜过多，因此要通过专家共同研讨，结合审计人员经验判断，紧扣高质量发展和提质增效的目标优选不同维度指标进行效益分析和评价。一是优先选择业绩考核中的效益类指标。该类指标长期实践应用且不断完善改进，其重要性具有较强的公信力，容易获得各方认同；二是合并同类项指标并覆盖重点领域，确保财务、经营、生产等各领域均有

1～2个关键指标，在维持指标完整性的同时避免指标重叠；三是重视指标数据来源与信息系统数据的关联性，在同类项指标的筛选中优先考虑从中国石油各类信息系统和数据仓库中取数的准确性和便捷性，减少被审计单位人工填报的工作量，进一步融入审计信息化建设。

七、管理效益分析指标设置

1. 遵循原则

管理效益分析指标的设置需要遵循如下四个原则：

（1）权责对等原则。企业领导人在行使权力的同时，必须承担相应的责任，因此在选择指标时，应当优先考虑企业下达业绩考核指标中与经济效益相关的指标。

（2）重要性原则。在指标构成中，突出对勘探开发、市场营销等核心竞争力指标的选取，以经济技术指标为主，财务指标为辅；以核心业务指标为主，非核心业务指标为辅；相对值指标为主，绝对值指标为辅。

（3）可比性原则。选取的指标应具备可比性，既能满足被审计领导人员任期内本单位发展趋势的纵向比较，也能满足与其他同类型单位发展水平的横向比较。

（4）适应性原则。指标计算过程简捷明晰，指标含义清楚明了，有较强的可操作性。同时，选取的指标应能够反映管理效益的客观实际，即当企业效益状况发生变化时，指标能够体现这种变化趋势，以便进一步深入分析。

2. 指标总体框架

根据上述指标设计原则，结合审计人员的经验判断，以油气田企业和成品油销售企业为试点对象，可将管理效益分析指标设计三级指标框架。

（1）一级指标包括概况指标和分析指标。概况指标为绝对值数据，包括产量、销量、收入、利润等，是对企业生产经营成果和发展状况的展示性指标。指标按不同板块、不同类型企业的特点选择，不设下一级指标；分析指标为相对值数据，通过对基础数据的收集，经过计算、分析得到，可用于横向和纵向对标分析。该类指标下设二级指标和三级指标。

（2）二级指标包括共性指标和个性指标。共性指标选择通用性较强的财务核心分析指标，不同板块、不同类型企业通用，适合对企业整体财务状况和经营成果的分析，下设三级指标；个性指标根据业务差异化进行分层，按照不同的企业属性和业务板块，其指标设置各有不同。如油气田企业以上游勘探开发类指标为主；成品油销售企业以加油站网络和销售指标为主。

（3）三级指标包括共性指标下的三级指标和个性指标下的三级指标。在共性指标下选择《企业财务通则》中的偿债能力、营运能力、盈利能力、发展能力等四类财务分析指标为三级指标；个性指标下按照板块业务特性进行划分，油气田企业分为勘探能力、开发能力、经营能力等三类三级指标；成品油销售企业分为市场发展能力、经营效益能力等二类三级指标。

3. 指标基础数据来源

管理效益指标具有较强的实操性，所有指标为定量指标，不论是绝对值定量还是相对值定量，都可以准确数量定义、精确衡量并能设定绩效目标。这一类指标有固定的数学量化公式，其公式的表达与输出形式均以数值形式表现，因此，指标的基础数据也需同样具有易获取性、易操作性、易分析性等特点，才能形成有效、客观的管理效益指标。

指标基础数据来源包括：

（1）上级下达指标。指被审计单位年度业绩考核确定的指标值，主要以本单位的年度绩效合同、业绩考核结果为基础确定。

（2）信息化统建系统。通过数据仓库系统和 FMIS 财务管理信息系统获取财务数据、报表数据、投资完成情况数据；生产数据管理系统获取产量数据等。

（3）人工填报。少数不能通过信息系统获取的非结构化数据，如当年新增储量（净增）、年末的剩余经济可采储量等由被审计单位填报获取。

附 1　油气田企业管理效益指标设置

石油（天然气）勘探开发点多、面广、线长，具有高投入、高成本、高消耗的特点，国有石油企业由于肩负的历史使命和社会责任，加之勘探作业条件的复杂性和风险性，所以不能以追求利润最大化作为经营目标，要实现经济效益和社会效益的同步发展。因此，构建勘探开发板块管理效益指标体系，既要体现国有企业的经济属性需求，又要体现相应的社会属性需求。实践中，对油气田企业共选取了 27 个指标（附表 3-1），其中概况指标 7 个，用于企业总体画像；分析指标 20 个，用于企业管理效益成果分析。

附表 3-1　油气田企业管理效益指标设置一览表

指标分类			指标名称
一级	二级	三级	
概况指标			原油（天然气）产量
			原油（天然气）商品量
			营业收入
			利润总额
			经济增加值
			新增油气证实储量（SEC）
			自由现金流
分析指标	共性指标	偿债能力指标	资产负债率
			流动比率
		营运能力指标	总资产周转率
			两金压控

续附表 3-1

指标分类			指标名称
一级	二级	三级	
分析指标	共性指标	盈利能力指标	投资资本回报率
			主营业务利润率
		发展能力指标	营业收入增长率
			总资产增长率
	个性指标	勘探能力指标	勘探成功率
			SEC 储采比
			SEC 储量替换率
		开发能力指标	油气当量增长率
			综合递减率（气区综合递减率）
			自然递减率
			老油田采收率
			单井产量
			新建油气产能产量符合率
		经营能力指标	油气完全成本
			油气操作成本
			计划投资控制率

分析指标中，共性指标 8 个，与成品油销售企业一致；个性指标 12 个，按上游油气资源储备、开发等特点，分别为：勘探能力指标 3 个、开发能力指标 6 个、经营能力指标 3 个。

1. 原油（天然气）产量

指标定义：原油产量是指从采油井采出的原油和从其他井获得的原油产量；天然气产量是指进入集输管网和就地利用的全部气量，也称天然气工业气量。

2. 原油（天然气）商品量

指标定义：原油商品量指已销售和准备销售的石油制品、已销售和准备销售的其他石油产品、供本企业基建和生活等非工业生产部门的石油产品量之和；天然气商品量指天然气开采中，除自耗（如增压机燃料气等）和损耗（如脱硫脱水、放空等）外，可供销售的那部分天然气。

计算公式：原油（天然气）商品量 = 销售量 + 期末库存量 − 期初库存量

3. 营业收入

指标定义：指从事主营业务或其他业务所取得的收入或在一定时期内，商业企业销售商品或提供劳务所获得的货币收入。该项指标是企业的主要经营成果，是企业取得利润的重要保障。

计算公式：营业收入 = 主营业务收入 + 其他业务收入

4. 利润总额

指标定义：是指企业在一定时期内通过生产经营活动所实现的最终财务成果。该项指标是衡量企业经营业绩的一项十分重要的经济指标。

计算公式：利润总额 = 营业利润 + 营业外收入 − 营业外支出

5. 经济增加值

指标定义：经济增加值指企业税后净营业利润减去包括股权和债务的全部投入资本成本后的所得。它是全面衡量企业生产经营真正盈利或创造价值的一项指标。该项指标能综合反映出企业创造价值的能力，体现企业最终经营目标的经营业绩。

计算公式：经济增加值 = 税后营业净利润 − 资本总成本

6. 新增油气证实储量（SEC）

指标定义：根据美国证券交易委员会（SEC）准则评估的油气证实储量是油公司的核心资产，核心内容是依据生产连续性的原则和已经见到效果的技术，新确定现阶段高确信度的剩余经济可采储量和储量价值。

7. 自由现金流

指标定义：是企业产生的、在满足了再投资需要之后剩余的现金流量，这部分现金流量是在不影响公司持续发展的前提下可供分配给企业资本供应者的最大现金额。该项指标有效刻画公司基于价值创造能力的长期发展潜力。

计算公式：自由现金流 = 经营活动产生的现金流量 − 资本性支出

8. 偿债能力指标 − 资产负债率

指标定义：是期末负债总额除以资产总额的百分比，也就是负债总额与资产总额的比例关系。该项指标反映在总资产中有多大比例是通过借债来筹资的，也可以衡量企业在清算时保护债权人利益的程度。

计算公式：资产负债率 = 负债总额 ÷ 资产总额

9. 偿债能力指标 − 流动比率

指标定义：是流动资产对流动负债的比率，用来衡量企业流动资产在短期债务到期以前，可以变为现金用于偿还负债的能力。一般来说，该项指标越高，说明企业资产的变现能力越强，短期偿债能力亦越强，反之则弱。

计算公式：流动比率 = 流动资产 ÷ 流动负债

10. 营运能力指标 − 总资产周转率

指标定义：是企业一定时期的销售收入净额与平均资产总额之比。该指标是考察企业资产运营效率的一项重要指标，通过对比分析可以反映企业本年度以及以前年度总资产的运营效率和变化，发现企业与同类企业在资产利用上的差距，该数值越高，表明企业总资产周转速度越快，销售能力越强，资产利用效率越高。

计算公式：总资产周转率 = 营业收入 ÷（资产总计期初数 + 资产总计期末数）÷2

11. 营运能力指标－两金压控

指标定义："两金"即应收账款和存货，其中：应收账款包括应收账款、长期应收款、其他应收款、应收票据、预付款项等；存货主要包括单位库存的、加工中的、在途的各类材料、商品、在产品、在研品、半成品、自制半成品和产成品等。"两金"压控是落实供给侧结构性改革的重要措施，对提高资产周转率、增强流动性、减少资金沉淀、控制债务风险、促进提质增效等具有十分重要的意义。

计算公式：两金压控业绩指标综合完成率＝应收款项指标综合完成率×50%+存货指标综合完成率×50%

12. 盈利能力指标－投资资本回报率

指标定义：指投出和/或使用资金与相关回报（回报通常表现为获取的利息和/或分得利润）之比例，通常用于衡量投出资金的使用效果，评估一个公司的价值创造能力。该指标值高，往往被视作公司强健或者管理有方的有力证据，但也可能是管理不善的表现，比如过分强调营收，忽略成长机会，牺牲长期价值。

计算公式：投资资本回报率＝（净收入－税收）÷总资本

13. 盈利能力指标－主营业务利润率

指标定义：是指企业一定时期主营业务利润同主营业务收入净额的比率。它表明企业每单位主营业务收入能带来多少主营业务利润，该项指标反映了企业主营业务的获利能力，是评价企业经营效益的主要指标。

计算公式：主营业务利润率＝（主营业务收入－主营业务成本－主营业务税金及附加）÷主营业务收入

14. 发展能力分析－营业收入增长率

指标定义：是指企业本年营业收入增加额对上年营业收入总额的比率。主营业务增长率表示与上年相比，主营业务收入的增减变动情况，是评价企业成长状况和发展能力的重要指标。

计算公式：营业收入增长率＝本年营业收入增加额÷上年营业收入总额

15. 发展能力分析－总资产增长率

指标定义：是企业年末总资产的增长额同年初资产总额之比。本年总资产增长额为本年总资产的年末数减去本年初数的差额，该项指标是分析企业当年资本积累能力和发展能力的主要指标。

计算公式：总资产增长率＝本年总资产增长额÷年初资产总额

16. 勘探能力指标－勘探成功率

指标定义：一个单位在一定时期内（一般指一年）的全部探井中达到作业目的获得有工业气流井的比例。

计算公式：勘探成功率＝获油气井数÷完成井数

17. 勘探能力指标－SEC 储采比

指标定义：根据美国证券交易委员会（SEC）准则计算的各年上年底可采储量与当年井口产量之比。储采比的大小，不仅反映矿产资源的利用程度，也直接影响开采年限与基建折旧费用大小。该项指标不但能够反映被审单位对矿产资源的有效开采和利用程度，而且能够反映企业未来的可持续发展能力。

计算公式：SEC储采比 = 上年底可采储量 ÷ 当年产量

18. 勘探能力指标 -SEC储量替换率

指标定义：又名上市储量替代率，是在评估期经济条件下，年度新增的油气经济可采储量与年度产量的比值，反映当年新增储量对产量的替代情况，也是衡量资源公司可持续发展潜力的重要参数。

计算公式：SEC储量替换率 = 当年新增储量（净增）÷ 当年产量

19. 开发能力指标 - 油气当量增长率

指标定义：根据原油和天然气的热值折算成油气产量，对比其增长速度。该项指标反映石油天然气生产的增长速度，在不同油气田企业中具有横向比较价值。

计算公式：油气当量增长率 =（当年油气当量 - 上年油气当量）÷ 上年油气当量

20. 开发能力指标 - 综合递减率

指标定义：指没有新井投产情况下的产量递减率，它是扣除新井产量后的本阶段采油气量与上阶段采油气量之差，再与上阶段采油量的比值。该指标不但能够反映油气田实际产量的递减状况，而且能够从侧面反映出企业对减缓产量递减所做的相关管理工作。

计算公式：综合递减率（气区综合递减率）=（当年总产量 - 新井产量）÷ 上年总产量

21. 开发能力指标 - 自然递减率

指标定义：单位时间内产量变化率或单位时间内产量递减百分数。递减率大小反映了油田稳产形势好坏，递减率越小，说明稳产形势越好，自然递减率是制定油气生产计划的依据。

计算公式：自然递减率 =（上年产量 - 当年产量）÷ 上年产量

22. 开发能力指标 - 老油田采收率

指标定义：指采出原油的数量与油藏原始地质储量之比，该指标反映油气田企业通过找准剩余油，优化油藏管理等措施提高单井产量，提高采收率，最终达到优化成本，延长油气田经济寿命的目的。

计算公式：老油田采收率 = 最终采出累计产量 ÷ 探明地质储量

23. 开发能力指标 - 单井产量

指标定义：指平均单井日产量。

计算公式：单井产量 =12月的平均日产量 ÷ 开井数

24. 开发能力指标 - 新建油气产能产量符合率

指标定义：是指上年新建油气田（藏）年产能在当年的实际产能与上年新建油气田（藏）年产能之比，该指标体现了实际生产能力在生产建设中有效运转并发挥作用的程度。反映一定期间油气田企业产能建设的实施效果及实现的经济效益，体现了企业组织、协调及推进工作的能力和水平。

计算公式：新建油气产能产量符合率 = 上年新建油气田（藏）年产能在当年的实际产能 ÷ 上年新建油气田（藏）年产能

25. 经营能力指标 - 油气完全成本

指标定义：一般包括单位生产成本、单位勘探费用成本、单位供应成本等全部成本，该指标反映油气田企业在既定油价、税率和产量下实现上游业务现金流和公司价值（利润）的能力，体现油气田企业的年度市场竞争能力和实力。

计算公式：油气完全成本 = 当年油气生产完全成本 ÷ 当年油气产量

26. 经营能力指标 - 油气操作成本

指标定义：对油气井进行作业、维护及运行相关设备和设施而发生的费用，包括作业人员费用，作业、修理和维护费用，物料消耗，财产保险，矿区生产管理部门发生的费用等。油气操作成本是考核油气田开发经济效益的重要指标之一，是油气田开发项目现金流测算的重要内容。

计算公式：油气操作成本 =（当年油气生产完全成本 - 人工成本）÷ 当年油气产量

27. 经营能力指标 - 计划投资控制率

指标定义：该指标表示当年投资计划控制力度。

计算公式：计划投资控制率 = 总部下达投资计划项目本年完成其中完成当年计划 ÷ 总部下达投资计划项目本年下达

附 2　成品油销售企业管理效益指标设置

当前，在成品油销售企业经济责任审计实践中，绝大部分还是应用经济财务指标，其他管理性指标很少涉及，尚未建立完整的经济责任审计管理效益评价指标体系。基于以上认识，构建与之相适应的指标体系，全面揭示管理风险，为决策者提供分析数据资料，作出科学决策，提高企业抗风险能力，实现企业价值的最大化。

在实践中，对成品油销售企业共选取了 24 个指标（附表 3-2），其中，概况指标 8 个，用于企业总体画像；分析指标 16 个，用于企业管理效益成果分析。分析指标中，共性指标 8 个；个性指标 8 个，按照成品油销售特性分为市场发展能力指标 4 个、经营效益能力指标 4 个。

附表 3-2　成品油销售企业管理效益指标设置一览表

指标分类			指标名称
一级	二级	三级	
概况指标			成品油总销量
			纯枪销售量
			非油营销收入
			非油店销收入
			利润总额

续附表 3-2

指标分类			指标名称
一级	二级	三级	
概况指标			经济增加值（EVA）
			商流费
			自由现金流
分析指标	共性指标	偿债能力指标	资产负债率
			流动比率
		营运能力指标	总资产周转率
			两金压控（应收款项与存货）
		盈利能力指标	投资资本回报率
			主营业务利润率
		发展能力指标	营业收入增长率
			总资产增长率
	个性指标	市场发展能力指标	新投运加油站达销率
			成品油市场占有率
			成品油配置计划执行率
			单站日销量
		经营效益能力指标	吨油营销成本
			价格到位率
			吨油毛利率
			非油商品毛利率

1. 成品油总销量

指标定义：该指标为定量指标，反映公司销售给系统外流通企业和终端用户的成品油数量。

2. 纯枪销售量

指标定义：是指全资、控参股、租赁、特许加油站通过加油站（点）和橇装加油装置销售的成品油数量。

3. 非油营销收入

指标定义：指主营业务收入以外的其他营业收入，主要指非油品销售、便利店销售的收入，以及加油站发生的洗车场收入、资产出租收入等。

4. 非油店销收入

指标定义：是依托加油站网络实现的便利店品类和汽车服务以及其他衍生的新业务收入。

5. 利润总额

指标定义：是指企业在一定时期内通过生产经营活动所实现的最终财务成果。该项指标是衡量企业经营业绩的一项十分重要的经济指标。

计算公式：利润总额 = 营业利润 + 营业外收入 − 营业外支出

6. 经济增加值（EVA）

指标定义：经济增加值指企业税后净营业利润减去包括股权和债务的全部投入资本成本后的所得。它是全面衡量企业生产经营真正盈利或创造价值的一项指标。该项指标能综合反映出企业创造价值的能力，体现企业最终经营目标的经营业绩。

计算公式：经济增加值 = 税后营业净利润 − 资本总成本

7. 商流费

指标定义：是指销售企业地区公司及其分公司、控股公司，在销售及经营管理过程中发生的各项期间费用。

计算公式：商流费 = 销售费用 + 管理费用 + 财务费用

8. 自由现金流

指标定义：指中国石油一定会计期间经营活动产生的现金流超过付现资本支出的数额。是反映企业在经营活动中创造现金收入能力的重要指标。

计算公式：自由现金流 = 经营活动产生的现金净流入 − 付现资本性支出

9. 偿债能力指标 − 资产负债率

指标定义：是期末负债总额除以资产总额的百分比，也就是负债总额与资产总额的比例关系。该项指标反映在总资产中有多大比例是通过借债来筹资的，也可以衡量企业在清算时保护债权人利益的程度。

计算公式：资产负债率 = 负债总额 ÷ 资产总额

10. 偿债能力指标 − 流动比率

指标定义：是流动资产对流动负债的比率，用来衡量企业流动资产在短期债务到期以前，可以变为现金用于偿还负债的能力。一般来说，该项指标越高，说明企业资产的变现能力越强，短期偿债能力亦越强，反之则弱。

计算公式：流动比率 = 流动资产 ÷ 流动负债

11. 营运能力指标 − 总资产周转率

指标定义：是企业一定时期的销售收入净额与平均资产总额之比。该指标是考察企业资产运营效率的一项重要指标，通过对比分析可以反映企业本年度以及以前年度总资产的运营效率和变化，发现企业与同类企业在资产利用上的差距，该数值越高，表明企业总资产周转速度越快，销售能力越强，资产利用效率越高。

计算公式：总资产周转率 = 营业收入 ÷（资产总计期初数 + 资产总计期末数）÷ 2

12. 营运能力指标 − 两金压控

指标定义："两金"即应收账款和存货，其中：应收账款包括应收账款、长期应收款、其他应收款、应收票据、预付款项等；存货主要包括单位库存的、加工中的、在途的各类材料、商品、在产品、在研品、半成品、自制半成品和产成品等。"两金"压控是落实供给侧结构性改革的重要措施，对提高资产周转率、增强流动性、减少资金沉淀、控制债务风险、促进提质增效等具有十分重要的意义。

计算公式：两金压控业绩指标综合完成率 = 应收款项指标综合完成率 ×50%+ 存货指标综合完成率 ×50%

13. 盈利能力指标 - 投资资本回报率

指标定义：指投出和/或使用资金与相关回报（回报通常表现为获取的利息和/或分得利润）之比例，通常用于衡量投出资金的使用效果，评估一个公司的价值创造能力。该指标值高，往往被视作公司强健或者管理有方的有力证据，但也可能是管理不善的表现，比如过分强调营收，忽略成长机会，牺牲长期价值。

计算公式：投资资本回报率 =（净收入 - 税收）÷ 总资本

14. 盈利能力指标 - 主营业务利润率

指标定义：是指企业一定时期主营业务利润同主营业务收入净额的比率。它表明企业每单位主营业务收入能带来多少主营业务利润，该项指标反映了企业主营业务的获利能力，是评价企业经营效益的主要指标。

计算公式：主营业务利润率 =（主营业务收入 - 主营业务成本 - 主营业务税金及附加）÷ 主营业务收入

15. 发展能力分析 - 营业收入增长率

指标定义：是指企业本年营业收入增加额对上年营业收入总额的比率。主营业务增长率表示与上年相比，主营业务收入的增减变动情况，是评价企业成长状况和发展能力的重要指标。

计算公式：营业收入增长率 = 本年营业收入增加额 ÷ 上年营业收入总额

16. 发展能力分析 - 总资产增长率

指标定义：是企业年末总资产的增长额同年初资产总额之比。本年总资产增长额为本年总资产的年末数减去本年初数的差额，该项指标是分析企业当年资本积累能力和发展能力的主要指标。

计算公式：总资产增长率 = 本年总资产增长额 ÷ 年初资产总额

17. 市场发展能力指标 - 新投运加油站达销率

指标定义：指报告期内本企业加油站成品油实际单站销量与可研零售能力的比例，是反映加油站投资效果和经营管理水平的主要指标。

纯枪销量和预测较为准确的可研销量是影响该指标的最主要因素。通过该指标分析评价销售企业加油站达销情况对经营效益的影响，重点关注新站投运质量、投资成本、市场占有和战略布局，揭示加油站投资中存在的问题，剖析问题产生原因，提出解决措施和改进建议，促进加油站达销、达效，提高投资回报率，降低经营成本，提升盈利能力，规避投资决策及管理风险，提高网络开发和运营质量。

计算公式：新投运加油站达销率 = 实际单站平均销量 ÷ 可研零售能力

其中：可研零售能力指加油站建成投运后达到达销年份预测的零售量。

18. 市场发展能力指标 – 成品油市场占有率

指标定义：也称为“市场份额”，指报告期内本企业销售的成品油数量占本区域市场同类成品油总量的比例，该指标可以反映企业在市场上的地位，体现对市场的控制能力。

成品油销售量是影响该指标最直接的因素，质量是影响市场份额的间接因素。衡量质量的标准主要有两个：一是顾客满意率，二是顾客忠诚率。

扩大市场份额的数量和提高市场份额的质量是成品油销售企业实现利润增长的主要渠道。通过该指标分析评价销售企业市场占有率对企业可持续发展能力的影响，揭示企业经营运作过程中存在的问题。在分析该指标时，要注意市场份额不是超高越好，除了关注市场份额的数量大小之外，还应重点关注行业竞争的激烈程度、行业平均盈利水平、企业管理能力、市场份额、营销理念、营销手段、客户结构、价格以及创新经营管理模式等因素对指标的影响，比如通过客户结构分析，针对不同消费群体的不同特点，采取有针对性的营销策略，以此达到扩大市场占有率的目的，提出合理化建议，进一步增强企业整体盈利能力。

计算公式：成品油市场份额 = 本企业销售量 / 区域内销售总量

19. 市场发展能力指标 – 成品油配置计划执行率

指标定义：是指地区销售公司完成销售分公司下达的成品油配置计划的比例。

成品油配置计划是公司根据国家宏观调控要求，落实国家有关部门指标而下达的配置计划，属于公司内部指令性计划。该指标主要受市场、油价波动、库存控制等因素影响。通过该指标综合反映地区公司与大区销售公司之间平衡的供需关系，合理地库存控制可以整体提高成品油上下游效益，促进成品油生产、销售的科学性，提高成品油供应链的运行效率。

计算公式：成品油配置计划执行率 = 成品油配置完成量 ÷ 成品油配置计划量 ×100%

20. 市场发展能力指标 – 单站日销量

指标定义：是指报告期营业加油站在运营时间内平均每座站每日的零售量，是衡量加油站经营管理水平的主要指标，直接反映加油站在其所在区域市场的营销能力和市场占有情况。市场、油站特点、客户群体、纯枪量、加油卡发卡量、优质服务是影响该指标的重要因素。

增加纯枪销量比例是真正体现加油站销售能力的指标，也是成品油销售企业的盈利增长点。除此之外，通过加油卡充值、消费锁定零售客户，对促销上量有一定的推动作用。通过该指标的评价，真实反映加油站运营质量，区分效益站、销量站、潜力站、低销低效站对标分析，重点关注加油站经营管理、市场开发、客户管理、促销策略、激励政策、加油卡充值等，揭示加油站经营管理存在的问题，有针对性地提出管理建议，促进单站销量的提高，提升加油站管理人员效益意识和算账意识，提高运行效率及效益。

计算公式：单站日销量 = 成品油零售量 ÷ 运营加油站座数 × 单站运营天数

21. 经营效益能力指标 – 吨油营销成本

指标定义：指报告期内销售企业为销售成品油所发生的除财务费用以外的单位成本。

销售费用、管理费用、成品油销量是影响该指标的重要因素。通过指标的评价，深挖控本降费的好做法，对主要费用进行逐项分析，如员工成本、运费、维修费、租赁费、促销费、折旧折耗、油品损溢等，披露成品油销售过程中出现费用过高且销量低等对效益产生直接影响的深层次问题，在促进油品销售创效、优化共享合作、拓展跨界业务、引入促销资源、突出纯枪上量、加大双低站治理力度、降低营销成本、提高价格到位率、增加利润空间等方面提出解决措施和管理建议，进一步量化吨油费用指标，提高市场竞争力和盈利能力，扩大市场占有份额。

计算公式：吨油营销成本 = 营销成本 ÷ 成品油销量

22. 经营效益能力指标 – 价格到位率

指标定义：是指实际销售成品油价格与国家规定最高限价的比值。

成品油定价是一个关系到国计民生的战略问题，油价是经济状况的显示器，同时也是企业效益的基础。由于成品油的价格形成机制的复杂性，成品油的价格并不是以实际价值为基础，而是受政治、国际油价、原油价格、市场供需、市场竞争、价格波动季节性以及社会资源等众多因素的影响。因此，对于成品油销售企业来说，如果要获得更好的效益，在权限范围内应重点关注市场化价差和库存对效益的影响。通过指标评价，对油品销售价格定价、优惠幅度合理性、油品库存管理进行分析，比如汽油市场化价差从最高 2080 元 / 吨降至 1200 元 / 吨，柴油市场化价差从最高 650 元 / 吨降至 150 元 / 吨的形成原因，揭示成品油销售过程中存在的问题提出管理建议，进而推动更好地贯彻国家、上级公司物价政策，平衡量价关系，加强对油品价格变动的趋势预测，时时关注国际、国内周边地市成品油市场价格，充分利用国家指导价的浮动区间，针对不同的市场采取不同的价格营销策略，实现量价互动、量价并重，充分发挥价格杠杆对经营创效的积极作用。

计算公式：价格到位率 = 成品油实际销售价格 ÷ 政府规定的最高价格 ×100%

23. 经营效益能力指标 – 吨油毛利率

指标定义：指报告期内销售企业销售商品或提供劳务实现的单位毛利。

成品油销售价格和购进成本是实现毛利的关键指标。通过指标评价，按照批发及零售不同重点关注油品销售流向的效益情况，分品号从量、价、购进成本等角度进行分析，同时也要关注油品的实际密度与销售密度之间的关系。

加油站零售、批发与直销是成品油销售的主要渠道，也是实现毛利的重要指标。深化“一站一策”差异营销，精准抢抓假期经济和会员经济，开展“油卡非润一体化”营销活动和跨界营销，研发自有商品螺蛳粉助力乡村振兴建设，强化双低站“算账意识”，创新构建与企业经济效益、劳动生产率相挂钩的奖惩机制，推动企业提升创效能力。

计算公式：吨油毛利率 = 成品油总毛利 ÷ 成品油总销量

24. 经营效益能力指标 – 非油商品毛利率

指标定义：是指非油商品毛利与相应销售收入的百分比，其中毛利是收入和与收入相对应的营业成本之间的差额。

非油品业务主要包括便利店业务、汽车服务业务、餐饮业务、住宿业务、依托加油站、中央仓等与非油品业务相关的网络及资产开展的对外租赁业务、广告业务、高速服务区业务、电子商务、旅游服务等。该指标主要从同行业企业非油业务收入及购进成本、非油收入增长率等入手，按照便利店数量、店销收入、单店日均收入、畅销商品收入及占比等角度进行分析。同时要考虑确认为过账销售、融资性贸易销售等行为带来的店销收入及毛利总额予以剔除，确保指标数据的准确性。

店销收入是非油销售业务的最主要渠道，也是实现毛利的重要指标。在经营传统商品的基础上，利用加油站网点的优势，挖掘市场潜力，坚持内外部资源一体化，积极引入异业资源，深入挖掘本土特色商品，拓展店外业务，深挖效益源泉，并指导地市公司根据区域特点开发差异化自有商品、探索直播卖货商业模式，线上线下双管齐下开展油非互动，满足客户多元化消费需求，有效提升一体化创效能力。

计算公式：非油商品毛利率 = 非油商品总毛利 ÷ 非油商品总收入

4. 管理效益指标的分析工具和方法

1）管理效益指标分析策略

管理效益指标分析包括描述性分析、探索性分析和推断性分析，这三类分析策略是一种循序渐进、由浅入深的分析步骤，从事数据分析需要掌握这三类源自统计学领域的统计分析策略。

（1）指标描述性分析策略。描述性分析策略重于对数据描述，如数据平均水平、数据可行范围、数据的波动分散程度等。通过描述性统计分析，可以使数据分析人员更好地掌握和理解数据，做到心中有“数”。在日常的学习或工作中，审计分析人员需要掌握这些基本的统计描述方法，进而可以很好地融入业务中，并了解业务的数据环境。

（2）指标探索性分析策略。探索性分析策略主要用于数据分析过程中的探索，通过探索发现数据背后隐藏的内在规律和联系，还可以挖掘出数据中出现异常的原因，在工作中的应用也非常频繁，通过该策略可以帮助分析了解数据中不易发现的内在价值。在绝大多数情况下，都是借助于数据可视化的技术将问题的答案图形化呈现，以便于直观地发现数据中的有用信息。

（3）指标推断性分析策略。推断性分析策略是根据样本的特征来推断总体的情况。借助于随机抽样的方法，从总体中抽出部分样本，并根据样本推断出总体的平均水平；根据样本属性（即变量），判断属性间是否存在相关性；根据样本的分布，判断其总体是否服从正态分布。相比于探索性统计分析，推断性统计分析更加侧重于寻找定量的答案，通常是计算统计量和对应的概率值。

2）管理效益指标的分析工具

随着信息化时代的到来，数据呈爆炸式增长，世界上 90% 的数据是在过去几年内产生的，全球数据总量在 2020 年达到 44 泽字节（ZB），而中国产生的数据量达到 8 泽字节，大约占据全球总数据量的五分之一。据统计，自 2012 年至今，每年的数据总量年增长率均在50%左右，各行各业所产生的庞杂数据分析通过可视化的直观展现，使用户更高效地运用数据成果。

可视化概念于1986年美国图形图像处理和工作站讨论会上首次被提出，至今已经历了科学可视化、信息可视化、数据可视化三个发展阶段。数据可视化分析是指利用计算机图形学、图像、人机交互等技术，将采集或模拟的数据映射为可识别的图形、图像。同时通过表达、建模以及对立体、表面、属性以及动画的显示，对数据加以可视化解释和分析。

目前市场上数据可视化产品层出不穷，各类计算机语言都有自带的可视化库，传统数据分析及BI软件扩展出一定可视化功能，加上专门可视化的成品软件，可选范围实在是太多。目前市场可视化产品可分为三类，即个人自助式分析、指标监控型报表与动态数据可视化。（1）个人自助式分析，主要是非编程式可视化，能够适合业务人员、运营人员等进行自我数据分析，只需简单操作便可完成十分丰富的可视化效果，并且拥有数据整合、可视化数据处理、探索性分析、可视化分析报告等功能，代表工具有PowerBI、FineBI、Tableau等BI工具。（2）指标监控型报表，主要是能够反映业务实际情况，给予数据分析支持，进行预测分析和决策判断等，主要应用于报表平台，如FineReport等。（3）动态数据可视化，主要是能够实现动态实时数据的更新与展示，除了时间序列数据，还有动态路径数据、实时轨迹数据等，比较专业，代表工具有ECharts、D3.JS，使用JavaScript实现的开源可视化库。

实践中，主要以WPS Office表格作为可视化分析工具。这是因为：（1）WPS绿色小巧、易于操作、最大限度地与微软Office产品兼容，完全能满足企业日常工作办公的需要；（2）政府单位从国家安全考虑已经大量使用，现已在国务院50多个中央部委及300多个省市级政府单位和众多大中型企业中获得应用；（3）WPS服务在中国石油应用已经有近十年的时间，是固定的办公软件合作伙伴；（4）经济责任审计中的各项效益指标数据量少，WPS完全能完成这类小数据集的处理，并且适应于广大审计人员操作习惯。

3）常用的数据分析方法

上面介绍的三类分析策略属于概括性的方向指引，审计人员需要借助这三类分析策略去描述或思考数据反映的现象和问题。以下将从细化的角度，分享一些具体常用的数据分析方法，包括对比分析法、分组分析法、预测分析法、漏斗分析法与A/B分析法。这些方法在平时的审计工作中已经得到广泛的应用。

（1）对比分析法。该方法又称为比较分析法，通过指标的对比来反映事物数量上的差异和变化，属于数据分析中最常用的方法。如：纵向对比，即同一事物在时间维度上的对比，纵向对比方法主要包含环比、同比和定基比；而横向对比则是不同事物在固定时间上的对比。应用对比分析法，得到的结果可以是相对值（如百分数、倍数、系数等），也可以是相差的绝对数和相关的百分点，即把对比的指标做减法运算。所以，通过对比分析法就可以对规模大小、水平高低、速度快慢等作出判断和评价。

（2）分组分析法。分组分析法与对比分析法很相似，所不同的是分组分析法可以按照多个维度将数据拆分为各种组合，并比较各种组合之间的差异。为使审计人员能够理解分组分析法和对比分析法之间的差异，这里举个简单的例子加以说明：例如要对比 A、B、C、D 销售公司各销售渠道在 10 月份的销量，就应采用对比分析法；如果要对比各销售渠道在 9 月、10 月和 11 月的销量，就采用分组分析法更适用。

（3）预测分析法。预测分析法主要用于未知数据的判断和预测。这个方法在大数据时代显得尤为突出和重要，例如依据过往三年的历史销售数据，预测未来六个月的销售额。预测分析法大致可以划分为两种：一种是基于时间序列的预测，即根据指标值的变化与时间依存关系进行预测，具体的预测方法有移动平均法、指数平滑法、ARIMA 法等；另一种是回归类预测，即根据指标之间相互影响的因果关系进行预测，具体的预测方法有线性回归、KNN 算法、决策树模型等。

（4）漏斗分析法。漏斗分析法通常也称为流程分析法，其目的是关注某事件在重要环节上的转化率。在实际的应用中，审计分析人员可借助漏斗分析法对运营过程中各重要环节的转化率、运营效果和过程进行监控及管理，对于转化率特别低的环节，或者波动发生异常的环节进行重点关注。

（5）A/B 测试分析法。A/B 测试分析法也是一种对比分析法，该方法侧重于对比 A/B 两组结构相似的样本（如用户属性和行为相似、产品特征相似等），并基于两组样本的指标值挖掘各自的差异。

4）部分指标在 WPS Office 的可视化分析模拟展示

（1）通过指标可视化对企业经营情况画像。通过对企业的生产、效益、考核各类指标的可视化展示，一是能够帮助经济责任审计项目组成员以宏观视角观察审计对象，并快速、全面了解该企业经营的大体状况、形成基本经营轮廓；二是直观展示出任职者在任期内各方面取得的成效，同时助力审计人员迅速抓住审计对象的热点、重点，识别出关键特征值变化，做到有的放矢。

（2）关键指标的可视化模拟分析。企业的经营情况画像使审计人员更加高效的理解被审对象，那么关键指标的可视化分析更注重对某一要点的审计发现与突破。以总利润指标作模拟分析，某油气田企业有 A、B、C 三家分公司，通过 WPS 表格的透视与图表制作功能，将该油气田企业总利润指标与各分公司总利润指标进行数据透视分析得出以下结论：通过利润总额分布图发现 A 分公司从 2018 年利润有较为突出的表现，且一直占该油田企业的重要地位；C 分公司 2019、2020 年利润有较为稳定的增长；B 分公司效益最差，结合“年增长率趋势图”发现，在 2017 年 B 公司出现利润负增长、2018 年有明显利润增幅，但在 2019 年、2020 年快速回落，审计分析认为 B 分公司 2018 年的利润需要进一步核查，同时也可以对 B 分公司进行重点的效益审计（图 3-1）。

5. 经济责任审计中管理效益分析的典型案例

1）某油田勘探开发水平分析

（1）评价指标变化。某油田在原总经理任期内，原油 SEC 储采比由 7.5 降至 4.9（国内行业正常水平为 9～12），降低 34.7%；原油 SEC 储量替换率由 0.5 降至 0.3（国内行业正常水平大于 1），降低 40%；原油年产量从 ×× 万吨降至 ×× 万吨，降幅 27%；原油单位操作成本由 ×× 美元 / 桶上升至 ×× 美元 / 桶，上涨 41.1%。

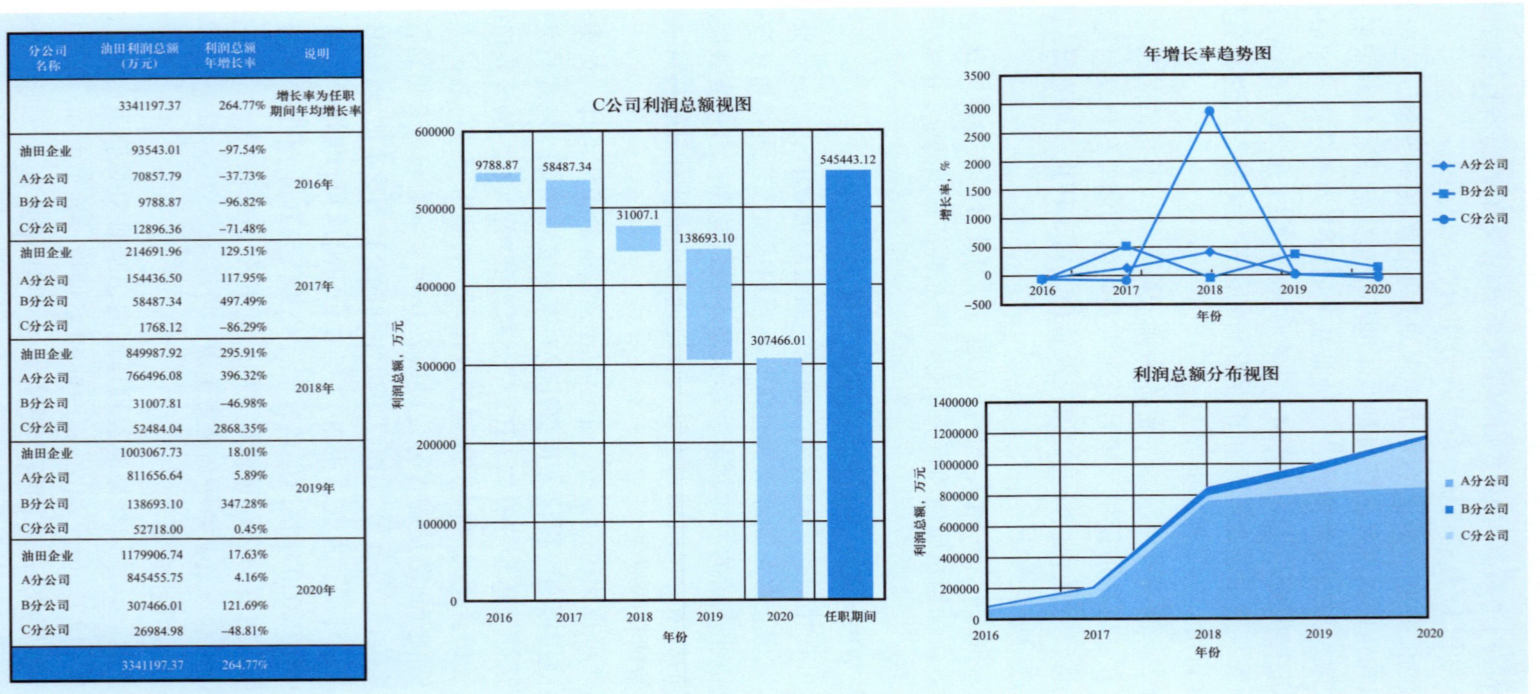

分公司名称	油田利润总额（万元）	利润总额年增长率	说明
	3341197.37	264.77%	增长率为任职期间年均增长率
油田企业	93543.01	-97.54%	2016年
A分公司	70857.79	-37.73%	
B分公司	9788.87	-96.82%	
C分公司	12896.36	-71.48%	
油田企业	214691.96	129.51%	2017年
A分公司	154436.50	117.95%	
B分公司	58487.34	497.49%	
C分公司	1768.12	-86.29%	
油田企业	849987.92	295.91%	2018年
A分公司	766496.08	396.32%	
B分公司	31007.81	-46.98%	
C分公司	52484.04	2868.35%	
油田企业	1003067.73	18.01%	2019年
A分公司	811656.64	5.89%	
B分公司	138693.10	347.28%	
C分公司	52718.00	0.45%	
油田企业	1179906.74	17.63%	2020年
A分公司	845455.75	4.16%	
B分公司	307466.01	121.69%	
C分公司	26984.98	-48.81%	
	3341197.37	264.77%	

图 3-1　利润总额分布一览图

（2）变化原因分析。一是任期内核减 ×× 万吨已开发未动用储量。二是油藏埋藏深，断块破碎，资源品位低，新增探明储量少，导致后备资源接替不足，稳产基础薄弱。三是剩余经济可采储量仅为 ×× 万吨，且未动用资源品位差，以深层低渗透、小断块油藏为主，难以实现经济有效开采。四是部分区块探矿权面积即将到期，如未转采矿权，根据规定将核减初次设立探矿权面积的 25%，进一步制约油田稳健发展。五是油田开发进入中后期，处于高含水、特高含水阶段，单位产量下采出液量加大，进一步增加了采出成本和污水处理成本。六是老井稳产增产措施工作量较大，导致措施费用和井下作业费用较高。七是油田主要作业区处于生态红线区域，各类安全环保隐患治理投入增加了原油采出作业成本。

（3）结论和意见。该油田储采平衡矛盾突出，降本增效难度大。审计建议某油田应针对目前资源状况，加大资源勘探和储量评价力度，进一步拓展勘探领域；对即将到期的探矿权区块进行综合研究，加大矿权保护投入，规避探矿权核减风险；同时采取有效举措控制操作成本，逐步提升油田开发效益。

2）某成品油销售企业零售市场分析

（1）评价指标变化。某成品油销售企业在原总经理 3 年任期内，加油站数量增加 20 座（中国石化增加 151 座，社会单位增加 51 座）；纯枪年销售量增加 15.7 万吨（中国石化减少 9.1 万吨，社会单位增加 21.5 万吨）；单站平均年销量增加 354 吨（中国石化减少 422 吨，社会单位增加 175 吨）；市场占有率上升 2%（中国石化下降 5.2%，社会单位增加 3.2%）；零售价格到位率由 96.4% 降至 96%。

（2）变化原因分析。一是市场竞争激烈面临两头挤压，任期末市场占有率中国石化为 74.8%，中国石油为 14.6%，社会单位为 10.6，市场和网络开发没有明显突破。二是终端销售价格折扣影响客流，特别是社会单位从湖北、山东等省份购入低价资源，大幅优惠吸引客户流量抢占市场，其中私人站点普遍降价 0.5～1 元 / 升。三是网络布局不合理，在新增 20 座一、二类加油站的同时，原有 38 座加油站降为双低站，平均日销售量下降 1.8 吨。四是提质增效措施效果明显，在零售价格到位率下降，商流费逐年上涨的情况下，盈利加油站由 48 座上升为 98 座，占比为 33%。

（3）结论和意见。该成品油销售企业市场占有率较低，加油站质量不佳，创效能力弱。审计建议该企业认真分析成品油市场状况，研究完善定价调价机制，做好差异营销、精准营销，不断提升市场竞争能力；加强对标分析管理，缩小与竞争对手的差距；进一步改善销售结构，降本控费，提高单站创效能力；统筹规划网络建设，进一步加强与政府及平台公司的沟通与合作，加强与中国石化的竞争合作关系，稳妥推进销售网络开发，抓好双低站治理，稳量推价，破解量效矛盾，全面提质增效。

3）某炼化企业主体装置投运效果分析

（1）评价指标变化。某炼化企业原总经理任期内全面建成千万吨炼油项目并运行一年，部分主要经济技术指标与可研对比存在较大差距。年度加工原油，实际 820 万元，可研 1000 万吨；轻质油收率，实际 80.38%，可研 83.38%；柴汽比，实际 1.17，可研 1.26；炼油综合能耗，实际 75 千克标油 / 吨，可研 62.87 千克标油 / 吨。

（2）变化原因分析。一是原油来源变化大，进口原油由可研的中东油变化为俄罗斯油，影响装置平稳运行。二是管理能力未跟上，该企业由 15 万吨年加工能力多次扩能形成现有规模，新装置、新技术、新设备倍增，在发挥装置潜能、协调新老装置运行、实现效益最大化、推进专业化和精细化管理上还存在差距，投产至今发生非计划停车 7 次。三是成本控制不到位，天然气、蒸汽、电力等燃料动力成本较同等规模炼油厂高出 16%。四是产销不平衡，由于进口原油备料多、成品油外输管道改线等原因，导致存货长期高位运行，影响当年效益 13 亿元。

（3）结论和意见。该炼化企业千万吨工程投产未达预期，严重影响企业效益。审计建议该企业认真分析千万吨工程存在的问题，强化生产运行管控，努力控制成本，提高精细化管理水平，保证装置平稳运行；优化供应链，加大沟通协调力度，理顺供产销存管理，树立库存经营理念，减少营运资金占用，加大销售力度，拓宽销售渠道，提升企业效益。

八、管理效益审计方法在经济责任审计评价中的拓展应用

1. 经济责任审计评价的概念和原则

经济责任审计评价是指内部审计机构根据被审计领导人员所任职务的职责要求，在审计查证或认定事实的基础上，综合运用多种方法，坚持定性评价与定量分析相结合，在审计范围内，对被审计领导人员履行经济责任情况，包括国有资产、国有资源的管理、分配和使用中个人遵守廉洁从业规定等情况作出客观公正、实事求是的评价。

（1）经济责任的评价应遵循以下原则：

① 全面性原则。审计评价应全面反映被审计领导人员任职期间及职责范围内的经济责任履行情况。评价内容应包括任职期间履行经济责任的业绩、主要问题以及应承担的责任。

② 重要性原则。审计评价应根据领导人员职责分工，根据问题的重要性水平，认定是否为被审计领导人员履职期间的问题。一般应重点考虑性质和金额足以影响评价结果的重要经济事项。

③ 客观性原则。审计评价应以法律法规、政策制度、责任目标等为依据，结合单位实际情况以及特定历史背景、宏观经济环境、国家方针政策等外部因素进行评价。

④ 相关性原则。审计评价应当围绕审计目标和审计内容，对被审计领导人员履行经济责任情况进行评价，做到“审计什么就评价什么”，与被审计领导人员履行经济责任情况无关的或超出审计范围的不应评价。

⑤ 审慎性原则。审计评价应在执行适当审计程序并获得充分审计证据的基础上得出。对于受审计手段所限未经审计核实或超过审计范围，以及评价依据不够明确、证据不够充分的事项不予评价，确需评价的，应持审慎态度，并如实表述。

（2）经济责任审计评价指标设立应遵循以下原则：

① 权责对等原则。权责对等原则指经济责任人所拥有的权力应当与其所承担的责任相适应的原则。

② 专家确定原则。专家确定原则指标选择和权重确定应由审计、人事等各部门共同参与，并由专家集体确定，以保证指标评价设置的客观公正。

③ 分类设置原则。要考虑不同类别、不同级次、不同单位领导人员履职特点、自然资源禀赋等实际情况，分类设置经济责任审计评价的内容和相关指标。对同一类别、同一层级领导人员履行经济责任情况的评价指标，应具有一致性和可比性。

④ 纵横对比原则。既要设置按同级、同类的指标对比，又要设置按不同时期的指标对比。

⑤ 定量定性原则。评价指标设置尽量细化和量化，评价时做到定性与定量相结合，使评价指标具备可操作性。

⑥ 简明实用原则。指标的设置应便于执行与操作，要能够在现有审计手段可实现的范围内完成对经济责任人的准确评价。

⑦ 持续改进原则。指标的设置应根据单位改革发展形势、经营管理需要和内部审计工作的要求，持续调整完善，建立可持续发展的评价指标体系。

⑧ 质量效益原则。指标的设置应突出管理重点，结合经济责任审计项目特点和国有企业管理需要，突出重质量效益和国有资产保值增值。

（3）数据采集与报送应遵循以下原则：

① 真实完整原则。被审计单位应向审计组提供真实、完整、有效的经济指标数据和相关生产经营数据，并对所提供的指标数据的真实性、完整性负责。

② 抽样复核原则。审计机构在采用评价指标数据时应基于审计抽样技术和审计复核的基础，并应对存在数据调整的事项在指标评价表中予以说明。

2. 经济责任审计评价依据和内容

（1）评价依据。

① 党内法规、法律法规、政策规定、中央经济方针政策和决策部署。

② 国家和行业有关标准，监管机构和主管部门发布的统计数据、考核结果、评价意见。

③ 企业有关制度、规定、决策部署。

④ 被审计单位的业绩考核指标、经营发展指标、战略规划、年度计划、内部制度等。

（2）评价内容—履职情况。

① 业绩考核指标完成情况。根据任期内上级下达的业绩合同完成情况，选择与企业领导人员经济责任有关的效益类、营运类等主要经济指标，描述考核结果和级别。

② 财务状况和经营成果。选择资产负债、收入成本，以及盈利能力、资产质量、债务风险、发展能力等关键指标，对任职期间的指标变化情况，进行量价分析和内外部影响因素分析，反映企业的财务状况和经营成果。

③ 任职期间主要工作。根据企业领导人员主要业绩和履职作为，归类评价履行经济责任所做的主要工作，突出领导人员履职特点，对领导人员履职尽责情况“精准画像”，实事求是，相关数据必须经过核实，杜绝照搬照抄工作总结、夸大拔高等现象。

（3）评价内容—总体评价。

根据审计情况，客观公正作出综合评价，评价结果应与审计发现问题紧密结合、保持一致。主要包括：

① 贯彻执行国家和企业重大经济方针政策及决策部署情况，“能够贯彻执行、未能够贯彻执行”。

②“三重一大”决策情况，制度“较健全、不健全”，执行“较规范、不到位”。

③ 遵守廉洁从业规定情况，在本次审计范围内，“未发现、发现”××本人存在违反廉洁从业规定的问题。对发现的相应问题，应追加描述，或视审计情况，不作评价。

（4）评价内容—责任界定。

对领导人员履行经济责任过程中存在的问题，应当按照权责一致、审慎客观、边界清晰、重要事项、尽职免责原则，根据企业相关规定和企业领导人员职责分工，综合考虑相关问题的历史背景、决策过程、性质、后果和本人实际所起的作用等情况，界定其应当承担的直接责任或者领导责任。

对承担领导责任的行为，应进一步界定由其本人分管的工作，如：审计整改工作，直接分管的工作，“三重一大”决策事项，生态环境保护工作，本人主持的办公会决议事项，其他作为第一责任人（负总责）事项等。

应当按照“三个区分开来”要求，对领导人员在改革创新中出现的失误和错误，正确把握事业为上、实事求是、依纪依法、容纠并举等原则，经综合分析研判，可以免责或者从轻定责，鼓励探索创新，支持担当作为，保护领导人员干事创业的积极性、主动性、创造性。

3. 经济责任审计评价方法

审计评价应根据被审计领导人员的履职特点、岗位性质和实际需要等因素，选定适用的评价方法。

（1）纵向比较与横向比较。

纵向比较是将被审计领导人员任职期间不同时期数据或者审计时与上任时的有关数据进行比较分析；横向比较是将被审计领导人员任职期间数据与自然资源禀赋相近、岗位性质相近、专业性质相同的单位进行比较分析，将被审计领导人员履行经济责任的行为或者事项放到发生时的历史背景等客观环境下进行统筹考虑，辩证分析，审慎作出审计评价。通过纵向比较可以判断被审计领导人员任职后为其所在单位带来的增值影响或不利影响主要体现在哪些方面，从而确定被审计领导人员对其所在单位的主要贡献或工作失误情况；通过横向比较可以在同等管理环境中分析比较不同领导人员的业绩完成情况，便于对其工作的优劣进行较为客观的评价。

（2）定量评价与定性评价。

定量评价是指按照数量分析方法，通过分析与被审计领导人员经济责任履行情况相关的数量关系或所具同性质间的数量关系得出量化的评价结论。定性评价是由具有专业知识的审计人员，运用其学识、经验和分析判断能力，根据已掌握的资料，依据相关法规规定、规则或常识，对被审计领导人员履行经济责任情况进行性质上的评价并得出定性结论。定量评价与定性评价之间的关系应该统一且互相补充，并相互结合、灵活运用，以取得最佳效果。

（3）分项评价与总体评价。

分项评价是对不同方面的审计内容分别进行评价，得出被审计领导人员相关方面履职情况的评价结论；总体评价是在对分项评价结果汇总分析的基础上，形成对被审计领导人员履行经济责任情况的总体评价结论。分项评价和总体评价互为表里，有不同的服务目的，相关性较强，在经济责任审计评价的运用中，应视情况将二者有效结合。

4. 经济责任审计评价指标

（1）生产经营类指标。

一是共性化指标，适用所有利润核算单位，不包括费用化单位。

① 盈利能力指标：净资产收益率、总资产收益率；

② 资产质量指标：总资产周转率、不良资产比率；

③ 债务风险指标：资产负债率、已获利息倍数；

④ 发展能力指标：平均营业增长率、平均资本保值增值率；

⑤ 综合能力指标：经济增加值（EVA）。

二是个性化指标，根据被审计单位所属专业板块和业务特点分类设置，以油气田企业为例。

① 勘探能力指标：勘探成功率、SEC 储采比、SEC 储量替换率；

② 开发能力指标：油气当量增长率、综合递减率、自然递减率、老油田采收率、新建油气产能产量符合率；

③ 经营能力指标：油气完全成本、油气操作成本、计划投资控制率。

（2）重大政策落实类指标。

一是部署安排评价指标：

① 组织机构完善性：是否设立相关领导小组、执行机构等明确职责。

② 方案措施明确性：是否编制部署实施方案，明确具体措施、步骤和目标。

③ 支持配套完整性：是否制订费用预算、人力资源、激励考核等配套措施。

④ 宣传贯彻及时性：是否通过会议传达、宣传公告、主题宣讲等宣贯到位。

二是执行落实评价指标：

① 信息反馈及时性：执行情况是否定期上报，取得成绩和存在问题是否定期通报。

② 台账登记规范性：是否建立管理台账，台账内容是否完整并实时更新。

③ 检查督导到位性：是否制订检查方案，是否出具检查报告，是否考核追责。

三是成果价值评价指标：

① 金额类直接成果指标：如降本、增收、减亏、清欠、投资等目标值完成偏差。

② 数量类直接成果指标：如制修订制度数量、机构人员精简数量、集中采购物资品种等。

③ 其他类间接成果指标：如整改效果、满意度、经验推广上报、上级表彰等。

（3）“三重一大”评价指标。

审计机构可根据重要性判断或工作需要，自行决定需要抽查的“三重一大”决策事项。

一是“三重一大”制度建设情况：

① 制度完善度：是否建立本单位“三重一大”决策制度。

② 制度匹配度：是否符合上级规定，内容是否完整，决策范围和形式是否具体明确，程序是否规范，决策权限、资金额度是否明晰等。

③ 制度修订及时性：是否根据上级制度变更、单位内部变化情况及时修订本单位制度。

二是“三重一大”事项决策情况：

① 集体决策率：样本中按规定上会决策的事项数量与所抽取的全部重大决策样本数量之比。

② 决策程序遵循率：样本中按规定程序决策的事项数量与所抽取的全部重大决策样本数量之比。

三是“三重一大”事项执行情况：

① 决策执行符合率：样本中按照决策结果执行的样本数量与所抽取的全部“三重一大”样本数量之比。

② 决策执行效果：样本中未按时达成决策事项工作目标或造成资金损失等执行效果较差的情况，根据后果严重性酌情扣分。

（4）廉洁从业评价指标。

① 违反中央八项规定精神问题。

② 领导人员及亲属违规经商办企业、亲属或特定关系人依托企业违规开展业务等问题。

③ 违规兼职取薪、发放津补贴问题。

④ 违规履职待遇、业务支出问题，包括企业支付领导人员履职以外的、应由个人承担的费用，超标准配置公务用车和办公用房，超标准公务接待或公关，公款吃喝或旅游，向下属企业或其他单位转移费用，超标准乘坐交通工具，差旅费报销不合规等。

5. 评价程序

（1）根据被审计单位业务板块和经营特点选择“生产经营”“政策落实”“三重一大”“廉洁从业”四个模块中适用指标，编制经济责任审计评价计分表。

（2）组织相关人员集体讨论指标适用性，并确定各项指标权重。

（3）收集、计算、填写各项指标得分，汇总分项得分和总体得分结果。定量指标可按照任职期末与任职期初的指标变化率，根据变动程度分段进行综合赋分，积极指标按上升比例加分，按下降比例减分；消极指标按下降比例加分，按上升比例减分。定性指标可设定全部实现的基准分，每缺失 1 项、或未达成 1 项、或存在 1 个问题，按重要性程度扣分，直至 0 分。

（4）根据“生产经营”类指标评分结果，结合业绩考核完成情况和任职期间开展的主要工作，完成对被审计领导人员履职情况的具体评价。

（5）根据四个模块的分类和汇总评分结果，对“财务状况和经营成果”“贯彻执行企业重大经济方针政策及决策部署情况”“三重一大决策情况”“遵守廉洁从业规定情况”等进行总体评价。

（6）审计评价可以写实评价，也可以在实践中持续完善经济责任审计评价指标体系的基础上，探索进行“好”“较好”“一般”“较差”等分类分档评价。

第二节　大数据在工程建设项目审计中的应用

一、工程建设审计定义发展变化

1997年，审计署发布《审计机关对国家建设项目预算（概算）执行情况审计实施办法》《审计机关对国家建设项目竣工决算审计实施办法》，分别将建设项目预算（概算）执行情况审计定义为：是指项目投资经济活动开始至项目竣工决算编报之前，审计机关对建设单位及设计、施工、监理等单位与建设项目有关的财务收支的真实、合法、效益进行的审计监督。其目的是促进项目建设有关单位加强管理，保障建设资金合理、合法使用，提高投资效益。将建设项目竣工决算审计定义为：是指建设项目正式竣工验收前，审计机关依法对建设项目竣工决算的真实、合法、效益进行的审计监督。其目的是保障建设资金合理、合法使用，正确评价投资效益，促进总结建设经验，提高建设项目管理水平。

2001年审计署发布中华人民共和国国家审计准则——《审计机关国家建设项目审计准则》，将工程建设审计范围确定为：与国家建设项目直接有关的建设、勘察、设计、施工、监理、采购、供货等单位的财务收支，应当接受审计机关的审计监督。

2011年，中国内部审计协会发布《内部审计实务指南第1号——建设项目内部审计》，将建设项目内部审计定义为：是指组织内部审计机构和人员对建设项目实施全过程的真实、合法、效益性所进行的独立监督和评价活动。建设项目内部审计是财务审计与管理审计的融合，应将风险管理、内部控制、效益的审查和评价贯穿于建设项目各个环节，并与项目法人制、招标投标制、合同制、监理制执行情况的检查相结合。建设项目内部审计的内容包括对建设项目投资立项、设计（勘察）管理、招投标、合同管理、设备和材料采购、工程管理、工程造价、竣工验收、财务管理、后评价等过程的审查和评价。建设项目内部审计的目的是为了促进建设项目实现“质量、速度、效益”三项目标。

2018年，公司发布《中国石油天然气集团公司工程建设项目审计管理办法》，将工程建设项目审计定义为：是指公司及所属企业审计机构依照国家有关法律法规和公司有关制度，对工程建设项目从立项至竣工验收各阶段的真实性、合法性、合规性和效益性进行的监督、评价和建议。

二、工程建设审计发展趋势

1. 国外工程项目审计现状

国外工程项目审计主要集中在工程项目的全面审计、审计风险控制和绩效审计方面。全面审计法在工程项目审计中的运用始于20世纪90年代后期，但其全面主要是审计内容全面，而不是时间跨度上的全面，其审计介入时间是在项目建设前和竣工后。费利克斯·波姆莱斯（Pomeranz）率先关注预先审计问题，他认为预先审计具有传统审计不具备的优势[8]。作为一种期间审计，传统审计每半年或一年进行一次。而预先审计具备“全过程跟踪审计”的性质，也就是在项目的整个周期中，从可行性研究开始，到方案设计、项目实施、竣工决算都进行审计的监督，审计活动完全紧跟项目的每一步进展。预先审计的观点一经产生，就带来了极大的反响，因为这种项目审计方式能够及时跟踪与项目有关的信息，及时进行监控和反馈，及时影响管理者的决策，发挥审计活动在项目建设中的作用。

进入21世纪，国际审计目标主要趋势是从最初的风险导向审计到之后的持续审计模式，审计方法从全面风险评估到及时高效报告模式，最后审计重点放在了综合绩效审计与及时反馈上。再到如今，“大数据导向的审计模式”必将到来。各阶段的审计目标在如今的大数据时代，才更加具备实现的数据条件，并能实现审计的决策支持功能——为国家治理、行业治理与公司治理提供智库服务。

塞尔维戈（Sellevaag，2003）提出公共工程建设项目审计需要兼顾公共工程的事前、事中以及事后，同时审计不仅要审计合规合法性，还要关注工程的规划。汤普森（Thompson，2004）通过实证分析得出结论：跟踪审计对于作出正确的工程决策有正相关的作用。瑞文（Reuven S.Avi-Yonah，2011）认为进行跟踪审计是解决不能靠增税提高财政收入这一问题的有效手段。艾莉西亚·奈维克（Alexia Nalewaik，2015）从700个工程项目的审计报告中提取各项要素，比较了不同的要素对审计结果的影响，以建立工程绩效评估模型。卡延（Kalyan，2016）提出使用新的建模技术（Project Tango）来建立三维（3D）建造模型以完善对施工质量的控制。伊利埃斯库（Iliescu，2017）提出使用现代新技术取代传统的计数和称重法，对施工项目的质量进行评估[9]。

2. 国内工程项目审计现状

国内工程项目审计的重点则集中在跟踪审计、工程建设项目审计的模型以及方法、工程绩效审计、工程质量审计等方面。

曹慧明阐述了为什么要采取工程建设项目全过程跟踪这种审计模式的原因，并提出了实施建设项目全过程跟踪审计中重要的关键控制点以及实施跟踪审计的具体方法[10]。王中信通过将全过程跟踪审计这种工程建设项目审计方式与以往或现行的审计方法进行对比后得出全过程跟踪审计是最为优化的审计方法[11]。张晓东和俞振华对如何开展符合国情的工程建设项目审计提出了自己的建议，同时在审计模型及方法中走在最前沿的一种方法则是运用BIM的审计方法[12]。王雪荣等提出了基于工程分解的政府投资项目即时跟踪审计理论框架，并呼吁建立国家、地方各级工程建设项目审计大数据平台，才能实现即时跟踪与智能判断[13-14]。陈伟等探索了审计数据分析与工程持续审计方法实现技术[15-16]。饶凤娟、郭涛建议：建立建设项目数据库，及时掌握建设过程中的不对称信息，整合资源，提高审计效率[17]。

三、工程建设项目大数据审计的必要性

1. 信息化发展推进工程建设项目管理向大数据发展

随着云计算、物联网、5G、大数据、人工智能等为代表的数字技术高速发展，数字化转型已成为驱动产业高质量发展的必然途径，传统工业产业正在以数字化驱动业务模式重构、管理模式变革、商业模式创新与核心能力提升，实现产业的转型升级和价值增长。

从当前趋势来看，全球科技正向着信息化、智能化方向发展，都在大力推进工程建设项目管理大数据发展，一份由埃森哲公司和微软公司发起的关于石油公司及其相关行业的调查研究发现，86%～90% 的受访者认为，如果企业在数据分析、移动互联网和物联网方面有所建树的话，那么其价值将会大幅增加。新技术的发展增强了人类智慧，加强了对工程现场的智慧化管控，推进了智慧工程建设。

智慧工程是在工程建设管理各项工程技术活动和管理机制基础上，通过运用云计算、大数据、物联网、移动互联网、人工智能等先进信息技术，打破信息边界，以工程全生命周期管理视角，强化工程建造数字化感知、创新工程建设管理方法、手段，通过大数据和决策分析模型，实现工程安全、质量、进度、投资、环保和关键保障要素的新型管控模式，完善各种管理要素的趋势性、系统性问题的分析、预警、决策和综合管控能力，实现工程建设管理的自动感知，自动预判和自主决策。如今，无论是国际，还是国内，都掀起了工程建设项目大数据管理的发展浪潮。

随着审计客体流程化、自动化程度大幅提升，审计经常发现的管理粗放问题正逐步通过信息化系统自动控制予以规范，审计线索呈现出日趋复杂化、隐蔽化、智能化的特点。而内部审计利用各类信息系统数据深度挖掘能力不足，将无法适应当前高效管理模式需求，审计建议的建设性、针对性、可操作性将受到制约，其职能与地位将面临前所未有的挑战。

2. 大数据能够为工程审计指明重点领域

相关性是大数据的一个重要的特征，在大数据环境下，通过相关性分析，查找出影响某一重要指标的在统计意义上显著的变量，通过这些变量进行进一步的分析，进而得到想要的结果。通过相关性分析可得到显著影响被解释变量的主要因素，这些因素可以运用在工程审计之中，即不再是通过风险评估程序确定审计的重点领域，而是在确定审计目标的基础上，通过回归等方法确定影响审计目标的关键因素，把这些关键因素作为工程审计的重点审计领域，进而开展进一步的审计程序。因而，在大数据环境下，海量数据为相关性分析提供了基础，通过相关性分析，确定工程审计的重点审计领域。

3. 大数据的丰富数据源能够为工程审计提供分析基础

在海量的大数据环境下，丰富的数据资源为工程审计的顺利开展提供了分析基础。从审计署 2004 年优秀审计案例中也可以看出，丰富的海量天气数据、生产销售数据都能

够为工程审计的顺利开展提供帮助。

（1）政府机关的权威数据为工程审计直接提供证据。一个法人机构或者组织，从成立、运营到最后的破产倒闭或者单位被撤销，都会在工商行政管理机关、税务机关、统计机构或者组织的主管部门留下大量的有效数据，工程审计人员可以利用这些分析数据直接作为审计证据，进而形成审计结论。例如，税务机关有发票的领用、开具以及回收的信息，在工程审计时，需要审计工程物资的真实性，那么通过税务机关获取工程物资供应单位的销售情况，并把这些销售记录与采购记录进行核对，进而审验工程物资的真实性。

（2）公共服务机构的丰富数据为工程审计提供有价值的证据。工程项目消耗的水、电、气等是由供电机构、自来水公司以及燃气公司提供的，这些都是公共服务机构。工程项目管理人员与这些公共服务机构合谋的可能性比较低，因而这些公共服务机构的数据也可以直接用来作为审计证据的一部分。例如，项目发生的燃气费用，通过燃气公司的表行数和单价可以计算出工程项目消耗的燃气费用，并与实际发生的燃气费用进行核对，如果相符，则直接作为审计证据予以采用。

（3）丰富的法律法规数据为工程审计提供依据。在工程项目实施过程中，会涉及大量的法律法规。 例如，在工程招投标中，会涉及招投标相关的法律法规，通过各类的法律法规的数据，能够为审计人员开展具体的工程审计工作提供审计依据的支持。

（4）盈利性机构的数据为工程审计提供分析性证据。工程项目在建设运营中，不可避免地与各种盈利性机构进行业务往来，这些盈利性机构也保存着业务往来的大量数据。工程审计人员可以利用这些盈利性机构的数据来判断被审计项目的真实性与效益性。

4. 基于云服务的大数据为工程审计模式转变提供方法支持

云计算扩展了虚拟技术、分布式技术、并行技术等思想，为组织机构提供更具灵活性和扩展性的应用程序服务、资源存储服务和平台开发环境等云服务，几乎所有的信息资源，包括数据资源、应用程序、计算资源、存储资源和基础设施等都可以从云服务中获得。通过云服务，工程审计人员可以构建数据云，进而利用数据云的大量数据进行审计业务的开展与实施。

5. 大数据能够有效提升工程建设项目审计效率和效果

工程建设项目审计工作方式主要依靠人工检查大量纸质资料为主，审计过程中从源头获取信息能力较弱，为找准资料来源与被审计单位反复沟通、对大范围资料信息的甄别分类、对海量疑点问题的统计核查，仅常规性、重复性工作就消耗了大量的人力资源，审计方式效率低下。

从查证方式看，大部分审计人员还在使用小样本抽样审计技术，由于建设项目数量多、规模达，小样本抽样的代表性已经严重不足，很难将抽审率提升到较高的水平，审计质量控制难度大，固有审计风险处于较高水平，无法满足企业合法合规管理与成本控制管理需求。

从审计介入时点看，随着对风险控制领域需要及时反馈和做好预防性准备的要求不断提高，国家法制化进程、公司规范化管理对合规管理要求的持续细化以及管理层对内部审计工作提出更高要求，传统审计工作模式难以服务公司高质量低成本发展需求。

在审计资源配置方面，受人员编制控制、工程专业审计人员需要经验积累等多因素影响，工程专业审计人员资源不足与巨大的审计工作量的矛盾依然十分突出。

从审计专业维度看，型人员更为缺乏。审计人员习惯于用本专业的眼光和思路查找问题，习惯参照问题找问题，习惯对照制度找问题，发现的问题深度不够，甚至一些严重问题被淡化，从而导致审计质量不高、查处问题不透、处罚力度不大的现象，这种情况突出表现在工程管理审计中，一定程度上影响着工程建设项目审计向纵深发展，影响到内部审计增值功能的发挥。

综上所述，开展工程建设项目大数据审计，有利于抓住内部审计的重点，实现审计工作从“现场找线索”到“带线索去现场”，让审计工作做到有的放矢；可以提高审计工作效率与质量、降低审计工作成本；有利于健全内部审计功能、促进内部审计绩效的提高，增强审计部门在单位决策层面的建设性作用；有助于全面提升内部审计的审计覆盖率，实现应审尽审的目标。

四、工程建设项目信息化审计系统建设

1. 工程建设项目大数据审计总体思路

基于工程建设项目审计业务需要，以及提升审计质量与效率的目标需求，充分利用大数据分析、云计算等先进技术，构建适用于工程建设项目审计的信息化审计系统。总体思路包括以下内容：

（1）数据思路。搭建工程建设项目审计大数据生态，充分整合各类与工程建设管理相关系统数据资源，实现从海量数据中迅速获取审计所需信息。

（2）构架思路。从业务构架、功能构架、技术构架三个维度统筹规划工程建设项目审计信息化系统。其中：

① 业务构架应明确工程建设项目审计核心业务目标，按审计业务环节，在投资立项、勘察设计、招标投标、合同管理、工程物资、施工过程管理、工程造价、工程财务、工程绩效等 9 个业务领域，通过各类统建系统管理数据及其配套文件与资料的全面整合，实现在线监督与审计。

② 功能构架应充分结合工程建设项目审计工作流程，合理设置审计风险点预警、分析、业务展示、查询、业务分配、分类处置、风险闭环等功能模块，具体功能可根据相关审计查证思路逐步迭代完善。

③ 技术构架应考虑当前实际与未来技术的发展趋势，充分结合传统数据仓库、实时数据仓库、数据集市、数据挖掘等技术，既要具备可实现性，也要具备前瞻性，为工程建设项目审计信息化系统在可扩展性、灵活性、迭代升级方面奠定基础。

2. 建设原则

工程建设项目大数据审计建设，应遵循以下建设原则：

（1）融合性原则。系统建设应遵照统一平台、统一规划、统一标准、统一设计、统一建设、统一管理的原则。

（2）先进性原则。系统技术构架参照最新信息技术发展成果，充分借鉴信息集成、数据分析项目成功实施案例，利用大数据分析技术手段和工具，并充分考虑未来信息化发展趋势，从整体体现方案的先进性。

（3）实用性原则。系统能紧密围绕公司工程建设项目审计重点审计领域，功能模块设置应紧密结合工程建设项目审计特点与查证思路，有效满足公司工程建设项目审计业务发展与信息化建设的实际需求。

（4）可操作性原则。系统应用构架合理、项目划分清晰、建设内容明确、进度安排有序、技术保障有力，整体部署安排可落地，功能应用具备可操作性。

（5）灵活性原则。系统功能应用体现一定的灵活性，能够适应中长期运行需要，并可结合不同范围、审计工作模式、不同系统数据结构，实现灵活配置。

（6）可扩展性原则。系统整体设计与建设方案需充分考虑工程建设项目审计业务未来发展需要，尽可能清晰直观，降低各功能模块间的耦合度，快速响应需求变更，有力支持业务范围、数据范围、功能模块扩展。

（7）安全性原则。系统涉及公司工程建设大量生产经营管理数据信息，建设方案应严格遵照国家、公司安全体系要求和相关管理规定，实现相关数据的安全整合。

3. 建设步骤

工程建设项目审计系统，应遵照总体规划分步实施的建设思路，实现系统由信息化向大数据、人工智能逐步过渡：

第一阶段，远程人工查证为主，数据支持为辅。推动工程建设项目审计由现场查证为主，向远程人工查证与现场查证相结合转变。该阶段，系统建设应重点结合当前数据条件与审计查证思路实际，解决数据获取方面的问题，实现由传统的现场翻阅纸质资料，向非现场获取工程建设相关资料进行查证转变，降低现场工作时间。同时，开展对系统二维数据分析，建立简单查证逻辑即可预警、分析的模型，辅助审计人员进行判断。

第二阶段，人工查证与数据查证并行。远程查证数据环境与效率得到改善；预警、分析模型的问题指向更加精确，模型更加多样。该阶段，一是要利用大数据和识别技术，重点解决系统中工程建设相关非结构化数据无法识别问题，降低审计人员查阅、利用非结构化数据难度，提升非结构化数据利用效率，实现数据积累；二是要通过审计人员在第一阶段数据查证过程中积累的经验，形成规范、统一的审计查证思路，并固化为相关预警、分析模型，通过持续迭代升级与可信息化查证审计风险点拓展，逐步提升自动化审计模型的数量、质量与范围，提高审计工作效率。

第三阶段，数据查证为主，人工查证为辅。一是系统自动化、智能化能力有所提升，主要体现在信息检索更加便捷高效，多种识别技术辅助非结构化数据实现分析比较，自动化技术运用与审计场景结合紧密度更高。二是数据挖掘技术的运用随着数据类型扩展进一步加强，由传统的分析比较、趋势分析等简单挖掘逻辑，向多元线性回归、DB-SCAB、朴素贝叶斯、word2vec、随机森林等复杂机器学习方法转变，实现基于因果关系的异常数据挖掘，向基于相关关系的异常数据挖掘转变。三是审计查证模式发生实质变化，主要问题通过数据分析与预警得出后，再由审计人员现场核实。

第四阶段，人工智能水平显著提升。该阶段建立在数据积累与工程建设项目信息化达到相当高度的基础上，数据与现场结合能力大幅提升，利用传感数据、交互数据等即可实现大部分以往需要到现场核实的工作；自动化与智能化能力显著提升，基于机器的分析判断更近似于人工经验判断，绝大部分问题能够通过数据分析、预警得出，且准确性较高，仅有少量问题需要借助审计人员职业判断和现场核实。

4. 工程建设项目大数据审计建设保障措施

1）加强顶层设计

纵观国内外信息化先进企业，越来越多的数字化技术运用在工程建设中，贯穿从设计策划、设计工程、建设施工到运营维护整个全生命周期。如建筑信息模型（Building Information Modeling，BIM）技术，实现了工程资料利用率、工作效率及工程成本控制水平的有效提高。特别是利用 BIM 技术可以将建筑设计图纸等各种工程资料信息进行整合，通过仿真技术和数字信息化的方式可以将建筑工程的物理模型转化为数学模型，通过建立参建各方一套数据标准、一个统一数据库。在实际施工过程中，能够自动储存、提取、快速准确地分析处理所有资料，为后期管理打下重要基础。

而目前在信息化系统建设中，基本属于根据各自业务与管理需要建设，并未强制性统一数据、数据库建设的规范与标准，这就导致系统与系统之间、系统与数据之间壁垒难以打破。因此，应对统建、自建信息系统的顶层设计进行严格把控，一方面规范各业务系统通用性基础信息定义和约定，另一方面对数据进行标准化管理，结合公共数据编码平台建立大数据标准体系，推进数据采集、指标口径、分类目录、交换接口、访问接口、数据质量、数据交易、技术产品、安全保密等关键共性标准的制定和实施。

2）强化体制机制建设

一方面，不断完善大数据管理机制和办法推进数据管控制度建设，明确业务职能责任部门、专业分公司数据管理及共享的义务和权利，形成数据治理长效机制。（1）制定数据采集制度规范。从制度层面规范审计与被审计单位作业流程；制定数据获取的相关制度，用以规范数据获取的内容，确定数据获取周期等。（2）明确审计取证规则。在审计查证过程中，明确取证程序，确保电子审计证据的客观性、准确性，规避由大数据审计带来的风险。（3）规范审计数据管理。审计集中的数据多涉及多方信息，应参照档案管理要求，制定使用及保管有关制度，确保大数据管理有规可依。

另一方面，加强成果应用与数据共享。随着大数据技术在审计领域的运用，会产生不同以往的大量的审计成果，审计人员应该重视审计成果的转化与应用。（1）不同项目的审计成果，可以开拓审计思路和疑点分析，也为领导层决策提供了可视化数据资料。（2）将审计成果与审计人员、被审计单位相关联建立管理库，结合审计计划，优化审计资源配置，集中审计力量聚焦审计重点，提高审计效率。

3）加大人才队伍建设与培养力度

数据挖掘与分析是工程建设项目审计信息化系统建设的核心，由审计人员依据审计需求来建立起数学或逻辑表达式，是审计价值判断的数据化表达，可以从杂乱无章的海量数据中查找出问题线索。一切技术方法的应用归根结底都是人的运用，只有走出传统审计模式，转变审计人员的固有观念，主动融入数据驱动下的审计业务发展，才能更好地推进工程建设项目审计信息化系统建设。

（1）组建数据分析团队，做好模型体系建设。

实际工作中，精通大数据技术与审计业务的审计人员少之又少，审计人员自建模型开展审计，存在较大困难。因此，建议公司层面成立、培养数据分析团队，深入学习大数据技术，结合实际审计案例，提前做好模型体系建设，根据不同审计阶段和审计类型的工作需求，建立与各审计发展阶段相匹配、科学、系统、有效的审计模型，积累、固化基本审计模型，积极推动审计模型从基本类向高阶复合类模型演进。结合审计目标和任务，准确识别审计模型应用场景，构建模型全生命周期管理长效机制。即使大数据技术基础较弱的审计人员，同样也可以通过固化的审计模型，进行数据的筛选和分析。

（2）加强审计人员培训，打造高素质人才队伍。

大数据审计的关键在于人才培养。大数据时代下，审计人员既要精通业务领域的审计业务，又要掌握大数据技术、具有信息化思维，充分结合实践与创新。一是人才结构要有调整。建议公司审计部门根据情况，引入信息技术专业人才，提高信息技术专业人才的比例。采用审计专业与信息专业人员协调作战，提高审计业务工作效率。同时，不断促进审计专业与信息专业人员的互动学习，有效提高队伍业务水平。二是加强培训力度，夯实审计人员大数据理论基础，提升对大数据的认识。在日常审计工作中开展大数据学习方面的竞赛、评比，提高审计人员学习积极性。

4）数据先行，注重质量提升

数据是工程建设项目审计信息化系统建设的生命，只有优质的数据才能为工程建设项目审计注入活力，而审计与信息系统管理存在相互促进关系，审计部门之于企业信息系统，先天地具有双重性，一方面需要通过信息系统获取数据，另一方面又会以管理层需求为参照，对信息系统效率、效果、过程控制等目标进行评估。因此，审计部门在工程建设项目审计信息化系统建设前期，要注重对各类工程建设相关系统的调查工作。

一是通过系统调查，摸清数据采集的领域，丰富数据采集渠道，不断拓展数据采集广度；二是通过系统调查，对审计风险点所需信息进行深度调查，不断提升数据采集粒度，提升数据分析模型的精度；三是深入数据贴源层，厘清系统数据来源，明确不同系统数据之间的关系，强化审计部门对系统底层数据与逻辑的理解，提升数据清洗、挖掘的准确性与合理性，更好地将分析思路与审计实际进行融合；四是通过系统调查，形成高质量的审计调查报告，促进工程建设系统数据环境改善、数据标准统一。

五、工程建设项目大数据审计实践

在综合考虑统建系统、自建系统使用情况，系统数据完整性，审计风险点重要性程度，技术开发难度，成本效益原则等多种因素下，确立了工程资料电子化、合同管理审计、工程物资审计、工程造价审计等4个方面、9个审计风险点，作为工程建设项目大数据审计实践的主要内容。

1. 审计建模

1）工程资料电子化

传统的审计模式采用由建设单位向内部审计提报当年竣工项目预计完工时间，内部审计根据时间和人力资源状况安排审计组采取就地审计和抽样审计结合的方式开展审计工作。由于工程竣工决算项目参建单位业务性质不同，管理理念、管理模式不同，参与建设管理所形成的过程资料各不相同。传统审计模式下，审计组进驻现场后工作被动，经常发现建设单位工程竣工时间预计不准确、竣工资料不完整，不具备审计条件，影响工作正常开展。同时，由于一般工程的电子数据资料庞大，利用网页传输易中断，影响上传效率。

为解决现阶段地面建设工程数据信息相对不足、审计工作开展被动、电子数据网页传输效果差的局面，审计组利用版本控制软件 SVN 对工程竣工决算资料进行电子化，成功克服了档案系统归档时间滞后于审计时间和资料准备不足影响审计资源合理调配的两大困难，实现了电子数据统一集中管理，规范资料形式与内容，实现了工程建设项目远程审计。

2）合同管理审计

合同审计模块涵盖业务查询、供应商资质疑点、选商方式疑点、采购价格疑点、采购类别疑点、合同履行疑点六项功能应用，各功能点依据合同、招投标、物采管理审计工作方案与查证思路设定，完成功能设计共计 20 项。实现经济合同从立项、选商、申报、签订、履行等环节的全过程在线监控，风险问题在线预警，帮助审计人员实时发现问题、推送问题，业务人员及时解决问题、反馈问题，实现在线审计，工作效率大幅提升。

首先利用 ETL 技术（Extract、Transform、Load）适时采集企业合同管理系统合同台账、合同变更记录、合同不招标原因、事后合同、转分包合同等 5 张主要数据表 45 项关键字段数据；ERP 系统物资管理 - 采购申请、物资管理 - 采购订单、物资管理 - 库存查询、物资管理 - 采购收货、RESB- 物资预留、MARA- 物料主数据抬头信息、T001W- 工厂基础信息等 7 张主要数据表 48 项关键字段数据；C1 电子采购系统采购订单、采购目录、供应商信息、供应商失效记录、供应商考评记录等 5 张主要数据表 37 项关键字段数据。

同时收集企业各业务管理部门公布的禁止准入供应商与服务商数据，建立黑名单中间表，采集数据字段信息 18 项，并将经济合同管理过程按照合同申报、合同签订、合同履行等时间顺序，划分为供应商资质疑点、选商方式疑点、采购价格疑点、合同履行疑点等 4 个分析预警模块。

（1）供应商资质疑点预警模块。

审计风险点：审查参建单位的资质，工程咨询、勘察设计、技术服务、物资采购、监理、质量检测等单位是否具备相应资质，严查虚假资质——是否与被冻结供应商签订合同。

经济合同申报时，将经济合同申报时间、合同相对人等信息与供应商失效记录、黑名单中失效时间、禁止准入时间、供应商或承包商信息进行交叉比对，对拟签订经济合同相对人涉及资质失效、禁止准入等情况实时预警，实现对违规签订经济合同的阻断。目前已实现油气田各个二级单位与无资质供应商签订合同信息的自动展示和风险预警，但该功能暂时无法将预警信息对应到具体工程上。同时由于数据源供应商冻结单更新不及时，自动展示内容还需人工判断并对信息进行确认。

（2）选商方式疑点。

审计风险点：应公开招标未公开招标——拆分合同规避招标。

将国家招投标相关法律法规、企业管理制度具象化为选商方式数据规则，按照经济合同签订时间范围、标的金额、合同相对人等信息，以合同签订名称相似度进行匹配，判断拆分合同规避招标可能性。

具体方法为：抽取经济合同签订时间相近、合同相对人一致的经济合同，利用投票机制对签订的经济合同名称中的重要成分进行排序识别，再将签订的不同经济合同关键词进行匹配，匹配程度越高则拆分合同规避招标可能性越大。

① 将经济合同文本 T 视为由若干句子 S 构成，则有 $T=[S_1, S_2, \cdots, S_m]$；

② 对于每个句子 $S_i \in T$，对句子进行分词与词性标注，并剔除停用词，则有 $S_i=[t_{i1}, t_{i2}, \cdots, t_{in}]$，其中 t_{ij} 为句子 i 中保留下的第 j 个词；

③ 构建词图 $G=(V, E)$，将保留的单词视为节点，则 V 是各个节点的非空顶点集，E 是 V 中元素构成的无序二元组的边集，采用共现关系构造任意两个节点之间的边。如图 3-2 所示：

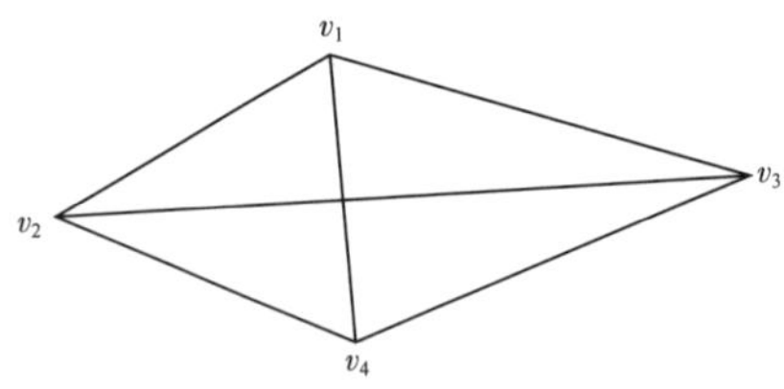

图 3-2　共现关系图

顶点集为

$$V=\{v_1, v_2, v_3, v_4\} \tag{3-1}$$

边集为

$$E=\{(v_1, v_2), (v_1, v_3), (v_1, v_4), (v_2, v_3), (v_2, v_4), (v_3, v_4)\} \tag{3-2}$$

两个节点之间存在边，仅当其对应的词在长度为 K 的窗口中共现，K 为窗口大小，即最多共现 K 个单词，一般 $K=2$；

④ 对零概率和小概率事件进行平滑处理，并迭代计算各节点权重，直至收敛，其中任意节点 i 的权重取决于在 i 前面各点 j 组成的（j，i）这条边的权重，以及 j 这个点到其他边的权重之和：

$$S(v_i)=(1-d)=d\sum_{(j,i)\in\varepsilon}\frac{w_{ji}}{\sum_{v_k\in Out(v_j)}w_{jk}}S(v_j) \tag{3-3}$$

⑤ 对节点的权重进行倒序排序，从中得到最重要的 t 个单词，作为关键词；

⑥ 对得到的关键词，在签订的经济合同名称中进行标记，若形成相邻词组，则作为关键词组提取出来，衡量合同名称之间相似性：

$$\text{Similarity}\left(S_i,S_j\right)=\frac{\left|\left\{w_k\left|w_k\in S_i\bigcap w_k\in S_j\right.\right\}\right|}{\log\left(\left|S_i\right|\right)+\log\left(\left|S_j\right|\right)} \tag{3-4}$$

⑦ 抽取未通过招投标选商的经济合同关键词，在同一合同相对人、指定合同签订时间范围内，进行交叉比对，提示重叠程度较高的若干经济合同，实现对疑似拆分合同规避招标行为的预警。

目前已实现可疑合同的信息展示，但系统暂无法完成标的物的自动判断，仍需人工对标的物的一致性进行认定，同时暂时无法将预警信息对应到具体工程。

（3）采购价格疑点。

审计风险点：审查物资价格的确定、合同的履约情况及违约索赔情况，是否存在质次价高以及未经检测就用于工程建设的问题。

按照时间序列，收集合同相对人物资采购订单单价，采用离散数学的方法，分析经济合同采购价格异常偏离情况。

步骤 1：设定特定时间范围，每当新增一笔物资采购订单则增加一笔采购单价 x_n，计算指定时间范围内，同一供应商、同一品类编码下，采购单价算术平均值，即

$$\overline{x}=\frac{x_1+x_2+\cdots x_n}{n} \tag{3-5}$$

步骤 2：计算采购单价离散程度 σ 与变异系数 c_v，即

$$\sigma=\sqrt{\frac{\sum_{i=1}^{n}\left(x_i-\overline{x}\right)^2}{n}} \tag{3-6}$$

$$c_v=\frac{\sigma}{\overline{x}} \tag{3-7}$$

步骤 3：计算不同供应商、同一品类编码下，采购单价变异系数、离差等（表 3-1），并建立集合 $C=(c_1, c_2, \cdots c_m)$。

表 3-1 供应商各项系数统计表

供应商	σ	$\overline{x}$	c_v	x_n	d
A	891.69	178.06	5.01	274.34	96.28
B	49.84	210.30	0.24	192.17	−18.13
C	51.65	186.05	0.28	228.32	42.27
D	43.84	190.98	0.23	172.57	−18.41
E	85.24	203.82	0.42	190.71	−13.11
F	75.69	222.75	0.34	261.40	38.65

步骤 4：设定同类物资采购单价变异系数阈值，当超过阈值，则预警采购单价可能存在异常，如横向比较表 3-1 中 σ 与 c_v 值，A、C、E、F 四家供应商订单单价离散程度与变异系数存在明显异常，需重点审查。

步骤 5：调取预警的供应商所对应物资采购订单品类数据，生成散点图（图 3-3），辅助审计人员分析异常采购订单事项。

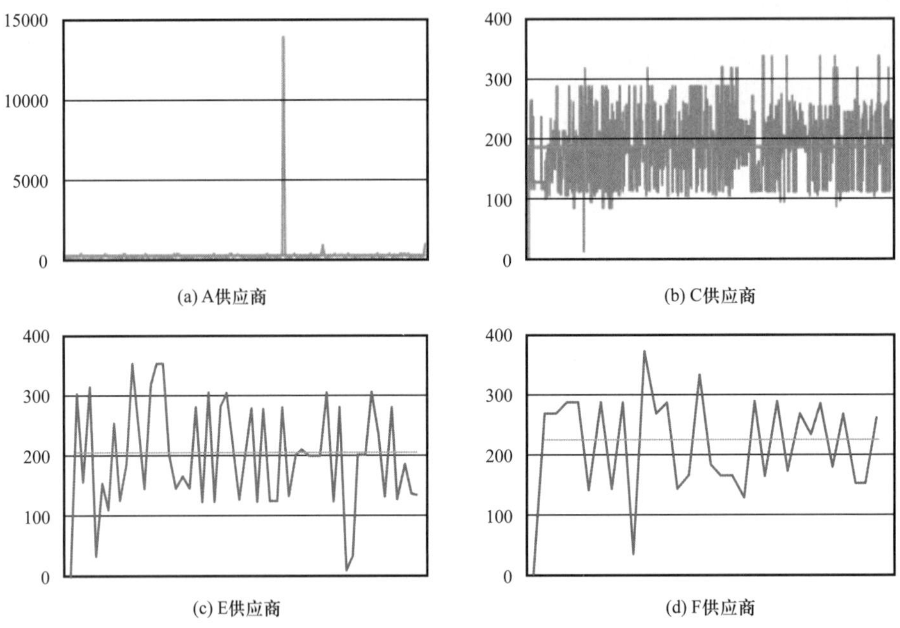

图 3-3　预警供应商物资采购订单散点图

目前已实现部分采购物资单价的自动对比和计算，但由于目录物资价格未包含配套及运杂费用，导致自动匹配结果出现大量采购价高于目录价的情况，仍需人工进行判断，同时暂时无法将预警信息对应到具体工程。

（4）合同履行疑点。

审计风险点：未按合同条款履行。

在合同履行阶段，过滤出采用招投标选商方式签订，且存在关键条款变更的经济合同，设定关键条款变动阈值（如：标的金额、履行期限、履行地点等），当关键条款变动超过设置阈值，则预警经招投标选商签订的经济合同存在异常，及时提示审计人员招投标选商过程可能存在违规行为。

在合同履行阶段，再次将经济合同相对人等信息与供应商失效记录、黑名单中失效时间、禁止准入时间、供应商或承包商信息进行交叉比对，对已签订经济合同的相对人涉及资质失效、禁止准入等情况进行预警，及时提示审计人员对该行为造成的实质性后果进行审查。

目前合同履行时间证据存在人为修改的可能性，预警结果将受较大影响，同时暂时无法将预警信息对应到具体工程。

3）工程物资审计

审计风险点：设备、材料用量不符合实际——甲供设备材料应退库未退库。

定期将 ERP 系统出库材料数据维护到系统中备用；采集需要材料清理的工程（审计工程项目）的竣工图材料数据；

通过预定的分析模型将工程 ERP 系统出库材料和竣工图材料按名称和规格型号匹配并计算清退额，同时存储结果。具体分析方法和过程如下：

（1）使用大规模语料库通过 Word2Vec 训练出词向量；

（2）某工程 ERP 系统出库材料数据为 $X=[x_1, x_2, \cdots, x_n]$，$x_n$ 为该工程第 n 项出库材料的信息；将该工程竣工图材料数据视作 $Y=[y_1, y_2, \cdots, y_m]$，$y_m$ 为该工程第 m 项竣工图材料的信息。对 X 和 Y 中所有材料的名称和规格型号进行分词处理和字符大小写归一化，并通过 Word2Vec 找出每个词的词向量；

（3）分别将 X 和 Y 中每项材料的所有词向量相加得到材料向量 $V_x=\{V_{x1}, V_{x2}, \cdots, V_{xn}\}$ 和 $V_y=\{V_{y1}, V_{y2}, \cdots, V_{ym}\}$，$V_{xn}$ 表示 X 中第 n 项材料的材料向量，V_{ym} 表示 Y 中第 m 项材料的材料向量；

（4）计算 V_x 与 V_y 所有材料向量两两间的余弦值

$$\cos\theta_{ij}=\frac{V_{xi}\cdot V_{yj}}{|V_{xi}|\times|V_{yj}|} \tag{3-8}$$

$\cos\theta_{ij}$ 为 X 中第 i 项材料的材料向量 V_{xi} 与 Y 中第 j 项材料的材料向量 V_{yj} 的余弦值；

（5）规定余弦取值范围为［0，1］，余弦值越大表示两个向量的夹角越小，即两个向量越相似。余弦值最大的两项材料相匹配，生成工程 ERP 系统出库材料和竣工图材料匹配数据并存储；

（6）工程 ERP 系统出库材料和竣工图材料匹配后根据材料数量计算材料清退额，即应退库料数量，并生产待展示数据；

（7）如果 $n \geqslant m$，则 ERP 系统出库材料 X 中剩余未匹配材料均判定为应退库数量；如果 $n<m$，则竣工图材料 Y 中剩余未匹配材料均判定为乙供料或平库料。

最后整理记录工程材料匹配结果，辅助审计人员分析异常事项。在某工程近 200 项甲供设备材料清理测试中，虽然因规格型号、名称等差异，材料完全对应匹配项较少，但通过材料分类将相似度最高的材料依序排列，结合人工可以快速分辨和匹配，还原材料真实需求和出库情况。

4）工程造价审计

首先收集整理石油行业、地方政府发布的石油定额、地方定额、工程量清单计价规范及增补文件、调整系数、工程取费办法、计价标准，并通过文字识别、手工录入等方式形成结构化计价依据数据和审计标准数据，建立风险模型的数据基础。

依据项目工程造价审计相关制度及规定，梳理历史项目工程造价审计业务中易发、高发风险异常关注点，并对其出现的业务环节、查证核实思路进行分析总结，形成一套标准化的项目造价风险识别模式。该模式中的风险预警类型包括：定额基价、自编定额、自定义项目、定额系数换算、清单报价、定额使用、工程取费、地材价格。目前已初步实现定额基价、定额系数换算、自编定额、自定义项目等风险的自动预警。

审计风险点 1：预（结）算套用的定额与工程应执行的定额标准不相符——人为修改定额基价。

将审计工程文件中的定额单价、定额人工单价、定额材料单价、定额机械单价与调整系数进行逆运算，还原到原始引用数据后与定额库中对应的定额单价、定额人工单价、定额材料单价、定额机械单价进行对比，即：

原始引用数据 a= 工程文件中单价 b/ 调整系数 c；

如果原始引用数据 a 与定额库单价 d 不一致，则生成定额计价预警信息。

目前系统已可完成自动识别，再由人工快速判断定额是否合理。

审计风险点 2：预（结）算套用的定额与工程应执行的定额标准不相符——定额系数换算与定额说明不一致。

将审计工程文件中的定额调整系数（含定额系数的复合换算），与定额册、章、节编制说明、工程量清单计价规范中的系数进行匹配，查询出可能的调整原因描述，与审计工程文件中对应的调整原因进行对比。

如图 3-4 所示，定额系数换算对比流程如下：

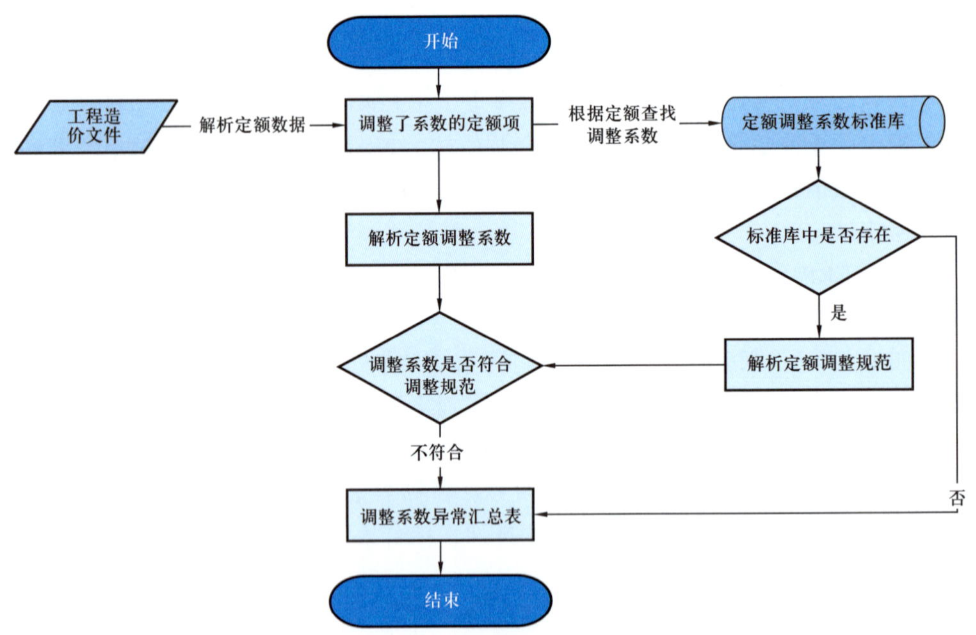

图 3-4　定额系数换算对比流程图

解析审计工程文件数据，取得调整了系数的定额项目；

根据定额项目从定额调整系数标准库中查找标准库中是否存在当前定额调整系数；

如果标准库中不存在当前定额调整系数，则将当前定额调整项目设置为定额系数换算异常；

如果标准库中存在当前定额调整系数，则解析定额调整规范；

判断审计工程文件中的定额调整系数是否符合调整规范，如果不符合则将当前定额调整项目设置为定额系数换算异常。

目前已实现调整系数与定额说明不相符项目的预警和汇总，但暂无法进行调整原因对比，原因分析仍需人工完成。

审计风险点 3：预（结）算套用的定额与工程应执行的定额标准不相符——定额被篡改。

将审计工程文件中所使用定额的定额编号与基础定额库中对应的定额编号进行对比，检查定额编号在基础定额库中是否存在。

如果定额编号在基础定额库中不存在，则生成自编定额预警信息。目前系统已实现被修改定额的预警。

审计风险点 4：预（结）算套用的定额与工程应执行的定额标准不相符——“自定义项目”表示的项目类型不合理。

将审计工程文件中所使用定额的定额编号、定额名称与基础定额库中定额编号进行对比，将基础数据库中不存在的自定义项目（定额）进行汇总，并分别标注各自定义项目在审计文件中的类型（设备、主材、人机材包干费、分包包干费）。由人工判断类型是否合理，取费是否正确。

现阶段系统已实现异常自定义项目的汇总和项目类型标注。

2. 审计成效

围绕上述模型开展的工程建设项目大数据审计，一是为工程项目远程审计奠定了基础，减少了现场审计时间，有效控制了审计成本。二是通过工程竣工决算资料电子化，再造了工程审计流程，使内部审计能及时提示电子化资料中存在的不足，锁定竣工资料的有效性，明确资料管理责任，使内部审计更加准确预判被审计单位具备竣工决算审计条件的时间，为合理调配审计资源提供了保障。三是实现造价定额 100% 审计全覆盖，审计质量得到有效提升，为公司合法合规管理与成本控制管理提供总体参考与数据支撑。四是实现工程材料快速清理，有效降低审计人员材料清理强度，提升了清理完整性。五是大幅提升物资采购价格横向比较能力，既可以及时发现价格异常情况，也为分析采购经济性提供合理化控本建议提供依据。

例如，在 2020 年开展的工程竣工决算审计项目，通过信息化技术和大数据审计，实现现场工作时间从 4～5 周下降至 2～3 周，总体现场时间下降约 50%；实现审计经验判断的统一化，明确必审子目范围，确保应审尽审；对篡改定额等重大风险预警覆盖率达到 100%；材料自动化匹配程度达到 70% 以上，清理效率显著提示，清理时间降低 40%；实现直接经济成果 ××× 万元；合同管理推送价格异常线索 320 条，核查合同 549 份，发现制度执行层面问题 26 个，发现问题金额 ××× 万元，收回金额 ××× 万元。

第三节　内部审计咨询服务探索与实践

针对事后审计不能及时提出审计建议并予以纠正、审计成效差，审计发现问题屡查屡犯、纠而不改、审计执行效果差，工程建设项目的舞弊行为更加隐蔽、审计查证效果差等现象，对建设工程审计方式进行了理论探索。依据国际国内对内部审计的定义和内部审计职能的内在要求，确定把咨询作为一种审计活动或方式，以实现审计关口前移和事前审计的目标，实时防范和减少管理风险和舞弊风险的发生。通过几年的研究实践，在理论成果获得认可的基础上，出台了《工程项目审计咨询管理暂行办法》，并在工程建设项目跟踪审计和合同在线审计进行试行，进一步验证了审计咨询是完善审计职能、实现审计预防功能、提升审计价值的很好途径。

一、审计咨询的定义

中国时代经济出版社有限公司于2021年7月出版的由鲍国明、刘力云主编的《现代内部审计》（修订版）一书中，将咨询定义为：咨询职能是现代内部审计的重要职能，是传统内部审计转变为现代内部审计的重要标志之一，它要求内部审计在履行确认职能的基础上，针对审计发现问题分析原因，提出帮助组织改善管理、健全制度、提高效益的建议，从而协助委托人实现对管理层履行受托管理责任行为的有效约束和激励，以促进和帮助其有效履行受托责任。为有效履行咨询职能，内部审计除了应协助管理层纠正错弊、防范风险之外，还可以通过培训、座谈交流等形式提供咨询建议，起到顾问服务作用。

二、内部审计开展咨询服务的必要性

1. 咨询服务是内部审计的固有职能

国际内部审计师协会颁布《内部审计实务标准》（2004年修订本，以下简称《实务标准》）以来，我国内部审计在“咨询职能”的履行上主要是以针对审计查证的问题提出审计建议的方式实现，对咨询职能在增加组织价值方面没有更多的探索和实践，其原因是多方面的。主要原因应该是：管理层未赋予内部审计机构的咨询职能，审计素质和内部审计人员的职业素养不能承担咨询服务的职责要求。以上原因造成内部审计机构不愿或不敢于将咨询作为审计职能，担心咨询服务带来的审计风险和职责压力，即使在事实上存在咨询的需求，也往往会因审计风险而谨慎地回避，这就造成审计机构失去提供增值服务的机会。《实务标准》对内部审计的定义是：一种独立、客观的确认和咨询活动，旨在增加价值和改善组织的运营。它通过应用系统的、规范的方法，评价并改善风险管理、控制和治理过程的效果，帮助组织实现其目标。该定义明确地提出了内部审计包含“确认”和“咨询”两种职能。显然，咨询是内部审计的固有职能，内部审计不提供咨询服务，其职能的履行就不完善。

2. 咨询服务是内部审计发展的内在要求

中国现代内部审计发展至今，经历了“监督导向型”“管理导向型”向“风险导向型”的发展。从通过账本审查向通过“风险评估为导向”的审查方式转变，从事后的“查错纠弊”向事前、事中控制转变，从重视对发现问题的处理向预防问题发生转变，这些转变改变了内部审计只会查处问题的形象，赋予了内部审计在组织中对规范管理、防范风险的新的价值，内部审计机构在组织中发挥的作用越来越大，组织对内部审计机构的期望也越来越高。审计范围也从单纯的财务审计扩展到制度审计和管理效益审计。

内部审计在组织中“长期存在”的特性决定了内部审计依存和伴随组织的成长和发展，组织的需求就是内部审计存在的理由和条件，组织成长和发展的阶段性需求决定内部审计提供什么样的服务。随着我国社会经济的不断发展，各种经济组织的管理水平已取得很大的提升，管理的规范程度也有了很大的改善，逐渐向国际化管理标准看齐，内部审计如果还固守过去的“查错纠弊”阵地，就不能满足组织发展变化的需求。咨询服务是内部审计发展到一定阶段的自然产物，当内部审计确认服务不能满足组织需求时，必将去寻求更高的目标，在现代企业以压缩非增值过程为目标的大背景下，内部审计不能提供增值服务就难以获取生存空间，因此咨询服务将是组织和内部审计发展的内在要求。

3. 咨询服务是内部审计价值提升的助推器

1）履行咨询职能是实现增值服务的有效途径

《实务标准》对“确认服务”的定义是：通过客观地审查证据以评价组织的风险、控制或治理过程，核心是审查和评价管理行为，不具有增值服务功能，而咨询服务的目的是“在内部审计师不承担管理层职责的前提下，增加价值并改进组织的治理、风险管理以及控制过程”，其核心是通过改进组织的治理、风险管理以及控制过程以实现增值服务。因此，履行咨询服务职能，是内部审计实现增值服务的有效途径。其“增加价值”的内涵包含以下几个方面：

（1）增加价值不仅是传统意义上的通过客观审查证据，减少或挽回损失的经济价值，因为这种经济价值对组织的贡献有限，随着内部审计机构长期的查证和规范，创造的经济价值量和空间会越来越少，内部审计存在的价值将会受到削弱。

（2）内部审计不应以发现问题为最终目标，发现问题只是实现审计目标的手段，是属于审计确认活动的附属产品，如果内部审计不遗余力地反复查找这些问题，只能起到治标的作用。内部审计应该是从发现的问题中找出管理不规范或管理错弊以及存在风险的根本原因，提出改进管理的建议，从根本上去杜绝问题的发生，实现治本的目标。

（3）咨询服务能够为组织增加价值是由其自身特性决定的。咨询行为本身会产生咨询意见，这种意见必须是有价值的，否则不能得到组织的认可；内部审计咨询是对组织的治理、风险管理以及控制过程提出改进的咨询意见，如果被组织采纳，会从源头上去改善运营，其增加的价值会比直接查处问题的效果更深远，影响的范围更广泛。

（4）咨询服务可能实现事前控制效果。由于咨询服务可能存在对管理者的管理意图或管理方案进行咨询，审计人员会参考利用过往审计结果提出风险提示性咨询意见，使管理风险在管理行为未发生之前得到控制。如在跟踪审计和在线审计中，由于其具有事中审计行为，管理者出于对管理结果的谨慎性，往往会对其管理意图或拟执行的管理方案进行咨询，审计人员就会对其不规范或存在的风险提出意见，事实上起到事前控制的作用。

2）咨询能够带动审计成果的利用

咨询是对组织的治理、风险管理以及控制过程的全方位服务，涉及组织运营的各个方面，内部审计要保证咨询意见的使用价值，除了要具有咨询业务相关的知识和能力外，还要全面掌握和了解组织的运营情况。事实上内部审计对组织运营情况的掌握和了解具有先天条件，只是在无意识开展咨询服务的情况下，没能很好地利用这一独特优势，未将历史确认评价和查处问题作为资源，予以综合归类分析和库存，只将查处问题在局部进行一次性使用。而内部审计一旦开展咨询服务，由于内部审计具有长期服务性质，组织不可能给予时间再去调查和了解，且很多咨询业务是临时性的，需要内部审计及时拿出咨询意见，因此，内部审计就必须利用过往审计结果对咨询事项作出风险判断，提出咨询意见，这就使得内部审计机构重视审计成果资源的储备，无形中促进了审计成果的利用，使内部审计的成果价值得到提升。

3）咨询能够提升审计素质

咨询服务对审计素质的要求远远高于确认服务，确认以符合性为标准，是对照标准去检查管理行为评价其符合程度，只需要具有法规制度标准就能基本满足审计需求，而咨询除了要评价其符合性，还要分析判断差异产生的原因以及会带来的风险，并提出规避风险和改善运营的措施建议。这就要求咨询“来自于管理又要高于管理”，既需要具有发现问题识别风险的能力，还需要具有提出改进建议的能力。因此，咨询服务一方面需要内部审计机构具有从事咨询的能力，在咨询服务中逐渐培养和提升审计能力；另一方面，组织会为了自身的需要而优化审计资源配置，促成审计素质的不断提高，最终形成专家型的审计队伍，为内部审计增加价值创造了物资条件。

4）审计咨询能够建立的沟通协作的有效关系

通过咨询活动的开展，搭建了审计机构、被审计单位和相关管理部门的交流平台，促进了沟通协作，增强了互信。相关单位由过去的被动接受向现在主动、积极进行咨询转变，审计监督和服务更能够达到预期的目的。

三、咨询服务需要具备的条件及服务类型

1. 咨询服务需要具备的条件

（1）咨询服务应取得管理层及董事会的批准和认可。咨询服务开展前，应制订咨询服务的宗旨、权利和职责等制度规定，以正式书面文件形式取得管理层及董事会的批准，使咨询服务能够在组织内得到认可和顺利开展。文件至少应包括：

① 确定内部审计活动在组织中的地位；

② 授权审计人员接触与开展业务相关的记录、人员和实物资产；

③ 规定咨询服务的活动范围、类型、方式、方法及程序等。

（2）应具有满足咨询业务要求的审计素质和资源。在开展咨询服务时，应保证审计人员数量、人员的专业搭配和业务技能等审计资源，能够满足开展咨询业务要求。如不能全方位满足，可先对组织中的个别业务进行开展，当咨询服务的价值体现得到管理层认可后，再向管理层提出审计资源配置的目标诉求，以逐步扩大咨询范围。

（3）应保证确认服务不受影响。咨询服务只是丰富了增值型的内部审计，不能代替和排斥确认服务，通常咨询服务是由确认服务直接产生的，且咨询服务还会衍生出确认服务。因此，开展咨询服务不能使确认服务受到影响，在可能比较适合的情形下，两者可以合并结合，以咨询服务提升确认服务的价值，以确认服务验证咨询服务的价值体现。在不适合的情形下，两者可以分别开展。 如果提出进行咨询的目的是逃避或使他人逃避

确认业务的有关要求，不应该同意开展咨询业务。

（4）应保持客观性和独立性。咨询服务可以提高审计人员对确认活动有关的工作程序或问题的了解，但不能承担管理层的职责和作出决策，有必要让所有审计人员了解的是，咨询服务所提出的建议是否采纳和实施是由管理层作出决定。

2. 咨询服务的类型

咨询服务作为内部审计增加价值的职能，并不像确认服务在审计计划中全部列出，它可能应管理层的要求作为正常业务开展，也可能作为日常业务临时安排。因此，在制订咨询业务的类别以及开展每种业务的政策和程序时，内部审计应该考虑其特殊性。咨询服务可能的类别包括：

（1）有计划咨询服务：属于计划内的工作。可以通过两种途径实现，一是在确认服务中同时开展咨询服务，如在跟踪审计和在线审计中同时开展咨询服务；二是根据管理层的需要对某一管理环节或事项开展纯咨询服务。

（2）日常性咨询服务：日常性活动，临时的项目、专门会议、培训、日常信息交流共享等。

（3）特别咨询服务：参加兼并、收购或其他重大业务活动小组。

（4）紧急咨询服务：参加为灾后恢复、维护运营或其他非常业务，以及为满足特别要求或紧急事件提供临时帮助等。

四、咨询服务的实现途径及方法

1. 咨询范围

咨询范围理论上是可以等同内部审计职责所覆盖的经营管理活动，实际操作中应根据授权取得。但作为年度计划则要根据审计资源情况量力而行，通过风险评估对管理薄弱环节和管理层关注的重点、热点和难点问题进行咨询。无限制条件下的咨询范围包括但不限于以下方面：

（1）财务收支、资产管理、合同管理、基础工作管理以及其他有关的经济活动；

（2）投资管理和工程建设项目；

（3）物资（服务）采购、产品销售等业务活动；

（4）其他经济事项。

2. 咨询内容

内部审计在取得管理层批准后，咨询内容的选择是有目的的，不是事事咨询，在确定的审计范围内采用风险导向评估方式，将管理环节中容易出现的控制缺陷和风险的事项，作为咨询的主要内容。咨询内容分为事先确定和不限定内容两种。事先确定主要是针对一个完整的管理过程，依据咨询目标可以事先确定内容的咨询事项，如工程项目管理的跟踪审计。不限定咨询内容主要是无法判断咨询需求而由被审计单位主动提出的咨询事项，如在线审计。

3. 咨询方式和程序

（1）审计咨询以书面方式往来。咨询结果由审计部门下达书面咨询意见。

（2）审计部门咨询工作程序。主要包括编制审计咨询方案、审计咨询方案交底、接收审计咨询书、出具审计咨询意见书、事后跟踪、提交审计咨询报告等。

① 编制审计咨询方案。

审计组依据年度审计项目计划编制审计咨询方案，方案要素主要包括：审计咨询依据、审计咨询目的 、审计咨询内容、审计咨询工作要求、审计咨询质量控制、审计咨询人员及分工。

② 审计咨询方案交底。

审计组在审计进场时，应将审计咨询方案向被审计单位进行交流和沟通，重点是咨询目的、内容和方式方法以及咨询的时间节点等。

③ 开展咨询工作。

审计组负责接收审计咨询书并组织审计人员研究咨询意见。

④ 出具审计咨询意见书。

审计组在收到审计咨询书之后应及时出具审计咨询意见书，一般情况下不能超过 2 个工作日，避免影响管理工作的正常开展。审计咨询意见书的审核审批应简化流程采取一级审批，使咨询意见能够及时反馈。重大审计咨询事项应及时按程序向上级领导报告。

⑤ 事后跟踪。

在年度或独立咨询事项完结后，审计组应对审计咨询意见实际采纳情况和实施效果进行检查。

⑥ 提交审计咨询报告。

审计咨询项目实施结束后，审计组提交审计咨询报告。审计咨询报告内容主要包括：审计咨询业务总体概况、审计咨询实施情况、审计咨询意见采纳和执行情况、审计咨询重大事项发现、审计评价、审计建议等。

（3）被审计单位工作程序。

① 报送审计咨询书。被审计单位根据审计咨询方案中的咨询内容，当管理工作即将进行到所需咨询的环节和事项时，向审计组报送由主管领导签字并加盖单位公章的审计咨询书。

② 在审计咨询事项实施后，向审计组报送审计咨询意见采纳情况。

审计咨询书、审计咨询意见书和审计咨询意见反馈单模板见附 1 至附 3 。

4. 工作要求

（1）咨询事项必须为审计咨询方案范围内已明确的事项，超范围事项可做业务讨论，不作为咨询内容。审计部门根据咨询实施过程中情况的变化，可按规定程序对审计咨询方案的内容进行调整。

（2）审计组应充分熟悉当前的相关政策法规、技术标准、规程规范、企业相关的制度文件以及咨询事项本身的管理控制文件等，慎重出具咨询意见。在出具正式审计咨询意见前，审计组要与被审计单位进行充分必要的沟通。

（3）审计部门应当拒绝从事内部审计规范禁止开展的咨询业务以及与内部审计活动的规定和程序相冲突的咨询业务。如果提出咨询事项的目的是为了逃避管理责任，审计部门应当拒绝开展咨询业务。

附 1

审计咨询书

项目名称：　　　　　　　　　　　　　　　　　　　　　　　　编号：

咨询单位		报送时间	
咨询事项： 经办人： 年　　月　　日			
咨询单位意见： 分管领导签字（盖章）： 年　　月　　日			

附2

审计咨询意见书

项目名称：　　　　　　　　　　　　　　　　　　　　　　编号：

<table>
<tr><td>咨询单位</td><td></td><td>报送时间</td><td></td></tr>
<tr><td colspan="4">咨询事项：</td></tr>
<tr><td colspan="4">审计组咨询意见：

审计人员签字：　　　　审计组长签字：

年　月　日　　　　年　月　日</td></tr>
<tr><td colspan="4">审计部门意见：

负责人签字（盖章）：

年　月　日</td></tr>
</table>

附3

审计咨询意见反馈单

项目名称：　　　　　　　　　　　　　　　　　　　　　　　编号：

咨询事项：
审计咨询意见：
审计咨询意见采纳或执行情况： 分管领导签字（盖章）： 年　月　日

（4）审计部门在提供咨询服务时，审计人员应保持客观独立性，不承担管理职责，不能以审核、审批等方式介入到管理环节。

（5）审计部门在提供咨询服务的过程中发现公司所属单位在该领域存在较大的风险隐患，除提供咨询建议外，可作为审计线索开展审计调查；如果在提供咨询服务过程中发现舞弊线索，应立即停止咨询活动，将线索移交相关监督管理部门开展舞弊调查，及时制止舞弊行为发生。

五、日常性咨询方式和成果

日常性咨询服务是在管理层授权的范围内，对管理层的非计划范围内的临时性需求提供的咨询服务工作，其咨询范围和内容不受限制，具有“有求必应”性质。咨询服务方式多种多样，既可能是临时的咨询项目、某一管理事务的咨询，也可能是阶段性管理工作，或是某部门、某单位、某管理环节的咨询业务，或是信息交流共享等。咨询服务的方式和结果主要根据需求确定，可能的咨询方式和结果包括：

（1）单独的审计咨询书：各管理层级对某一管理事务性工作的合法合规性或创新的管理方式进行咨询。

（2）阶段性管理绩效分析：管理层要求对内部审计已开展确认服务的阶段性管理工作或某一重大管理活动的实施效果进行分析。服务方式是运用确认服务成果，结果是分析报告。

（3）审计发现问题类型及成因分析：管理层要求内部审计机构对一段时期内发现问题的类型和成因进行定性与定量分析，供各管理者制订修正措施的参考和借鉴学习的综合分析材料。

（4）管理风险提示：管理层要求内部审计机构对审计发现的具有易发性、典型性和共性的问题，进行风险分析，对各管理者进行管理提示。

六、审计咨询在物资采购过程管理的实践

为了使审计咨询更加规范、有章可循、为内部审计从业人员开展内部审计咨询活动提供工作标准，更好地服务于企业生产经营管理，采取“试点—总结—完善—推广”的方式，在试行取得一定效果后，编制《内部审计咨询规范》并实施，形成了一套审计咨询的标准流程和标准文本模板，以保障审计咨询规范运作。之后根据企业风险与合规管理的需求，正式在统购物资采购招标业务开展审计咨询，进一步完善审计咨询的程序、方式，建立审计咨询管理的相关配套制度。审计咨询由统购物资采购招标业务扩展到全部物资采购、工程建设和服务招标三大采购招标业务全过程，咨询领域逐步拓展，审计服务和风险预警功能得到更加有效发挥。

1. 确定物资采购招标过程管理审计咨询内容

根据对近几年来在物资采购、工程采购和技术服务等采购领域审计发现问题的统计分析，发现在招标选商管理环节主要存在以下 7 个方面的潜在经营和法律风险：

（1）招标准备阶段：存在项目未批复、施工图未审查或标的物和招标控制价还未合

理确定就实施招标，评标价缺乏指导，导致具体实施情况与招标内容不一致的问题。项目成本难以控制，若在公开招投标环境中，容易造成法律诉讼。

（2）招标方式确定阶段：存在应采用招标方式或公开招标方式选商的项目，实际不招标或采用邀请招标等问题。增加了人为指定供应商的机会，容易形成权力寻租和利益链条。

（3）招标文件编制阶段：存在招标文件对标的物特征描述不具体，造成实际采购的标的物与业主期望存在差异；没有编制投标人资格审查标准、评标标准及评分表缺乏操作性等，客观上造成评标委员会权力过大，出现评标委左右评标结果等问题。权力制衡关系被削弱，容易导致评标委员会成为投标方“勾兑”的主要目标。

（4）开标阶段：存在投标单位不足 3 家仍继续招标，缩小了选商范围，降低了招投标的公开公平；开标时间与招标文件规定时间不一致等问题。引发争议、涉嫌暗箱操作。

（5）评标阶段：存在没有实质性响应招标文件的投标未作废标处理、以他人名义投标以及资质不符合招标文件规定的单位被确定为中标单位、没有纠正不合理投标报价、评标委员会评分随意性大、评标委员会技术及经济方面专家低于三分之二等问题。严重影响评标过程的客观公正，舞弊风险较高。

（6）招标结果执行阶段：存在签订合同文本与招标文件规定不一致、变更合同调整结算价格等问题。为中标方低价中标高价结算提供机会，形成利益输送。

（7）指定招标代理机构，间接控制招标结果。

通过对以上存在问题的分析，结合管理层面反映的物资采购招标过程的重要关注点，梳理确定了 5 个阶段 17 个重要风向事项，作为事前需咨询内容（表 3-2）。

表 3-2　审计咨询事项及内容

序号	招投标阶段	咨询事项					项数
1	前期准备阶段	采购方式选取	招标方式选取	标包划分	招标机构资格认定	供应商选取	5
2	招标阶段	招标文件范本	倾向性要求	评标方法	投标文件编制时间	—	4
3	投标阶段	资格预审	投标报价	—	—	—	2
4	开标、评标、定标阶段	评标专家选取	质疑处理	招标失败处理	中标结果处理	—	4
5	合同签订阶段	签约人变更、终止	合同条款变更、终止	—	—	—	2

1）前期准备阶段

（1）采购方式选取：对物资公司单项合同估算额在 100 万元人民币及以上的统购物资，拟选为可不招标方式的事项进行审计咨询。

（2）招标方式选取：对拟选邀请招标或密封报价等非公开招标方式的事项进行审计咨询。

（3）标包划分：对标包划分事项进行审计咨询。

（4）招标机构资格认定：对招标机构资质认定事项进行审计咨询。

（5）供应商选取：在邀请招标或密封报价等非公开招标方式，对拟选供应商事项进行审计咨询，对拟选取无公司或分公司市场准入资质供应商的事项进行审计咨询。

2）招标阶段

（1）招标文件范本：对同一小类物资第一次采购拟编制招标文件的事项进行审计咨询。

（2）倾向性要求：对招标文件中限定或指定特定专利、商标、品牌、原产地或供应商的事项进行审计咨询。

（3）评标方法：对采用综合评分法时拟规定商务分与技术分权重小于 6：4 的事项进行审计咨询。

（4）投标文件编制时间：对招标文件中拟规定投标人编制投标文件的合理时间少于二十日的事项进行审计咨询。

3）投标阶段

（1）资格预审：在公开招标方式下，对拟投标人资格预审结果报批事项进行审计咨询。

（2）投标报价：对投标截止日之后投标人拟修改投标报价的事项进行审计咨询。

4）开标、评标、定标阶段

（1）评标专家选取：对评标委员会成员人数未拟定为五人以上单数的事项进行审计咨询；对技术和经济等方面的专家拟定少于评标委员会成员总数三分之二的事项进行审计咨询；对拟在评标专家库外选取评标专家的事项进行审计咨询；对未随机抽取评标专家的事项进行审计咨询。

（2）质疑处理：对投标方或业主等质疑拟形成处理意见的事项进行审计咨询。

（3）招标失败处理：对第一次招标失败拟转入重新招标但投标人少于 3 家的事项进行审计咨询；对第一次开标失败拟转入非招标方式采购的事项进行审计咨询。

（4）中标结果处理：中标通知发出前，对拟定中标人不是评标报告排名第一顺序中标候选人的事项进行审计咨询；中标通知发出后，对招标人拟改变中标结果的事项进行审计咨询（含中标人、价格、交货期、质量等中标结果与授标结果不一致的）；中标通知发出后，对中标人放弃中标的事项进行审计咨询；对定标后拟进行商务谈判的事项进行审计咨询。

5）合同签订阶段

（1）签约人变更、终止：对未与中标人签约的事项进行审计咨询。

（2）合同条款变更、终止：对未按招标文件和中标人的投标文件拟订立书面合同的事项进行审计咨询。

2. 以过程跟踪方式为手段，突出审计咨询实效

为提升审计咨询的质量与深度，有效利用事前咨询的成果，将事前与事后监督结合起来，建立了事前咨询与事后跟踪的审计咨询方式。通过年末对咨询意见执行和采纳情况的现场审查，分析查找未采纳审计意见的原因、验证审计咨询建议的有效性；在与被审计单位充分沟通的基础上，对确需整改的事项，通过下达审计决定的方式要求强制性整改；对个别性质严重、影响恶劣的问题，按规定对相关单位和人员进行严肃追责处理。

3. 取得的效果

2014—2018 年，审计组在审计咨询的基础上，根据实际情况采用就地审计、远程审计等方式，对物资采购选商过程的管理情况、审计咨询意见采纳及执行情况开展事后现场审查，分析查找问题存在的原因，及时纠正管理行为，发现 21 个违规违法问题，全部予以纠正和责令整改，确保了物资采购招标过程管理规范运作。通过五年的招标采购管理审计咨询服务，基本实现了采购选商过程合规受控的目标，在审计监督关口前移、风险预警和增值服务等方面取得了较好成效。

2014—2018 年内部审计机构共对物资公司和招标中心出具审计咨询意见书 357 份，咨询事项呈逐年下降趋势，如图 3-5 所示。

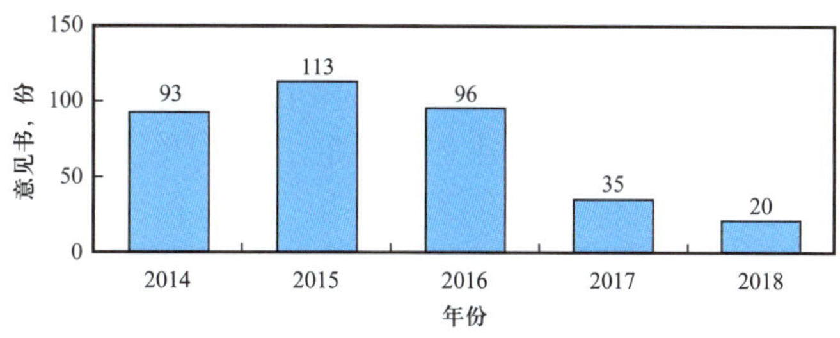

图 3-5　2014—2018 年出具审计咨询意见书统计

一是有效保障生产、节约采购成本。通过 5 年的审计咨询，最大限度防范经营风险，既保障了生产经营活动的需要，又节约采购资金 ××× 万元。

二是应招标采购物资的招标率达 100%，应公开招标事项的公开招标率达 100%。大幅减少了应招标未招标、应公开招标采用邀请招标、应竞争性谈判采用单一来源谈判等屡审屡犯的问题，采购选商过程管理更加规范。

三是采购和招标管理人员合规管理意识明显增强。2018 年的采购工作量是 2017 年的 3.6 倍，招标工作量是 2017 年的 1.5 倍，在工作量成倍增长的情况下，审计咨询需求量逐年减少、咨询事项合规率逐年提升、审计检查发现问题逐年减少，管理人员合规管理能力逐年提升。

四是咨询服务范围进一步扩大。由 2014 年仅针对公司统购物资采购招标业务扩展到 2018 年公司实施的物资、工程建设、服务事项采购和招标全过程，有效发挥了审计服务和风险预警的功能。

五是审计咨询意见采纳率大幅提高。物资分公司、招标中心对审计咨询意见的重视程度和执行力度有较大提升，咨询意见的采纳率由 2014 年的 78 % 提高到 2017 年的 85%。

七、审计咨询在工程建设项目管理中的实践

1. 审计咨询内容的确定

工程建设项目是实行的100%竣工决算审计，是属于事后审计，对管理过程发生的问题只能事后进行整改，实际上很多问题由于已经既成事实，根本无法纠正，只能提醒今后要加强管理，杜绝类似问题发生。但由于工程项目建设赶工和人员变动的特性，过往审计要求很难被有效执行，屡查屡犯成了工程项目建设的最大痛点。因此在工程建设项目审计咨询内容确定时，就将屡查屡犯的问题作为主要咨询内容，将屡查屡犯问题前置。通过实施咨询服务，预防屡查屡犯问题的重复发生，这就改变了过去通过事后审计核实屡查屡犯问题是否继续发生，而不能对屡查屡犯问题进行事前控制的现状。以下是工程建设项目跟踪审计确定的咨询内容：

（1）招标方式选择。对建设单位报送的拟公开招标、邀请招标、简易招标等方式的选取事项进行咨询。

（2）标段划分。对建设单位报送的工程项目拟划分的标段合理性进行咨询。

（3）评标办法和招标条件的设置。对建设单位报送的对投标人资格的要求、投标报价要求、合同条款、评标办法和标准及定标原则的合法、合规、合理性进行咨询。

（4）涉及合同变更、转让、终止、补充的事项。对建设单位报送的拟发生合同变更、转让、终止、补充的事项是否满足条件进行咨询。

（5）超出合同承包范围的签证。对建设单位报送的拟发生超出合同承包范围签证的合法性、合规性、合理性进行咨询。

（6）乙供材料的价格调整。对建设单位报送的拟发生乙供材料的价格调整事项的合法性、合规性、合理性进行咨询。

（7）改变合同约定的结算方式。对建设单位报送的拟改变合同约定的结算方式的合法性、合规性、合理性进行咨询。

2. 实施效果

审计组对西南油气田所属两家主要生产单位承建的18个工程项目开展了审计咨询，出具咨询意见书42份，切实起到了审计关口前移、降低工程舞弊风险、充分发挥审计服务职能的作用。

1）×××天然气处理厂一期工程审计咨询应用及效果

针对涉及招标管理、合同变更、价格调整、结算方式改变等事项进行审计咨询，共出具审计咨询意见书9份，提供咨询意见29条，均得到建设单位项目管理部的采纳。

（1）严格资质审查，禁止无有效资质证明服务商入围。

在倒班生活区建筑及配套设施施工队伍选商时，建设单位邀请的3家投标人中，其中某建筑安装工程有限公司投标时提供的市场准入证已超过有效期限。审计组提出咨询意见：建议建设单位严格资质审核，要求该公司重新提供相关有效资质证明材料。

审计咨询效果：该建筑安装工程有限企业未提供有效资质，主动放弃投标，建设单位重新邀请了两家符合资质条件的服务商参与投标，确保了招投标工作的有效开展。

（2）避免以不合理的条件限制、排斥潜在投标人投标。

在DCS系统和SIS系统招标时，招标文件将石油行业“类似业绩”作为一项技术标和商务标评分标准。审计组提出咨询意见：建议进行招标的项目，不得以特定行政区域或者特定行业的业绩、奖项作为加分条件或者中标条件，在技术标和商务标评分标准中取消该条，将此条赋予的分值加到投标报价分值上。

审计咨询效果：建设单位取消该条评分标准，确保了招标工作的公平、公正。

（3）取消设置不当的优惠条件，预防招投标串通舞弊风险。

在压缩机组降噪厂房工程设计施工招标时，招标文件经济报价评分标准中设置优惠条件：“承诺在中标价基础上每降低1%加1分，最多加5分”。审计组提出咨询意见：建议此优惠条件涉嫌明示投标人压低投标报价，删除此条评分标准。

审计咨询效果：建设单位取消了设置不当的评分优惠条件，有效预防了招投标过程中可能出现的串通舞弊行为。

（4）要求设置最高投标限价，有效控制投资成本。

在工程控制电缆、电力电缆招标和无损检测招标时，招标文件中未设置最高投标限价。审计组提出咨询意见：建议严格按照《中华人民共和国招标投标法实施条例》的相关规定在招标文件中设置最高投标限价。

审计咨询效果：建设单位在招标文件中明确了最高投标限价或者最高投标限价的计算方法，有效控制了投标报价。

（5）纠正错误的评标价，确保招标的合规性。

倒班生活区建筑及配套设施施工招标时，错误地采用标底限价法。审计组就合理确定投标报价问题提出咨询意见：建议按照《中华人民共和国招标投标法实施条例》第五十条规定，修改评标价条款。

审计咨询效果：建设单位综合考虑标底、最高限价两种方式，选取了最高限价方式进行招标，确保了招标的合规性。

（6）规范EPC总承包结算方式，明确责任风险，有效控制工程费用。

压缩机组降噪厂房工程项目采用EPC总承包形式，在施工合同中却约定明显对工程费用控制不利的结算方式。审计组提出咨询意见：建议建设单位项目部对该合同结算条款按“EPC总承包合同价款一般采用固定总价合同方案，该方式下业主仅承担自然条件和不可抗力的风险，其余的风险应全部由总承包商承担。除以下原因外，工程费用不得调整：① 经设计主管部门批复的设计变更；② 由于不可抗拒自然灾害造成的甲方应承担损失”重新约定。

审计咨询效果：建设单位按照咨询意见进行了修改，规范了EPC承包模式下的结算方式，有利于对该工程费用的控制。

2）×××气矿2013年地面建设工程审计咨询应用及效果

审计咨询覆盖了×××气矿2013年所有地面建设工程项目，涉及审计咨询工程项目17个，共出具了33份审计咨询意见书，针对招投标管理、合同条款变更、结算约定纠正、乙供物资结算控制等易出现控制缺失的风险和舞弊事项，提出对应的纠改措施审计建议 60 条。

（1）规范了招投标及合同变更工作，保证合法合规。

一是对必须招标项目严格把好关，杜绝了将应该招标的“干法脱硫富剂堆存站扩建工程”采用谈判方式确定承包商的行为，把住了关口。

二是对评标办法设置是否合理进行控制，按照公司文件要求对“4 个作业区生产信息化工程”评标标准中加入承包商资质和业绩的考核项，有利于选择更有经验的服务商。

三是纠正评标办法中的不合规评分项，取消了“定向钻工程、检测工程”招标中将在 ××× 气矿的施工业绩作为评审条件，保证招标文件的合规性，避免了法律纠纷的出现。

四是纠正合同模板中的不合理条款，修改了“8 个作业区生产信息化工程”“SCADA 系统工程”招标文件，将关联交易和非关联交易单位关于增减工程量结算标准、进度款拨付比例等合同实质性条款进行了统一，有效地维护招投标工作的公平、公正。

五是合理确定技术标、经济标权重，对于技术难度不大的“干法脱硫富剂堆存站扩建工程”，适当增加经济标权重，加大了投标报价的竞争性，起到了节约投资的作用。

六是完善合同变更条款，及时履行了“××× 科研办公用房工程”合同变更审批手续，适当增加工程进度款的支付比例，避免了因承包商拖欠农民工工资及供货单位材料款等引发不稳定事件。

（2）保证了乙供物资的质量，加强物资结算控制。

一是明确乙供物资的品质、技术条件等，对“5 个作业区生产信息化工程”“××× 井噪声治理工程”，要求投标人在投标时要注明乙供设备、材料的生产厂家、品牌、型号、使用地点等要素，并要求监理在施工中认真核实实际入场设备、材料是否与投标文件相一致，有效地规避了承包商使用低质产品替代的可能，确保了物资质量。

二是对乙供物资的范围和用量进行控制，将“××× 油气处理厂工程”中的阀门、管材等重要物资调整为甲供料；对乙供料量约定结算量以现场实际发生量为计算依据，因乙方原因造成的采购剩余由乙方自行承担。

三是要求乙供物资开具增值税票，对于为非关联交易单位的承包商，将开具物资增值税发票的条款增加到合同中，起到节约工程投资的作用。

（3）加强了工程结算控制，减少集中结算工作量。

一是优化结算方式，为减少结算难度和年底集中结算工作量，建议减少据实结算的工程数量，以施工图设计工程量及相关定额为依据确定合同价款，并在一定比例范围内风险包干，对超出该比例范围的，按确定的计价方式进行结算。

二是加强弯管加工母材用量监控，“长宁地区页岩气试采干线工程”由于热煨弯管母材由甲方提供，要求在合同中约定热煨弯管加工母材损耗量，做好母材用量监控工作。

第四章

内部审计质量控制探索与实践

第一节 内部审计质量评估

一、内部审计质量评估的内涵与作用

1. 内部审计质量评估的内涵

1）内部审计质量的含义

内部审计质量是指内部审计工作过程及其结果的优劣程度。广义的内部审计质量是指内部审计工作的总体质量，包括环境、机制、管理和业务工作；狭义的内部审计质量是指审计项目质量，包括立项、准备、实施、报告、跟进以及外包审计管理等一系列环节的工作效果和实现审计目标的程度。就狭义的内部审计质量而言，可以理解为内部审计工作业务的优劣程度，即审计结果达到审计目的的有效程度。具体表现为审计人员的工作质量和审计过程的质量，最终体现为所形成的审计报告的质量。

内部审计质量包括内部审计行为质量和内部审计结果质量，内部审计分析与综合是否全面、准确等。一般来说，内部审计行为质量直接影响着内部审计结果质量，没有良好的内部审计行为质量，也就没有良好的内部审计结果质量。因为从一定意义上讲，内部审计结果质量是内部审计行为质量的具体表现和最终反映。

2）内部审计质量评估的定义

（1）内部审计质量评估的概念。

中国内部审计协会于 2014 年 8 月发布的《内部审计质量评估办法》对审计质量评估的定义是：内部审计质量评估，是指由具备职业胜任能力的人员，以内部审计准则、内部审计人员职业道德规范为标准，同时参考风险管理、内部控制等方面的法律法规，对组织的内部审计工作进行独立检查和客观评价的活动。内部审计质量评估包括内部评估和外部评估两种形式，由组织根据情况选择实施。

（2）审计质量内部评估的概念。

中国内部审计协会 2012 年发布的《中国内部审计质量评估手册（试行）》对内部评估的定义：由组织内部的有关人员对内部审计管理和实施情况进行检查和评估的活动。内部审计、人力资源、内控合规、风险管理等部门中了解和熟悉内部审计工作的人员都可以参与内部评估。内部评估的内容主要是对审计业务实施日常监督和后续跟进（如通过审计管理系统对审计项目实时跟踪；对审计工作底稿审理；被审计单位和其他利益相关方评估或反馈审计情况；对审计情况的考核评估等）。2014 年 8 月发布的《内部审计质

量评估办法》规定：内部评估由组织内部的人员按照外部质量评估的要求实施，可以由内部审计、人力资源、内部控制、风险管理等部门的人员参与。

（3）审计质量外部评估的概念。

中国内部审计协会2012年发布的《中国内部审计质量评估手册（试行）》对外部评估的定义：外部评估是由组织外部独立第三方对内部审计管理和实施情况进行检查和评估的活动。外部评估可采用“内部评估基础上的完全外部评估”和“对内部评估的独立审定”两种形式，其内容包括与最佳实务的对比、提供咨询意见等。2014年8月发布的《内部审计质量评估办法》规定：外部评估由中国内部审计协会或者其核准的机构实施。

3）内部审计质量评估的内容

中国内部审计协会2014年8月发布的《内部审计质量评估办法》规定，内部审计质量评估的内容主要包括以下方面：内部审计准则和内部审计人员职业道德规范的遵循情况；内部审计组织结构及运行机制的合理性、健全性；内部审计人员配置及专业胜任能力；内部审计业务开展及项目管理的规范程度；各利益相关方对内部审计的认可程度和满意程度；内部审计增加组织价值、改善组织运营的情况。

4）内部审计质量评估与内部审计质量控制的关系

中国内部审计准则《第1101号——内部审计基本准则》第二十七条规定：内部审计机构应当对内部审计质量实施有效控制，建立指导、监督、分级复核和内部审计质量评估制度，并接受内部审计质量外部评估。

中国内部审计准则《第2301号内部审计具体准则——内部审计机构的管理》第十六条规定：“内部审计机构应当制定内部审计质量控制制度，通过实施督导、分级复核、审计质量内部评估、接受审计质量外部评估等，保证审计质量。”

中国内部审计准则《第2306号内部审计具体准则——内部审计质量控制》规定：“本准则所称内部审计质量控制，是指内部审计机构为保证其审计质量符合内部审计准则的要求而制定和执行的制度、程序和方法。……内部审计质量控制分为内部审计机构质量控制和内部审计项目质量控制。……内部审计机构负责人和审计项目负责人通过督导、分级复核、质量评估等方式对内部审计质量进行控制。……内部审计机构质量控制主要包括下列措施：（一）确保内部审计人员遵守职业道德规范；（二）保持并不断提升内部审计人员的专业胜任能力；（三）依据内部审计准则制定内部审计工作手册；（四）编制年度审计计划及项目审计方案；（五）合理配置内部审计资源；（六）建立审计项目督导和复核机制；（七）开展审计质量评估；（八）评估审计报告的使用效果；（九）对审计质量进行考核与评价。”

可见，内部审计质量评估是内部审计质量控制的重要程序和措施之一，内部审计质量控制的内涵比内部审计质量评估宽泛得多，这是二者的主要区别。当然，二者也有共同之处，即最终目标都是为了确保内部审计工作质量持续改进，不断提高。

5）内部审计质量评估与内部审计绩效评估的关系

内部审计质量评估侧重于对过程的考察和评价，而内部审计绩效评估则侧重于对结果的考评，即二者的侧重点不同。不过，其区别是相对的。从更广泛的视角来讲，它们都属于内部审计质量控制的措施和手段。二者的联系表现为：第一，其最终目的相同，都是为了提升内部审计工作质量和绩效；第二，从评估内容看，内部审计质量评估会关注内部审计工作绩效，而内部审计绩效评估也同样不能忽视对内部审计工作质量的考察，其内容有交叉和共通之处。

2. 内部审计质量评估的必要性和作用

内部审计质量评估以评估内部审计价值贡献为导向，以内部审计实现目标的程度为衡量标准，主要作用是帮助组织改善内部审计环境，提升内部审计水平，防范内部审计风险，增强内部审计的有效性，促进内部审计的规范化和制度化建设。具体包括：

（1）促进内部审计机构和人员遵循中国内部审计准则，规范内部审计工作。质量评估是以全面评估内部审计活动是否遵循中国内部审计准则为主要内容，评价遵循程度，找差距，求改进。通过开展质量评估，将体现在中国内部审计准则中的内部审计职业理念、执业原则、实务标准、技术方法和人员胜任能力等各项要求，全面宣传至各层级有关人员，从而引导和推动中国内部审计准则的广泛应用，不断提高内部审计的质量，从而提高内部审计行业的职业化水平。

（2）提高内部审计人员的专业胜任能力。内部审计要为组织增加价值，需要合格、胜任的内部审计人员采用合理、适用的程序和方法开展工作。内部审计质量评估能够全面、客观地了解内部审计人员的执业情况，从而推动其不断增强专业胜任能力。

（3）提高组织内部各层级对内部审计工作的认可度和满意度，改善内部审计环境。实践证明，高水平的质量评估，能够提高组织各层级对内部审计工作的关注度，增强内部审计在组织中的认可度和权威性。同时，内部审计机构自身也为达到各层级的要求和期望而不断努力。因此，质量评估工作为各层级提供了一个有效的沟通途径，能够增进对彼此工作的深入理解，获取支持和帮助，从而为内部审计活动的顺利开展创造更为理想的执业环境，为内部审计机构帮助组织实现目标提供有力保障。

（4）促进内部审计更好地顺应经济全球化的趋势，适应资本市场发展的需要。应用质量评估的方法和技术手段，有助于推广国际、国内的行业最佳实务，分享先进的内部审计管理经验，加强内部审计质量管理，推动内部审计工作持续改进，使之达到国际先进水平。

（5）促进内部审计工作创新和审计成果推广运用，夯实内部审计工作基础，提升审计工作效率和效果，实现内部审计价值最大化。

二、内部审计质量评估指标框架

1. 制度依据

1）整体框架

《国际内部审计专业实务框架》对内部审计工作的所有重要方面都进行了规范，内容是全面系统的，标准又是现成的。整体框架的构建直接以《国际内部审计专业实务框架》作为主要依据，对于国际准则有而中国准则无的部分，没有纳入评估指标（如工作性质、沟通对风险的接受），对于国际准则和中国准则都明确规定了的部分，则全部纳入了评估指标，另外，对于中国准则有而国际准则无的部分，也进行了适当添加（如审前调查、审计通知书）。遵循性评估指标框架见表 4-1。

表 4-1　内部审计质量评估遵循性指标框架

序号	国际准则	评估指标		
		三级	二级	一级
1	1000—宗旨、权力和职责		宗旨、权力及职责定位	审计环境
2	1100—独立性与客观性		独立性与客观性	
3	1200—专业能力与应有的职业审慎		专业能力与应有的职业审慎	
		政策与程序	制度体系	
4	1300—质量保证与改进程序	质量保证与改进程序		
12	职业道德规范		职业道德规范	
5	2000—内部审计活动的管理		内部审计活动管理	业务管理
6	2100—工作性质			
			审前调查	
7	2200—业务计划		审计方案	
			审计通知书	
8	2300—业务的实施		项目实施	
9	2400—结果的报告		审计报告	
10	2500—监督进展		后续监督	
11	2600—沟通对风险的接受			

2）具体指标

由于内部审计质量评估指标框架是基于企业的内部审计质量评估，在设置具体评估指标时，主要以企业制度为依据，同时也借鉴和参考国际准则和中国准则的具体规定，并融入审计实践积累的经验总结。

2. 指标框架

按递阶层次将内部审计质量评估指标体系划分为四个层次。

1）一级指标

一级指标包括审计环境质量、审计业务质量、创新及运用质量、业绩及增值质量（图 4-1）。

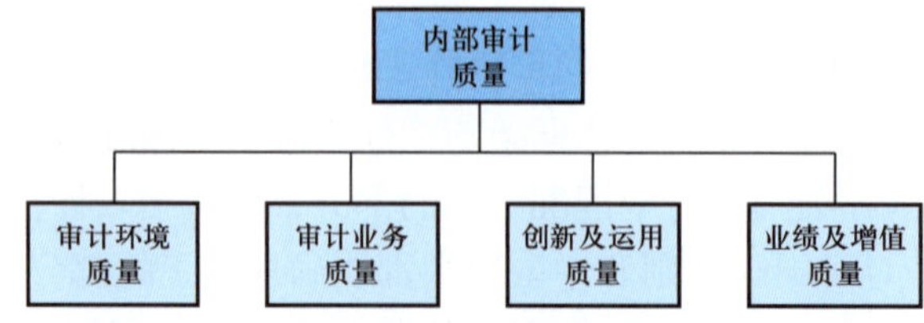

图 4-1　内部审计质量评估指标体系的一级指标

2）二级及以下指标

（1）审计环境质量。

审计环境质量评估指标见表 4-2。

表 4-2　审计环境质量评估指标

二级	三级	四级	评价因子
审计环境质量	宗旨、权力及职责定位		内部审计的宗旨定位与相关制度规定是否一致
			实际执行情况与制度规定是否一致
	独立性与客观性		内部审计部门和人员是否保持独立性
			内部审计人员是否客观地开展工作
	专业能力与应有的职业审慎	专业能力	内部审计机构规模与其所承担的审计任务是否相适应
			队伍专业结构与审计业务是否匹配
			具有注册会计师、造价工程师及国际注册内部审计师等执业资格的人员占比
			内部审计人员接受继续教育和培训的时间是否符合制度规定，培训内容的相关度、培训方式的有效性
		应有的职业审慎	当内部审计人员缺乏完成任务的能力或经验时，内部审计机构负责人是否拒绝开展此项业务或向他人寻求充分的建议或帮助
			开展审计业务时，内部审计人员是否考虑可能影响目标、运营或资源的重大风险，并采取措施加以规避
			开展咨询业务时，内部审计人员是否考虑咨询结果的性质、咨询目标实现的复杂性和咨询成本
			内部审计人员是否遵循了不绝对承诺的原则（不绝对承诺所有审计结果都正确，不绝对承诺所有问题都发现并查出）
	制度体系	政策与程序	内部审计部门是否建立健全相关制度（包括基本制度、以审计对象或方法为管理目标的制度及以审计系统内部管理为目标的制度）
			内部审计部门的主要业务流程是否清晰，对重要风险是否设计应有的控制措施，控制措施执行是否到位
		质量保证与改进程序	是否建立审计机构质量控制制度和审计项目质量控制制度
			是否建立健全漏审、审理责任追究机制
			审计机构是否对审计组的审计工作情况进行监督检查
			审计人员编制的审计工作底稿，是否经主审或组长、审理人员和审计机构负责人分级复核
			审理过程是否留下记录，是否将审理材料（包括审理人员的审理意见、审计组的审理意见回复等）与审计项目资料一并归档
			审计机构是否通过持续和定期的检查，对内部审计质量进行考核和评价

续表

二级	三级	四级	评价因子
审计环境质量	职业道德	职业道德规范的建设与宣传情况	是否建立和宣传职业道德规范
		职业道德规范的执行情况	职业道德规范是否得到了贯彻执行，如：审计人员是否遵循诚信、独立、保密、胜任的原则等

（2）审计业务质量。

审计业务质量评估指标见表 4-3。

表 4-3　审计业务质量评估指标

二级	三级	四级	评价因子
审计业务质量	内部审计活动管理	年度审计计划及监督管理	编制年度审计计划时是否结合内部审计中长期规划，在对组织风险进行评估的基础上，根据组织的风险状况、管理需要和审计资源的配置情况，确定具体审计项目及时间安排
			编制年度审计项目计划前，对相关情况的调查了解是否充分
			是否认真组织实施经批准的审计项目计划
			审计机构负责人是否定期检查、考核本机构审计项目计划的执行情况
			计划调整是否合规
		人力资源管理	是否充分利用内部和外部审计资源以完成审计计划
		沟通与协调	是否全面了解和掌握整个企业监督管理现状，并与相关部门共享监管信息
			与企业领导、业务部门和所属单位的沟通渠道是否畅通，关系是否融洽
			审计队伍内部沟通是否顺畅，关系是否融洽，审计经验是否共享
		审计信息系统管理	审计管理信息系统、计算机辅助管理系统等各种审计信息化系统的建设、维护等是否符合相关规定
		档案管理	档案保管、借阅是否符合程序，是否存在未按规定保管档案导致档案丢失、损坏或泄密现象
		综合事务管理	办公系统管理、审计信息管理等及其他综合事务管理是否规范
	审前调查	编制审计方案前是否进行了审前调查，调查方式、调查内容、收集的相关资料是否符合企业的相关规定	

续表

二级	三级	四级	评价因子
审计业务质量	审计方案	方案编制	编制审计方案时是否评估了审计风险，考虑的风险因素是否齐全
			编制审计方案时，是否围绕审计目标确定审计范围、内容、方法和步骤
			审计方案的内容是否齐全，对审计作业的指导性如何
		方案调整	审计方案的调整是否合规
	审计通知书	是否按制度规定的时间和内容送达审计通知书	
	项目实施	审计方法	是否采用恰当的审计方法，如分析性复核、审计抽样、计算机辅助审计、舞弊审计等手段的运用是否充分和恰当
		方案执行	是否执行规定的审计程序，是否存在漏审现象
		底稿编制	审计工作底稿的编制是否符合相关要求
		事项汇报	审计组对实施审计过程中遇到的重大问题，是否及时向审计机构请示汇报，是否存在隐瞒审计线索的现象
	审计报告	及时性	审计报告提交是否及时
		完整性	审计底稿中反映的问题是否在审计报告中得到了全面披露，在审计中发现的违反国家法律法规和本单位管理制度的行为是否及时向领导报告，并提出处理意见
		可靠性	审计报告的结论是否有充分、可靠的审计证据支撑
		规范性	审计报告的编制是否符合企业的相关要求
	后续监督	计划编制	是否将后续审计作为年度审计计划的一部分，统筹安排审计时间和配置审计资源
			是否合理确定后续审计的时间和范围，并在规定的期限或约定的期限内执行后续审计
		监督执行	是否对主要审计项目进行后续审计监督，检查被审计单位对审计意见（决定）的执行情况
			当被审计单位基于成本或其他考虑，决定对审计发现的问题不采取纠正措施，并作出书面承诺时，审计机构负责人是否向其上级管理部门或主管领导报告

（3）创新及运用质量。

创新及运用质量评估指标见表 4-4。

表 4–4　创新及运用质量评估指标

二级	三级	四级	评价因子
创新及运用质量	创新环境及投入	创新环境	单位创新激励机制是否建立
			单位审计创新文化氛围及审计人员创新意识程度
			大学本科及中级职称以上审计人员比例
		创新投入	人均研究及创新投入（万元）
	理论研究及管理和技术创新	审计理论研究	人均承担研究课题个数
			人均发表论文篇数及论著部数
		审计管理及机制、体制创新	单位审计发展规划与计划、审计组织构架及审计制度体系（含激励机制、质量保障体系等）的建立及健全情况
		审计技术和方法创新	单位采用新型审计技术与方法开展工作的情况。审计技术如信息化技术、在线审计及智能审计等技术；审计方法如经济责任审计评价方法、新型查证方法及风险导向审计等
	审计成果推广运用	知识型成果推广运用	单位对审计知识性成果的运用程度及成效。知识型成果是指对审计技术、方法的理论研究和经验总结性成果，主要包括：审计论文、审计课题研究、审计技术方法总结、审计经验交流材料、审计案例、计算机辅助审计软件，审计管理软件、信息技术及审计技术方法模版等
		审计直接成果推广运用	单位对审计直接成果的运用程度及成效。审计直接成果是指审计工作和审计项目开展过程中取得的审计发现或查处问题的结果，主要包括：审计发现问题底稿、审计复核底稿、审计咨询意见书、审计评价、审计建议等直接工作成果，以及由此形成的审计报告、审计调查报告、重大问题专题报告、审计决定、审计意见书、咨询意见书、审计移送处理书等，经济责任审计报告是否作为领导考察任命的依据
		审计衍生成果推广运用	单位对审计衍生成果的运用程度及成效。审计衍生成果是指对审计直接成果进行归类、汇总、分析，以提升审计成果价值和拓展成果运用空间为目的，形成的供管理层改善风险、控制和治理的提示性和共享性材料，主要包括：审计工作（绩效）报告、审计发现问题类型及成因分析及报告、管理风险提示报告、管理建议书等

（4）业绩及增值质量。

业绩及增值质量评估指标见表 4–5。

表 4–5　业绩及增值质量评估指标

二级	三级	四级	评价因子
业绩及增值质量	效率	工作时间	人均现场审计工作时间
		计划完成率	年度审计计划完成率
		覆盖率	审计单位覆盖率
			审计资金覆盖率

续表

二级	三级	四级	评价因子
业绩及增值质量	效果	可货币化审计成果	人均审计查出问题金额（万元）
			人均为企业增收节支额（万元）
			人均挽回（避免）经济损失（万元）
			人均工程审减额（万元）
			人均产值（审计产出 / 在职审计人员）
			投入产出比（审计产出 / 审计投入）
		不可货币化成果	人均审计报告个数
			人均咨询意见书个数
			人均衍生审计成果个数［指审计工作（绩效）报告、审计发现问题类型及成因分析及报告、管理风险提示报告及管理建议书等审计衍生成果个数］
			人均审计建议个数
			审计建议采纳率
			审计整改到位率
			高管满意度
			被审计单位满意度

3. 各项指标的审查与评估内容

1）审计环境质量的审查与评估

（1）宗旨、权力及职责定位。

① 内部审计的宗旨定位与相关制度规定是否一致，审计机构、审计工作的主要思想与意图定位是否符合中国内部审计协会及企业的相关规定。

② 实际执行情况与制度规定是否一致，内部审计机构在工作实践中是否认真贯彻执行制度规定的宗旨、权利、职责及业务范围。

（2）独立性与客观性。

① 内部审计部门和人员是否保持独立性，是否不受干预，独立开展内部审计工作，是否有效执行了“审计人员不执行生产经营管理业务工作的具体操作”的相关规定。

② 内部审计部门和人员是否客观、公正开展内部审计工作，是否有效执行了“内部审计人员应识别下列可能影响客观性的因素，主动提出回避或分工调整请求：三年内担任过被审计单位领导；曾经主管或参与过被审计业务；与被审计单位存在直接利益关系；与被审计单位管理层有密切的私人关系；其他可能影响客观性的因素”的相关规定。

（3）专业能力与应有的职业审慎。

① 在专业能力方面内部审计机构规模与其所承担的审计任务是否相适应；队伍专业结构与审计业务范围是否匹配，具有注册会计师、造价工程师及国际注册内部审计师等执业资格的人员占比是否合理；内部审计人员接受继续教育和培训的时间是否符合制度规定，培训内容是否相关、培训方式是否有效。

② 在应有的职业审慎方面是否做到了：当内部审计人员缺乏完成任务的能力或经验时，内部审计机构负责人是否拒绝开展此项业务或向他人寻求充分的建议或帮助；开展审计业务时，内部审计人员是否考虑可能影响目标、运营或资源的重大风险，并采取措施加以规避；开展咨询业务时，内部审计人员是否考虑咨询结果的性质、时间选择与报告，咨询目标实现的复杂性和咨询成本；内部审计人员是否遵循了不绝对承诺的原则（不绝对承诺所有审计结果都正确，不绝对承诺所有问题都发现并查出）。

（4）制度体系。

① 政策与程序。内部审计部门是否建立健全相关制度（包括基本制度、以审计对象或方法为管理目标的制度及以审计系统内部管理为目标的制度）；内部审计部门的主要业务流程是否清晰，对重要风险是否设计应有的控制措施，控制措施执行是否到位。

② 质量保证与改进程序。是否建立健全并有效执行审计机构质量控制制度和审计项目质量控制制度，是否有效执行了“审计机构应制定并实施系统、有效的质量控制政策与程序。包括审计督导、内部自我质量控制、上级审计机构对下级内部审计工作质量的检查”的规定；是否建立健全漏审、审理责任追究机制，有下列情况之一的，是否进行了责任追究：对不符合审计程序的审计项目没有提出审理意见，出现审计质量问题的；对审计报告中审计定性不准、审计部门理意见不正确、不适当的；对重大审理事项，没有按规定提交审计机构负责人批准，造成审计定性或处理不当的；审计审理运用的法律、法规不正确，故意或过失提出了错误的审理意见的；为确保审计质量，审计机构是否对审计组的审计工作情况进行监督检查；审计人员编制的审计工作底稿，是否经主审或组长、审理人员和审计机构负责人分级复核；审理过程是否留下记录，是否将审理材料（包括审理人员的审理意见、审计组的审理意见回复、审理会议记录等）与审计项目资料一并归档；审计机构是否通过持续和定期的检查，对内部审计质量进行考核和评价。

（5）职业道德规范。

职业道德规范的建设与宣传情况：是否建立、健全和宣传职业道德规范，职业道德规范是否得到了贯彻执行，审计人员是否遵循诚信、独立、保密、胜任的原则，是否有效执行了“审计人员应当保持严谨的职业态度，保守在审计工作中知悉的国家秘密和商业秘密。在审计工作中取得的相关资料不得用于与审计工作无关的目的”的规定。

2）审计业务质量的审查与评估

（1）内部审计活动管理。

① 编制年度审计计划时是否结合内部审计中长期规划，编制年度审计项目计划前，对相关情况的调查了解是否充分；在编制年度审计计划时，是否在对组织风险进行评估的基础上，根据组织的风险状况、管理需要和审计资源的配置情况，确定具体审计项目

及时间安排；是否认真组织实施经批准的审计项目计划；审计机构负责人是否定期检查、考核本机构审计项目计划的执行情况；计划调整是否合规，是否有效执行了“审计项目计划一经批准，审计机构应认真组织实施。因特殊原因需要调整的，应按编制程序报企业主要负责人审批”的规定。

② 人力资源管理。是否充分利用内部和外部审计资源以完成审计计划。

③ 沟通与协调。是否全面了解和掌握整个组织监督管理现状，并与相关部门共享监管信息；是否综合平衡内部与外部审计，充分应用外部审计成果；与单位领导、业务部门和所属单位的沟通渠道是否畅通，关系是否融洽；审计队伍内部沟通是否顺畅，关系是否融洽，审计经验是否共享。

④ 审计信息系统管理。审计管理信息系统、计算机辅助审计管理系统等各种审计信息化系统的建设、维护等是否符合相关规定，审计机构审计人员是否真实、全面、准确、及时地录入相关信息，包括个人信息、经营实体管理信息、审计培训管理信息，审计立项、审计计划、现场实施、审计部门审理、跟踪回访阶段的项目信息等。

⑤ 档案管理。档案保管、借阅是否符合程序，是否存在未按规定保管档案导致档案丢失、损坏或泄密现象。

⑥ 综合事务管理。办公系统管理、审计信息管理等及其他综合事务管理是否规范，是否有效执行了审计文件呈报、对外报告或披露的授权管理。

（2）审前调查。

① 编制审计方案前是否进行了审前调查，调查方式、调查内容、收集的相关资料是否符合相关规定。

② 编制审计实施方案前，应当了解被审计单位下列情况，包括但不限于：管理体制、机构设置、人员编制、业务性质；与审计项目相关的管理、执行和财务会计机构及其工作情况；企业发展战略、经营目标、行业特点；相关的内部控制及其执行情况；重大会计政策选用及变动情况；以往接受审计情况；其他与编制审计实施方案相关的重要情况。

③ 收集相关资料。审前调查应当收集与审计项目有关的下列资料：与审计事项相关的法律、法规、规章和制度；重要会议记录和有关文件；与审计项目相关的基础资料、统计数据、决算报表和会计资料；电子数据、数据结构文档；相关年度内外部审计机构对企业进行审计出具的审计报告及整改结果；其他需要收集的资料等。

（3）审计方案。

① 编制审计方案时是否评估了审计风险，考虑的风险因素是否齐全。审计组在编制审计实施方案时，应当分析被审计单位有关情况，在审计工作方案确定的审计范围内，评估重要性水平和审计风险，围绕总体审计目标确定具体的审计内容和重点；审计组在编制审计实施方案时，应当对审前调查所取得的资料进行分析性复核，关注资料间的异常关系和异常变动，分析被审计单位或审计事项可能存在的重要问题和线索，确定审计重点；审计组在确定审计内容和重点时，应充分利用内控测试结果，关注内部控制的健全性和有效性。

② 编制审计方案时，是否围绕审计目标确定审计范围、内容、方法和步骤。审计机

构在实施审计前应在评估审计风险的基础上，编制审计方案，围绕审计目标确定审计范围、内容、方法和步骤。审计方案经审计组所在部门领导审核，报审计机构负责人批准后，由审计组负责实施。

③ 审计方案的内容是否齐全，对审计作业指导的针对性是否强。

审计实施方案的内容主要包括：审计目标、审计范围、审计内容、重点及审计措施、审计工作要求。

④ 方案调整是否合规。实施审计过程中遇有下列情形，经审批后调整审计实施方案：审计组在对被审计单位内部控制测评后，认为需要调整审计重点、步骤和方法的；审计组人员发生变化，足以影响审计实施的；其他需要调整的。审计实施方案调整在履行规定的审批程序后，应按照调整后的方案执行。审计项目实施方案在特殊情况下不能按规定办理调整审批手续的，可先口头请示，经相应批准人同意后，调整并组织实施。审计项目结束后，及时补办审批手续。

（5）审计通知书。

是否按制度规定的时间和内容送达审计通知书。

（6）项目实施。

① 审计方法采用是否恰当，如分析性复核、审计抽样、计算机辅助审计、舞弊审计等手段的运用是否充分和恰当。审计方法的选用应体现最佳审计实践，应能满足审计实施过程中取得证据的完整性、客观性、相关性和充分性之需要。

② 方案执行是否按规定的审计程序；审计组对实施审计过程中遇到的重大问题，是否及时向审计机构请示汇报；是否存在隐瞒审计线索的现象。

③ 审计工作底稿的编制是否符合相关要求。审计工作底稿中审计证据是否准确、真实、合法，审计查证事实描述是否详尽、充分，审计结论是否客观、公正，审计部门处理意见及建议是否正确、具有可操作性和建设性；审计过程收集的审计证据是否充分，是否能作为审计结论的依据，以及整个审计项目工作底稿是否能够涵盖审计方案所规定的审计内容，是否完全支持审计目的的实现；审计工作底稿所填列的内容是否按规定格式填写齐全，是否符合规范要求。

④ 审计组对实施审计过程中遇到的重大问题，是否及时向审计机构请示汇报，是否存在隐瞒审计线索的现象。

（7）审计报告。

① 审计报告提交是否及时。在保证审计报告质量的前提下，审计报告一般应在现场审计结束后按规定时间提交。特殊情况下，经审计机构负责人批准，提交审计报告时间可以适当延长。

② 审计报告内容是否完整。审计底稿中反映的问题是否在审计报告中得到了全面披露；在审计中发现的违反国家法律法规和企业管理制度的行为是否及时向领导报告，并提出处理意见；涉及严重违纪违规的，是否移送同级监察部门处理。

③ 审计报告的结论是否有充分、可靠的审计证据支撑。

④ 审计报告的编制的规范性是否符合相关要求。审计报告是否符合要素齐全、格式

规范，内容完整，定性准确，结构严谨，层次清晰，文字准确、规范、简明扼要的基本要求。

（8）后续监督。

① 是否将后续审计列入年度审计计划，统筹安排审计时间和配置审计资源。

② 是否合理确定后续审计的时间和范围，并在规定的期限或与被审计单位约定的期限内执行后续审计。

③ 是否对主要审计项目进行后续审计监督，检查被审计单位对审计意见（决定）的执行情况。

④ 被审计单位基于成本或其他考虑，决定对审计发现的问题不采取纠正措施，并作出书面承诺时，审计机构负责人是否向上级管理部门或主管领导进行了报告。

3）创新及运用质量的审查与评估

（1）创新环境及投入评价指标。

① 创新机制是否建立。单位审计系统是否建立、健全鼓励审计人员创新的激励机制；单位审计创新文化氛围及审计人员创新意识程度；大学本科及中级职称以上审计人员比例。

② 创新投入。单位用于审计创新方面经费总投入包括课题研究、论文撰写、学术交流、研讨会、新知识培训等创新方面经费总投入。人均研究及创新投入公式为：

人均研究及创新投入 = 单位用于审计创新方面经费总投入 ÷ 单位审计系统在职人数

（2）理论研究及管理和技术创新评价指标。

① 审计理论研究。人均承担课题个数；人均发表论文篇数及论著部数。

② 审计管理及体制、机制创新。审计部门是否根据“分权制衡”理论、审计的“独立性”原则、企业的业务特性及发展战略建立并与时俱进，及时完善内部审计组织构架、制度体系及审计发展规划与计划。

③ 审计技术和方法创新。采用如信息化技术、在线审计、计算机筛选技术、数据透视分析技术、网络票证查询等新技术及智能审计等技术及审计方法如经济责任审计评价方法、新型查证方法及风险导向审计等工作的开展情况。

（3）审计成果推广运用。

① 知识性成果推广运用。单位对审计知识性成果的运用程度及成效。知识型成果是指对审计技术、方法的理论研究和经验总结性成果，主要包括：审计论文、审计课题研究、审计技术方法总结、审计经验交流材料、审计案例、计算机辅助审计软件，审计管理软件、信息技术及审计技术方法模板等。

② 审计直接成果推广运用。单位对审计直接成果的运用程度及成效。审计直接成果是指审计工作和审计项目开展过程中取得的审计发现或查处问题的结果，主要包括：审计发现问题底稿、审计复核底稿、审计咨询意见书、审计评价、审计建议等直接工作成果，以及由此形成的审计报告、审计调查报告、重大问题专题报告、审计决定、审计意见书、咨询意见书、审计移送处理书等。

③ 审计衍生成果推广运用。单位对审计衍生成果的运用程度及成效。审计衍生成果

是指对审计直接成果进行归类、汇总、分析，以提升审计成果价值和拓展成果运用空间为目的，形成的供管理层改善风险、控制和治理的提示性和共享性材料，主要包括：审计工作（绩效）报告、审计发现问题类型及成因分析及报告、管理风险提示报告、管理建议书等。

4）业绩及增值质量的审查与评估

（1）效率评价指标。

① 人均现场审计工作时间。公式为：

人均现场审计工作时间 = 年度单位现场审计工作时间总和 ÷ 单位审计系统在职人数

② 年度审计计划完成率。公式为：

年度审计计划完成率 = 年度完成审计项目个数 ÷ 年度审计计划总数 ×100%

③ 覆盖率。审计单位覆盖率的计算公式为：

审计单位覆盖率 = 年度所属单位被审计总数 ÷ 所属单位总数 ×100%

审计资金覆盖率的计算公式为：

审计资金覆盖率 = 年度所属被审计单位总资产合计 ÷ 单位资产总额 ×100%

（2）效益评价指标。

① 可货币化审计成果。

可货币化审计成果指标包括：

人均审计查出问题金额；

人均为企业增收节支金额；

人均挽回（避免）经济损失；

人均工程审减金额；

人均产值；

投入产出比。

② 不可货币化审计成果。

不可货币化审计成果指标包括：

人均审计报告个数；

人均咨询意见书个数；

人均审计衍生成果报告数；

人均审计建议个数；

审计建议采纳率；

审计整改到位率；

高管满意度；

被审计单位满意度。

三、各项指标评估步骤和评分标准

评估步骤主要参考借鉴了国际内部审计协会和中国内部审计协会的内部审计质量评估的有关规定，同时结合了以往开展内控测试—企业层面测试—内部审计主题测试时的实际工作经验，以及以往编写审计方案的实际工作经验。基本思路是，要清楚明白地告诉评估人员：为了评估这个要点，应该查阅哪些资料、询问哪些人员、向哪些人员发放调查问卷，以及通过以上手段需要核实和询问的具体问题是什么。

质量评估的评分标准，国际内部审计协会和中国内部审计协会都已作出明确规定。国际内部审计协会的规定是：质量评估结论有三种："总体遵循""部分遵循"和"没有遵循"。"总体遵循"表明评估者得出这样的结论：内部审计采用的结构、政策、程序及其实施过程，在所有重大方面遵循《内部审计准则》每一项标准或《职业道德规范》各个要素的要求。"部分遵循"表明评估者得出这样的结论：内部审计正在努力遵循《内部审计准则》中的每一项、每一部分和每一大类，以及《职业道德规范》每项要素的要求，但尚未完全实现。"没有遵循"表明评估者得出这样的结论：内部审计部门不了解或没有尽力遵循《内部审计准则》中的每一项、每一部分和每一大类，以及《职业道德规范》每项要素的要求，这些缺陷通常对内部审计工作的有效性和为组织增加价值的潜力造成重大的负面影响。

中国内部审计协会的规定是：每位评估组成员按照分工对评估要点逐项打出分数，然后汇总得出接受评估单位的总分，再根据总分所处区间得出相应的评估结论：总分在80～100分的属于"总体遵循"；总分在61～79分的属于"部分遵循"；总分低于60分属于"未遵循"。"总体遵循"表明接受评估单位组织架构、审计管理、审计技术方法和审计流程与《内部审计准则》要求总体一致，内部审计活动符合本组织实际并得到有效执行，且无明显瑕疵，实现了审计目标，但仍有改进空间。总体遵循并不要求完全遵循《内部审计准则》，或达到理想状态、"最佳实务"等，存在改进空间并不代表内部审计机构没有有效执行《内部审计准则》或没有达到既定目标。"部分遵循"表明接受评估单位审计组织架构、审计管理、审计技术方法或审计流程等方面存在违反或偏离《内部审计准则》要求的情形或者被认为不能有效执行。内部审计活动有明显瑕疵，但尚未妨碍审计目标的实现。"有明显瑕疵"通常意味着在有效执行《内部审计准则》方面还有很大的改进空间，甚至有些不足或缺陷可能已经超过了内部审计机构所能控制的范围，需要向治理层（审计委员会）和高级管理层提出建议。"未遵循"表明接受评估单位审计组织架构、审计管理、审计技术方法或审计流程等方面与《内部审计准则》的要求差距较大，内部审计活动有明显缺陷，影响内部审计机构充分开展其职责范围内所有或重要领域的工作，严重妨碍审计目标的实现。这些缺陷是内部审计改进和提高的机会，也包括治理层（审计委员会）和高级管理层需要采取的措施。

1. 审计环境质量的审查与评估

主要从宗旨、权力及职责定位、独立性与客观性、专业能力与应有的职业审慎、政策与程序、质量保证与改进程序、职业道德规范等六个方面对内部审计的执业环境质量进行审查与评估。

1）宗旨、权力及职责定位

（1）内部审计的宗旨定位与相关制度规定是否一致。

① 评估步骤：查阅规章制度和相关资料，查看其内部审计的宗旨定位是否符合相关

制度要求。

② 评分标准：总体一致：80 分以上，含 80 分；部分一致：60～80 分，含 60 分；不一致：60 分以下。

（2）实际执行情况与制度规定是否一致。

① 评估步骤：一是询问审计负责人和其他内部审计人员：是否有权审核企业运营的各个方面，是否有权接触任何部门、资料、资产和人员，业务部门对审计建议的反应程度；与企业总经理的接触程度；二是检查近三年审计项目清单，看实际执行过程中，宗旨、权利、职责及业务范围与制度规定是否一致。

② 评分标准：总体一致：80 分以上，含 80 分；部分一致：60～80 分，含 60 分；不一致：60 分以下。

2）独立性与客观性

（1）内部审计部门和人员是否保持独立性。

① 评估步骤：一是获取并审阅企业审计部门相关制度，看其中是否有保障内部审计独立性的相关要求；二是询问审计部门负责人：查看是否直接向本企业总经理报告，是否向总部审计部报告？检查组织结构图或部门职责进行确认。查看内部审计部门在确定审计范围、开展工作和报告结果时，是否受到过干预？查阅年度审计计划、审计工作方案、审计工作记录、审计工作底稿和审计报告等相关资料进行确认；三是询问审计部门部分人员：查看内部审计部门在确定审计范围、开展工作和报告结果时，是否受到过干预？查阅年度审计计划、审计工作方案、审计工作记录、审计工作底稿和审计报告等相关资料进行确认。查看内部审计部门是否承担了本单位的运营责任，审计人员是否执行了生产经营管理业务工作的具体操作，损害了内部审计的独立性。查阅年度审计工作计划、工作报告和审计咨询服务业务档案等相关资料进行确认；四是询问财务部门及其他相关部门，确定内部审计部门是否承担了本单位的运营责任，审计人员是否执行了生产经营管理业务工作的具体操作，损害了内部审计的独立性。

② 评分标准：

a. 制度规定（30%）：有保障内部审计独立性的相关要求，80 分以上，含 80 分；有保障内部审计独立性的相关要求，但还需要进一步完善：60～80 分，含 60 分；没有保障内部审计独立性的相关要求：60 分以下。b. 报告关系（20%）：审计部门负责人直接向企业总经理报告：80 分以上，含 80 分；直接报告，但沟通渠道不是很畅通：60～80 分，含 60 分；不直接报告：60 分以下。c. 职务履行（30%）：内部审计部门在确定审计范围、开展工作和报告结果时，未受到过干预：80 分以上，含 80 分；偶尔会受到干预：60～80 分，含 60 分；经常受到干预：60 分以下。d. 不相容职务（20%）：内部审计部门未承担本单位的运营责任，审计人员未执行生产经营管理业务工作的具体操作：80 分以上，含 80 分；承担了运营责任，执行了具体操作，独立性受到了一些影响：60～80 分，含 60 分；承担了运营责任，执行了具体操作，严重影响了独立性，60 分以下。

（2）内部审计人员是否客观地开展工作。

① 评估步骤：取得近三年内新进入审计部门的员工名单，了解其调入前所在单位、

部门和从事的主要工作，调入后参加的审计项目、担任的角色、负责的审计要点等，检查其审计工作底稿，看其是否对以前负责的工作进行过审计，是否存在下列可能影响客观性的因素，应回避而未回避的：三年内担任过被审计单位领导；曾经主管或参与过被审计业务；与被审计单位存在直接利益关系；与被审计单位管理层有密切的私人关系；其他可能影响客观性的因素。

② 评分标准：抽选的所有审计人员都了解并遵循了回避原则，80 分以上，含 80 分；个别审计人员不了解或未遵循回避原则，60～80 分，含 60 分；大部分审计人员不了解或未遵循回避原则，60 分以下。

3）专业能力与应有的职业审慎

（1）专业能力。

① 内部审计机构规模与其所承担的审计任务是否相适应。

a. 评估步骤：一是询问审计负责人和人事相关人员，了解企业审计人员岗位及人员设定依据；二是询问内部审计管理人员和高层管理人员：内部审计人员的数量与质量是否充足，是否需要增加或减少审计人员。检查内部审计计划完成情况，查看内部审计人员是否足以完成计划；三是统计上年外聘审计人员工时和费用占比，判断人员缺口。

b. 评分标准：适应，80 分以上，含 80 分；基本适应，60～80 分，含 60 分；不适应，60 分以下。

② 队伍专业结构与审计业务范围是否匹配。

a. 评估步骤：一是取得审计人员岗位职责描述，看人员岗位设置是否符合相关规定；二是询问审计负责人和人事相关人员：查看了解企业审计人员的任命、聘用程序，包括是否对其进行背景调查，以保证审计人员的技能和经验符合要求；查阅单位近三年新进审计人员任命、聘用的相关书面记录，确定是否对其进行了背景调查或其他有关技能和经验方面的评估；三是了解企业在对审计人员进行业绩评估时是否分析并评价其所拥有的技能和经验能够满足制度规定的要求，审阅企业最近对审计人员业绩评估的相关书面记录，确定是否对其技能和经验进行分析和评价；四是了解有关继续教育和专业培训的情况，并检查培训记录；五是就内部审计人员的数量与质量的充足性对内部审计管理人员和高层管理人员进行询问，检查内部审计计划完成情况，查看内部审计人员是否足以完成计划；六是通过向被审计单位发放调查问卷，了解审计人员是否具备专业能力和应有的职业审慎；七是取得内部审计人员名单、履历、资质、聘用日期，岗位职责、以前的工作经历等相关资料，测算队伍专业结构，查阅制度规定的审计业务涉及的专业结构与实际实施审计业务涉及的专业结构，并对这三个指标进行比对，查看专职审计人员专业结构和审计业务范围是否匹配；八是抽选上年审计项目检查审计人员配备情况，结合底稿、报告评估情况，看配备的审计人员是否具备专业能力和应有的职业审慎；九是检查上年聘用专家协议或外包合同，看合同是否清楚地规定了对工作业绩和所需技能职业资格、员工履历的要求。检查外聘审计人员名单、履历、资质、聘用日期，以前的工作经历等相关资料，结合审计报告和工作底稿评估情况，看外聘审计人员是否具备专业能力和应有的职业审慎。

b. 评分标准：匹配，80 分以上，含 80 分；基本匹配，60～80 分，含 60 分；不匹配，60 分以下。

③ 具有注册会计师、造价工程师及国际注册内部审计师等执业资格的人员占比。

a. 评估步骤：统计单位审计系统中具有注册会计师、造价工程师及国际注册内部审计师等执业资格人员总数，确定其占单位审计系统在职人员的比重。

b. 评分标准：得分 = 占比 ×80/30%（30% 为 80 分，得分限 0～100 分）。

④ 内部审计人员接受继续教育和培训的时间是否符合制度规定，培训内容是否相关、培训方式是否有效。

a. 评估步骤：一是取得上一年度内部审计人员参加内部和外部培训的相关记录，查看内部审计人员接受继续教育和培训的时间是否符合制度规定（每年审计人员参加培训学习时间不得少于 10 个工作日）；二是查阅培训工作相关资料，并向审计人员发放调查问卷，了解培训内容的相关度、培训方式的有效性。

b. 评分标准：所有审计人员培训时间都达到了制度规定时间，且培训内容相关度强，80 分以上，含 80 分；个别审计人员培训时间未达到制度规定时间，培训内容相关度较强，60～80 分，含 60 分；大部分审计人员培训时间未达到制度规定时间，且培训内容相关度较差，60 分以下。

（2）应有的职业审慎。

① 当内部审计人员缺乏完成任务的能力或经验时，内部审计机构负责人是否拒绝开展此项业务或向他人寻求充分的建议或帮助。

a. 评估步骤：抽取上一年度审计项目，检查审计方案、审计底稿及审计报告，了解审计项目各要点的具体分工，取得执行业务的审计人员的履历、专业结构、执业资质等相关资料，看其是否具备承担审计任务的能力或经验。

b. 评分标准：抽选的审计项目安排的审计人员能力或经验不足时，内部审计机构负责人都拒绝过开展此项业务或向他人寻求过充分的建议或帮助，80 分以上，含 80 分；个别审计项目安排的审计人员能力或经验不足时，内部审计机构负责人拒绝过开展此项业务或向他人寻求过充分的建议或帮助，60～80 分，含 60 分；大部分抽选的审计项目安排的审计人员不具备完成任务的能力或经验时，内部审计机构负责人未拒绝过开展此项业务或向他人寻求过充分的建议或帮助，60 分以下。

② 开展审计业务时，内部审计人员是否考虑可能影响目标、运营或资源的重大风险，并采取措施加以规避。

a. 评估步骤：抽取上一年审计项目，检查审计方案、审计底稿及审计报告，看审计人员开展审计业务时，是否考虑了可能影响目标、运营或资源的重大风险，并采取措施加以规避。

b. 评分标准：抽选的审计项目考虑了可能影响目标、运营或资源的重大风险，并采取措施加以规避，80 分以上，含 80 分；个别审计项目没有全面考虑可能影响目标、运营或资源的重大风险，并采取措施加以规避，60～80 分，含 60 分；大部分抽选的审计项目都未周全地考虑可能影响目标、运营或资源的重大风险，并采取措施加以规避，60 分以下。

③ 开展咨询业务时，内部审计人员是否考虑咨询结果的性质、时间选择与报告，咨询目标实现的复杂性和咨询成本。

a. 评估步骤：抽取上一年开展的咨询审计项目，检查审计方案、审计底稿及咨询报告，看审计人员是否考虑咨询结果的性质、咨询目标实现的复杂性和咨询成本。

b. 评分标准：抽选的咨询审计项目均考虑了咨询结果的性质、咨询目标实现的复杂性和咨询成本，80 分以上，含 80 分；个别审计项目未全面考虑咨询结果的性质、咨询目标实现的复杂性和咨询成本，60～80 分，含 60 分；大部分抽选的审计项目都未周全地考虑咨询结果的性质、咨询目标实现的复杂性和咨询成本，60 分以下。

④ 内部审计人员是否遵循了不绝对承诺的原则（不绝对承诺所有审计结果都正确，不绝对承诺所有问题都发现并查出）。

a. 评估步骤：抽取上一年开展的审计项目，检查审计报告，看其中有无对抽样审计方法的表述，看审计评价、审计结论中是否有绝对承诺的相关表述，从而判断审计人员是否遵循了不绝对承诺的原则（不绝对承诺所有审计结果都正确，不绝对承诺所有问题都发现并查出）。

b. 评分标准：抽选的审计项目都遵循了不绝对承诺的原则，80 分以上，含 80 分；个别审计项目未遵循不绝对承诺的原则，60～80 分，含 60 分；大部分抽选的审计项目都未遵循不绝对承诺的原则，60 分以下。

4）制度体系

（1）政策与程序。

① 内部审计部门是否建立健全相关制度（包括基本制度、以审计对象或方法为管理目标的制度及以审计系统内部管理为目标的制度）。

a. 评估步骤：一是询问审计部门负责人：单位审计部门在制度建设与流程管理方面做了哪些工作？你认为目前单位内部审计部门的制度是否健全？核心业务流程是否清晰？下一步还打算在制度建设与流程管理方面做哪些工作？二是将企业审计部门所有制度文件与集团、审计部门制度文件进行全面清理比对，同时结合其他要点的评估结果总体判断审计部门是否建立健全相关制度。例如，内部审计机构是否制定内部审计章程、内部审计工作手册，是否建立审计项目档案管理制度等。

b. 评分标准：在所有重大方面按集团要求建立健全了相关制度，80 分以上，含 80 分；在个别重大方面未按集团要求建立健全相关制度，60～80 分，含 60 分；在很多重大方面都未按集团要求建立健全相关制度，60 分以下。

② 内部审计部门的主要业务流程是否清晰，对重要风险是否设计应有的控制措施，控制措施执行是否到位。

a. 评估步骤：一是取得并审阅审计部门业务流程图，查看内部审计部门核心业务流程是否清晰；二是取得并审阅审计部门风险数据库，查看内部审计部门的重要风险识别是否完整恰当，是否设计相应的控制措施；三是询问审计部门负责人，审计部门的重要风险有哪些，对重要风险是否设计应有的控制措施，控制措施执行是否到位，获取相关资料进行证实；四是结合其他要点的评估结果进行总体判断。

b. 评分标准：内部审计部门核心业务流程清晰，对重要风险设计了应有的控制措施且总体执行到位，80 分以上，含 80 分；内部审计部门核心业务流程较清晰，对重要风险未完全设计应有的控制措施，或控制措施执行不完全到位，80 分以上，含 80 分；内部审计部门核心业务流程不清晰，对重要风险缺乏应有的控制措施或控制措施执行不到位，60 分以下。

（2）质量保证与改进程序。

① 是否建立健全并有效执行审计机构质量控制制度和审计项目质量控制制度。

a. 评估步骤：一是取得企业内部审计部门制度，审核有关质量控制的规定，看是否建立健全审计质量控制体系，是否建立审计机构质量控制制度和审计项目质量控制制度；二是询问审计部门负责人，了解企业的审计质量控制措施，并与其讨论质量控制体系的有效性；三是选择部分审计人员进行访谈，了解其对企业内部审计质量控制体系的看法；四是结合其他要点评估结果进行综合分析，看内部审计质量控制制度是否得到有效执行。

b. 评分标准：建立了审计机构质量控制制度和审计项目质量控制制度，并得到了有效执行，80 分以上，含 80 分；建立了审计机构质量控制制度和审计项目质量控制制度，但不够健全或执行不够充分，需进一步改进，60～80 分，含 60 分；未建立审计机构质量控制制度和审计项目质量控制制度，或虽有相关制度但未得到有效执行，需全面整改，60 分以下。

② 是否建立健全漏审、审理责任追究机制。

a. 评估步骤：一是取得分企业内部审计部门制度，审核有关质量控制的规定，看是否建立健全漏审、审理责任追究机制；二是查看审计方案、审计工作底稿、审计报告等相关资料，审核是否执行企业规定的质量控制政策与程序，是否存在漏审现象，是否追究漏审责任；三是检查审理工作记录，同时结合审计报告、工作底稿评估结果，看审理人员和审理机构在履行审理职责时，有下列情况之一的，是否承担相应责任：对不符合审计程序的审计项目没有提出审理意见，出现审计质量问题的；对审计报告中审计定性不准、审计部门审理意见不正确、不适当的；对重大审理事项，没有按规定提交审计机构负责人批准，造成审计定性或处理不当的；审计审理运用的法律、法规不正确，故意或过失提出了错误的审理意见的。

b. 评分标准：建立健全了漏审、审理责任追究机制，并得到了有效执行，80 分以上，含 80 分；建立了漏审、审理责任追究机制，但不够健全或执行不够充分，需进一步改进，60～80 分，含 60 分；未建立健全漏审、审理责任追究机制，或虽有相关机制但未得到有效执行，需全面整改，60 分以下。

③ 审计机构是否对审计组的审计工作情况进行监督检查。

a. 评估步骤：一是抽样选取上一年开展的审计项目档案资料，检查确认以下内容：审计机构是否对审计组的审计工作情况进行监督检查；二是询问相关审计项目主审，对上述问题进行进一步确认。

b. 评分标准：抽选的审计项目都有审计机构对审计组的审计工作情况进行监督检查

的证据，80 分以上，含 80 分；个别审计项目没有审计机构对审计组的审计工作情况进行监督检查的证据，60～80 分，含 60 分；大部分抽选的审计项目都没有审计机构对审计组的审计工作情况进行监督检查的证据，60 分以下。

④ 审计人员编制的审计工作底稿，是否经主审或组长、审理人员和审计机构负责人分级复核。

a. 评估步骤：一是抽样选取上一年开展的审计项目档案资料，检查确认以下内容：审计人员编制的审计工作底稿，是否经主审或组长、审理人员和审计机构负责人分级复核；二是询问相关审计项目主审，对上述问题进行进一步确认。

b. 评分标准：抽选审计项目的审计工作底稿都经过主审或组长、审理人员和审计机构负责人进行了分级复核，80 分以上，含 80 分；个别审计项目的审计工作底稿未经主审或组长、审理人员和审计机构负责人分级复核，60～80 分，含 60 分；大部分抽选审计项目的审计工作底稿都未经主审或组长、审理人员和审计机构负责人分级复核，60 分以下。

⑤ 审理过程是否留下记录，是否将审理材料（包括审理人员的审理意见、审计组的审理意见回复、审理会议记录等）与审计项目资料一并归档。

a. 评估步骤：一是抽样选取上一年开展的审计项目档案资料，检查确认以下内容：审理过程是否留下记录，是否将审理材料（包括审理人员的审理意见、审计组的审理意见回复、审理会议记录等）与审计项目资料一并归档；二是询问相关审计项目主审，对上述问题进行进一步确认。

b. 评分标准：抽选的审计项目都有审理过程留下的记录，都将审理材料（包括审理人员的审理意见、审计组的审理意见回复、审理会议记录等）与审计项目资料一并进行了归档，80 分以上，含 80 分；个别审计项目没有审理过程留下的记录，未将审理材料（包括审理人员的审理意见、审计组的审理意见回复、审理会议记录等）与审计项目资料一并归档，60～80 分，含 60 分；大部分抽选的审计项目都没有审理过程留下的记录，都未将审理材料（包括审理人员的审理意见、审计组的审理意见回复、审理会议记录等）与审计项目资料一并归档，60 分以下。

⑥ 审计机构是否通过持续和定期的检查，对内部审计质量进行考核和评价。

a. 评估步骤：检查审计机构绩效考核资料，看是否通过持续和定期的检查，对内部审计质量进行考核和评价。

b. 评分标准：审计机构通过持续和定期的检查，对内部审计质量进行了考核和评价，80 分以上，含 80 分；进行了考核和评价，但内容不够全面，需要改进，60～80 分，含 60 分；未通过持续和定期的检查，对内部审计质量进行考核和评价，60 分以下。

5）职业道德规范

（1）职业道德规范的建设与宣传情况。

制度建设：是否建立和宣传职业道德规范。

① 评估步骤：一是获取并审阅审计部门所有制度，看是否有相关制度对内部审计人员遵循职业道德规范作出明确规定；二是询问审计部门和被审计单位部分人员，看其是否知晓《内部审计工作纪律规定》和《审计人员职业道德规范》的相关规定。

② 评分标准：单位审计职业道德规范健全、抽选的所有审计人员都了解《审计人员职业道德规范》，80分以上，含80分；单位审计职业道德规范建立但不够健全、部分审计人员不了解《审计人员职业道德规范》，60～80分，含60分；单位审计职业道德规范建立但未建立或不够健全，大部分审计人员不了解《审计人员职业道德规范》，60分以下。

（2）职业道德规范的执行情况。

制度执行：职业道德规范是否得到了贯彻执行，如：审计人员是否遵循诚信、独立、保密、胜任的原则等。

① 评估步骤：一是获取并审阅上一年实施的所有项目的《审计组工作情况反馈表》、审计项目回访记录及廉政监督记录，查看内部审计人员是否存在有损职业道德的问题；二是选择部分审计人员进行访谈，询问其和其他审计人员是否严格执行了职业道德规范和审计工作纪律，哪些条款未能遵循，不能遵循的原因是什么；三是选择被审计对象进行访谈，了解审计人员在执业过程中是否存在有损职业道德的问题。

② 评分标准：通过检查未发现审计人员违反职业道德规范的现象，80分以上，含80分；个别审计人员存在违反职业道德规范的现象，60～80分，含60分；大部分审计人员存在违反职业道德规范的现象，60分以下。

2. 审计业务质量的审查与评估

主要从内部审计活动管理、审前调查、审计方案、审计通知书、项目实施、审计报告、后续监督等七个方面对内部审计的执业环境质量进行审查与评估。

1）内部审计活动管理

（1）年度审计计划及监督管理。

① 编制年度审计计划时是否结合内部审计中长期规划，在对组织风险进行评估的基础上，根据组织的风险状况、管理需要和审计资源的配置情况，确定具体审计项目及时间安排。

a. 评估步骤：一是询问审计负责计划编制的同志，了解制订年度审计计划时，是否以风险评估为基础，考虑组织风险、管理需要及审计资源；二是检查上一年审计计划编制、调整与执行的相关资料对上述问题逐一进行核实。

b. 评分标准：

采用适当的风险评估方法（20%）：采用了适当的风险评估方法，80分以上，含80分；进行了风险评估，但方法需要进一步改进，60～80分，含60分；未进行风险评估，60分以下。

考虑组织风险（20%）：考虑了组织风险，80分以上，含80分；部分考虑了组织风险，60～80分，含60分；未考虑组织风险，60分以下。

考虑管理需要（20%）：考虑了管理需要，80分以上，含80分；部分考虑了管理需要，60～80分，含60分；未考虑管理需要，60分以下。

考虑审计资源（20%）：考虑了审计资源，80分以上，含80分；部分考虑了审计资源，60～80分，含60分；未考虑审计资源，60分以下。

按风险优先次序安排审计项目（20%）：按风险优先次序安排了审计项目，80分以上，含 80 分；个别审计项目未按风险优先次序安排，60～80 分，含 60 分；大部分审计项目未按风险优先次序安排，60 分以下。

② 编制年度审计项目计划前，对相关情况的调查了解是否充分。

a. 评估步骤：一是询问审计负责计划编制的同志，了解编制年度审计项目计划前，考虑了哪些风险因素；二是检查上一年度审计计划编制、调整的相关资料，对上述问题逐一进行核实。

b. 评分标准：

经营环境（10%）：考虑了经营环境，80 分以上，含 80 分；部分考虑了经营环境，60～80 分，含 60 分；未考虑经营环境，60 分以下。

企业战略（15%）：考虑了企业战略，80 分以上，含 80 分；部分考虑了企业战略，60～80 分，含 60 分；未考虑企业战略，60 分以下。

行业特点（10%）：考虑了行业特点，80 分以上，含 80 分；部分考虑了行业特点，60～80 分，含 60 分；未考虑行业特点，60 分以下。

金额的重大性（10%）：考虑了金额的重大性，80 分以上，含 80 分；部分考虑了金额的重大性，60～80 分，含 60 分；未考虑金额的重大性，60 分以下。

资产的流动性（10%）：考虑了资产的流动性，80 分以上，含 80 分；部分考虑了资产的流动性，60～80 分，含 60 分；未考虑资产的流动性，60 分以下。

管理能力（10%）：考虑了管理能力，80 分以上，含 80 分；部分考虑了管理能力，60～80 分，含 60 分；未考虑管理能力，60 分以下。

相关经营活动的复杂性（10%）：考虑了相关经营活动的复杂性，80 分以上，含 80 分；部分考虑了相关经营活动的复杂性，60～80 分，含 60 分；未考虑相关经营活动的复杂性，60 分以下。

内部控制的质量（15%）：考虑了内部控制的质量，80 分以上，含 80 分；部分考虑了内部控制的质量，60～80 分，含 60 分；未考虑内部控制的质量，60 分以下。

上次审计业务开展的时间（10%）：考虑了上次审计业务开展的时间，80 分以上，含 80 分；部分考虑了上次审计业务开展的时间，60～80 分，含 60 分；未考虑上次审计业务开展的时间，60 分以下。

③ 是否认真组织实施经批准的审计项目计划。

a. 评估步骤：一是询问审计负责计划编制的同志，了解上一年度审计计划执行情况如何，是否有未完成的计划，是什么原因造成的；二是检查上一年审计计划执行情况的相关资料，对上述问题逐一进行核实。

b. 评分标准：企业认真组织实施了所有经批准的审计项目计划，80 分以上，含 80 分；个别审计项目计划未组织实施，60～80 分，含 60 分；大部分审计项目计划未组织实施，60 分以下。

④ 审计机构负责人是否定期检查、考核本机构审计项目计划的执行情况。

a. 评估步骤：一是询问审计负责计划编制的同志，了解他是否组织实施经批准的审计项目计划，是否定期检查、考核本机构审计项目计划的执行情况；二是检查上一年度审计计划执行情况的相关资料，对上述问题逐一进行核实。

b. 评分标准：审计机构负责人定期检查、考核了本机构审计项目计划的执行情况，80分以上，含80分；个别审计项目计划的执行情况未得到审计机构负责人的定期检查、考核，需进一步改进，60～80分，含60分；大部分审计项目计划的执行情况未得到审计机构负责人的定期检查、考核，60分以下。

⑤ 计划调整是否合规。

a. 评估步骤：一是询问审计负责计划编制的同志，了解：什么情况下可以调整计划，调整计划需要履行哪些手续；上一年度是否对审计计划进行调整，计划调整的原因是什么，是否按规定履行了相关手续；二是检查上一年度审计计划调整的相关资料，对上述问题逐一进行核实。

b. 评分标准：调整计划理由充分，且按编制程序报企业主要负责人进行了审批，80分以上，含80分；个别计划调整事项理由不充分，或未按编制程序报企业主要负责人进行审批，需进一步改进，60～80分，含60分；大部分计划调整事项理由不充分，或未按编制程序报企业主要负责人进行审批，60分以下。

（2）人力资源管理。

是否充分利用内部和外部审计资源以完成审计计划。

a. 评估步骤：取得上一年度审计计划和实际执行情况相关资料，查看审计计划是否全部完成，如有未按计划实施的项目，应询问审计部门领导是否存在审计资源配备不足或协调不到位的问题，对于审计资源配备不足问题，是否及时向企业总经理汇报并寻求解决办法。

b. 评分标准：充分利用审计资源完成了审计计划，80分以上，含80分；个别计划项目未如期实施，存在协调不到位的问题，60～80分，含60分；大部分计划未如期实施，审计资源协调不到位，或审计资源配备严重不足但未及时向企业总经理汇报并寻求解决办法，60分以下。

（3）沟通与协调。

① 是否全面了解和掌握整个组织监督管理现状，并与相关部门共享监管信息。

a. 评估步骤：一是询问审计负责人：审计部门是否全面了解和掌握整个企业监督管理现状，并与相关部门共享监管信息；二是查阅相关资料进行确认。

b. 评分标准：全面了解和掌握了整个企业监督管理现状，并与相关部门共享了监管信息，80分以上，含80分；基本了解和掌握了整个企业监督管理现状，并与相关部门共享了监管信息，60～80分，含60分；对整个企业监督管理现状不是很清楚，与相关部门共享监管信息的工作未全面开展，60分以下。

② 与单位领导、业务部门和所属单位的沟通渠道是否畅通，关系是否融洽。

a. 评估步骤：一是询问审计负责人和审计业务骨干：审计部门与企业领导、业务部门和所属单位的沟通渠道是否畅通，关系是否融洽；二是查阅相关资料，并向企业领导、业务部门和所属单位发放调查问卷，对这一问题进行确认。

b. 评分标准：与企业领导、业务部门和所属单位的沟通渠道畅通，关系融洽，80分以上，含 80 分；沟通渠道基本畅通，关系基本融洽，60～80 分，含 60 分；通渠道不太畅通，关系不太融洽，60 分以下。

③ 审计队伍内部沟通是否顺畅，关系是否融洽，审计经验是否共享。

a. 评估步骤：一是询问审计负责人和审计业务骨干：审计队伍内部沟通是否顺畅，关系是否融洽，审计经验是否共享；二是查阅相关资料，并向审计人员发放调查问卷，对这一问题进行确认。

b. 评分标准：审计队伍内部沟通顺畅，关系融洽，审计经验得到了共享，80 分以上，含 80 分；沟通基本顺畅，关系基本融洽，审计经验基本得到了共享，60～80 分，含 60 分；沟通不太顺畅，关系不太融洽，未相互分享审计经验，60 分以下。

（4）审计信息系统管理。

审计管理信息系统、计算机辅助审计管理系统等各种审计信息化系统的建设、维护等是否符合相关规定。

① 评估步骤：一是询问审计负责人和相关科室负责人：是否按照企业审计管理系统的操作要求，真实、全面、准确、及时地录入相关信息，是否积极推进审计管理和手段信息化，尽量减少现场审计时间；二是查阅相关资料，对这一问题进行确认。

② 评分标准：信息化建设及维护符合企业要求，80 分以上，含 80 分；信息化基本建设及维护符合企业要求，60～80 分，含 60 分；信息化建设及维护不符合企业要求，60 分以下。

（5）档案管理。

档案保管、借阅是否符合程序，是否存在未按规定保管档案导致档案丢失、损坏或泄密现象。

① 评估步骤：一是询问审计部门审理人员和综合事务管理人员了解审计档案归档保管、借阅程序和相关保密规定。二是询问综合事务管理人员了解审计部门是否建立健全审计档案保管和安全保密制度，是否存在未按规定保管档案导致档案丢失、损坏或泄密的现象。三是抽样检查上一年度开展的审计项目档案资料，看是否存在未按规定保管档案导致档案丢失、损坏或泄密现象。四是检查审计文件存档工作，看是否符合档案管理要求，是否按相关规定保管、借阅档案。

② 评分标准：抽选的审计项目不存在未按规定保管档案导致档案丢失、损坏或泄密现象，80 分以上，含 80 分；个别审计项目存在未按规定保管档案导致档案丢失、损坏或泄密现象，60～80 分，含 60 分；大部分抽选的审计项目都存在未按规定保管档案导致档案丢失、损坏或泄密现象，60 分以下。

（6）综合事务管理。

办公系统管理、审计信息管理等及其他综合事务管理是否规范。

① 评估步骤：一是询问综合管理负责人，了解审计部门的办公系统管理工作，查阅相关资料确认办公系统信息的传递是否及时、准确；二是询问综合管理负责人，了解审计部门的文件管理工作，查阅相关资料确认审计机构是否根据审计环境和业务内容的发展变化及时修订有关的审计文件，并确保引用文件的有效性，以防止作废文件的误用，

检查重要审计文件内容是否规范、准确；三是询问综合管理负责人，了解审计部门的审计信息管理工作，查阅相关资料确认审计信息采集的基础信息是否真实、准确、全面，确保形成的最终信息能够充分反映审计工作的状态；四是询问审计工作统计报表编制人员，了解报表编报工作，检查上一年度审计工作统计报表，查看审计统计资料内容是否真实、准确，上报是否及时。

② 评分标准：

办公系统管理（25%）：信息的传递及时、准确，80 分以上，含 80 分；偶尔会发生信息传递不及时、不准确现象，60～80 分，含 60 分；经常出现信息传递不及时、不准确现象，60 分以下。

审计文件管理（25%）：文件修订及时、内容准确，80 分以上，含 80 分；个别文件修订不及时、内容不准确，60～80 分，含 60 分；很多文件修订不及时、内容不准确，60 分以下。

审计信息管理（25%）：审计信息真实、准确、全面，80 分以上，含 80 分；个别审计信息不真实、不准确、不全面，60～80 分，含 60 分；很多审计信息不真实、不准确、不全面，60 分以下。

审计统计报表（25%）：统计信息真实、准确，上报及时，80 分以上，含 80 分；个别统计信息不真实、不准确，上报不及时，60～80 分，含 60 分；很多统计信息不真实、不准确，上报不及时，60 分以下。

2）审前调查

编制审计方案前是否进行了审前调查，调查方式、调查内容、收集的相关资料是否符合企业相关规定。

① 评估步骤：一是抽样选取上一年度开展的审计项目资料，检查确认审前调查方式、内容及收集的相关资料是否符合企业相关规定；二是访谈审计项目审理人员，确认上一年度审计项目审前调查方式、内容及收集的相关资料是否符合企业相关规定。

② 评分标准：上一年度所有审计项目审前调查方式、内容及收集的相关资料都符合企业相关规定，80 分以上，含 80 分；上一年度有个别审计项目审前调查方式、内容及收集的相关资料不符合企业相关规定，60～80 分，含 60 分；上一年度大部分审计项目审前调查方式、内容及收集的相关资料不符合企业相关规定，60 分以下。

3）审计方案

（1）编制审计方案时是否评估了审计风险，考虑的风险因素是否齐全。

① 评估步骤：第一，抽样选取上一年开展的审计项目档案资料，检查确认以下内容：是否在评估审计风险的基础上编制审计方案；是否分析被审计单位有关情况，在审计工作方案确定的审计范围内，评估重要性水平和审计风险，围绕总体审计目标确定具体审计内容和审计重点；审计组在编制审计实施方案时，是否对审前调查所取得的资料进行分析性复核，关注资料间的异常关系和异常变动，是否分析被审计单位或审计事项可能存在的重要问题和线索，确定审计重点；审计组在确定审计内容和审计重点时，是否充分利用内控测试结果，关注内部控制的健全性和有效性。第二，询问相关审计项目主审

对上述问题进行进一步确认。

② 评分标准：抽选的审计项目都在评估审计风险的基础上编制了审计方案，80 分以上，含 80 分；个别审计项目未进行风险评估，60～80 分，含 60 分；大部分抽选的审计项目都未进行风险评估，相关项目主审不了解或不知道该如何进行风险评估，60 分以下。

（2）编制审计方案时，是否围绕审计目标确定审计范围、内容、方法和步骤。

① 评估步骤：一是抽样选取上一年开展的审计项目档案资料，检查确认以下内容：编制审计方案时，是否围绕审计目标确定审计范围、内容、方法和步骤；二是询问相关审计项目主审，对上述问题进行进一步确认。

② 评分标准：抽选的审计项目在编制审计方案时都按规范要求围绕审计目标确定了审计范围、内容、方法和步骤，80 分以上，含 80 分；个别审计项目未按规范要求围绕审计目标确定审计范围、内容、方法和步骤，60～80 分，含 60 分；大部分抽选的审计项目都未按规范要求围绕审计目标确定审计范围、内容、方法和步骤，相关项目主审不了解或不知道该如何执行规范的相关要求，60 分以下。

（3）审计方案的内容是否齐全，对审计作业的指导性如何。

① 评估步骤：一是抽样选取上一年开展的审计项目档案资料，检查确认审计方案的内容是否齐全，对审计作业是否有较强的指导性：内容是否包括：编制的依据；被审计单位的名称和基本情况；具体审计内容和审计重点；审计工作方案确定的审计范围内分类审计目标和具体审计目标；重要性水平的确定和审计风险的评估；获取充分可靠的审计证据、实现审计具体目标的步骤和技术方法以及客观评价审计事项所应用的法律、法规、标准和制度；根据工程项目投资规模、投资类型，确定现场勘察工作安排和工作内容；预定的审计工作起止时间；审计组组长、审计组成员及其分工；编制的日期；其他有关内容；二是询问相关审计项目主审，对上述问题进行进一步确认。

② 评分标准：抽选项目的审计实施方案都具备规范要求的主要内容，对审计作业的指导性较强，80 分以上，含 80 分；个别审计项目的审计实施方案不完全具备规范要求的主要内容，对审计作业具有一定的指导性，60～80 分，含 60 分；大部分审计项目的审计实施方案都不完全具备规范要求的主要内容，指导性较差，60 分以下。

（4）方案调整是否合规。

① 评估步骤：一是抽样选取上一年度开展的审计项目档案资料，检查确认以下内容：审计方案的调整是否合规；二是询问相关审计项目主审，对上述问题进行进一步确认。

② 评分标准：抽选项目调整审计方案理由充分且经过了审计机构负责人的审批，80 分以上，含 80 分；个别抽选项目调整审计方案理由不充分或未经审计机构负责人审批，60～80 分，含 60 分；大部分抽选项目调整审计方案理由不充分或未经审计机构负责人审批，60 分以下。

4）审计通知书

是否按制度规定的时间和内容送达审计通知书。

① 评估步骤：一是抽样选取上一年开展的审计项目档案资料，检查确认是否按制度规定的时间和内容送达审计通知书；二是询问相关被审计单位对上述问题进行进一步

确认。

② 评分标准：抽选的所有审计项目都按制度规定的时间和内容送达了审计通知书，80 分以上，含 80 分；抽选的审计项目只有个别审计项目未按制度规定的时间和内容送达审计通知书，60～80 分，含 60 分；抽选的审计项目大部分未按制度规定的时间和内容送达审计通知书，60 分以下。

5）项目实施

（1）审计方法。

是否采用恰当的审计方法，如分析性复核、审计抽样、计算机辅助审计、舞弊审计等手段的运用是否充分和恰当。

① 评估步骤：一是抽样选取上一年度开展的审计项目档案资料，检查确认是否采用恰当的审计方法；二是询问相关审计项目主审，对上述问题进行进一步确认。

② 评分标准：抽选的审计项目都采用了恰当的审计方法，80 分以上，含 80 分；个别审计项目未采用恰当的审计方法，60～80 分，含 60 分；大部分抽选的审计项目都未采用恰当的审计方法，60 分以下。

（2）方案执行。

是否执行规定的审计程序，是否存在漏审现象。

① 评估步骤：一是抽样选取上一年度开展的审计项目档案资料，检查确认是否执行规定的审计程序；二是询问相关审计项目主审，对上述问题进行进一步确认。

② 评分标准：抽选的审计项目都执行了规定的审计程序，80 分以上，含 80 分；个别审计项目未执行规定的审计程序，60～80 分，含 60 分；大部分抽选的审计项目都未执行规定的审计程序，60 分以下。

（3）底稿编制。

审计工作底稿的编制是否符合相关要求。

① 评估步骤：一是抽样选取上一年度开展的审计项目档案资料，检查确认是否获得充分、相关、可靠的审计证据，以支持审计结论和审计建议；二是询问相关审计项目主审，对上述问题进行进一步确认。

② 评分标准：抽选的审计项目都获得了充分、相关、可靠的审计证据，以支持审计结论和审计建议，80 分以上，含 80 分；个别审计项目未获得充分、相关、可靠的审计证据，以支持审计结论和审计建议，60～80 分，含 60 分；大部分抽选的审计项目都未获得充分、相关、可靠的审计证据，以支持审计结论和审计建议，60 分以下。

（4）汇报。

审计组对实施审计过程中遇到的重大问题，是否及时向审计机构请示汇报，是否存在隐瞒审计线索的现象。

① 评估步骤：一是抽样选取上一年度开展的审计项目档案资料，检查确认以下内容：审计组对实施审计过程中遇到的重大问题，是否及时向审计机构请示汇报；二是询问相关审计项目主审及助审，对上述问题进行进一步确认。

② 评分标准：抽选的审计项目都及时向审计机构请示汇报了实施审计过程中遇到的

重大问题，80 分以上，含 80 分；个别审计项目未及时向审计机构请示汇报实施审计过程中遇到的重大问题，60～80 分，含 60 分；大部分抽选的审计项目都未及时向审计机构请示汇报实施审计过程中遇到的重大问题，60 分以下。

6）审计报告

（1）及时性。

审计报告提交是否及时。

① 评估步骤：一是取得上一年度所有内部审计报告，检查确认以下内容：审计报告是否在现场审计工作结束后十日内报审计部门审理科；审计部门是否在接收资料十日内作出审理结论；二是向被审计单位发放调查问卷了解内部审计报告的及时性。

② 评分标准：抽选的审计项目都在规定时间内提交了审计报告，80 分以上，含 80 分；个别审计项目未在规定时间内提交审计报告，60～80 分，含 60 分；大部分抽选的审计项目都未在规定时间内提交审计报告，60 分以下。

（2）完整性。

审计底稿中反映的问题是否在审计报告中得到了全面披露，在审计中发现的违反国家法律法规和企业管理制度的行为是否及时向领导报告，并提出处理意见。

① 评估步骤：一是取得上一年度所有内部审计报告，检查确认：审计底稿中反映的问题是否在审计报告中得到了全面披露，在审计中发现的违反国家法律法规和企业管理制度的行为是否及时向领导报告，并提出处理意见；二是向被审计单位发放调查问卷，了解审计报告的完整性，确认审计底稿中反映的问题是否在审计报告中都得到了全面披露，在审计中发现的违反国家法律法规和企业管理制度的行为是否及时向领导报告，并提出了处理意见。

② 评分标准：抽选的审计项目，审计底稿中反映的问题在审计报告中都得到了全面披露，发现的违反国家法律法规和企业管理制度的行为都及时向领导报告，并提出了处理意见的，80 分以上，含 80 分；个别审计项目，其审计底稿中反映的问题在审计报告中未得到全面披露，在审计中发现的违反国家法律法规和企业管理制度的行为未及时向领导报告，并提出处理意见，60～80 分，含 60 分；大部分抽选的审计项目，审计底稿中反映的问题在审计报告中未都得全面披露，在审计中发现的违反国家法律法规和企业管理制度的行为都未及时向领导报告，并提出处理意见，60 分以下。

（3）可靠性。

审计报告的结论是否有充分、可靠的审计证据支撑。

① 评估步骤：一是取得上一年度所有内部审计报告，检查确认审计报告的结论是否有充分、可靠的审计证据支撑；二是向被审计单位发放调查问卷，了解审计报告的结论是否有充分、可靠的审计证据支撑。

② 评分标准：抽选审计项目的审计报告结论都有充分、可靠的审计证据支撑，80 分以上，含 80 分；个别审计项目的审计报告结论没有充分、可靠的审计证据支撑，60～80 分，含 60 分；大部分抽选的审计项目的审计报告结论都没有充分、可靠的审计证据支撑，60 分以下。

（4）规范性。

审计报告的编制是否符合企业的相关要求。

① 评估步骤：一是取得上一年度所有内部审计报告，检查确认审计报告是否符合要素齐全、格式规范，内容完整，定性准确，结构严谨，层次清晰，文字准确、规范、简明扼要的基本要求；二是向被审计单位发放调查问卷，了解内部审计报告的规范性。

② 评分标准：抽选审计项目的审计报告结论都符合要素齐全、格式规范，内容完整，定性准确，结构严谨，层次清晰，文字准确、规范、简明扼要的基本要求，80 分以上，含 80 分；个别审计项目的审计报告不符合要素齐全、格式规范，内容完整，定性准确，结构严谨，层次清晰，文字准确、规范、简明扼要的基本要求，60～80 分，含 60 分；大部分抽选的审计项目的审计报告都不符合要素齐全、格式规范，内容完整，定性准确，结构严谨，层次清晰，文字准确、规范、简明扼要的基本要求，60 分以下。

7）后续监督

（1）是否将后续审计作为年度审计计划的一部分，统筹安排审计时间和配置审计资源。

① 评估步骤：一是询问审计部门负责人：是否对主要审计项目进行后续审计；二是检查相关资料进行确认。

② 评分标准：抽选的主要审计项目都进行了后续审计，80 分以上，含 80 分；个别主要审计项目未进行后续审计，60～80 分，含 60 分；大部分抽选的主要审计项目都未进行后续审计，60 分以下。

（2）是否合理确定后续审计的时间和范围，并在规定的期限或与被审计单位约定的期限内执行后续审计。

① 评估步骤：取得上一年审计计划编制资料，看是否合理确定后续审计的时间和范围，并在规定的期限或与被审计单位约定的期限内执行后续审计。

② 评分标准：合理确定了后续审计的时间和范围，并在规定的期限或与被审计单位约定的期限内执行了后续审计，80 分以上，含 80 分；后续审计的时间和范围基本合理，基本上是在规定的期限或与被审计单位约定的期限内执行了后续审计，60～80 分，含 60 分；未合理确定后续审计的时间和范围，并在规定的期限或与被审计单位约定的期限内执行后续审计，60 分以下。

（3）是否对主要审计项目进行后续审计监督，检查被审计单位对审计意见（决定）的执行情况。

① 评估步骤：询问审计部门负责人：是否对主要审计项目进行后续审计监督，检查被审计单位对审计意见（决定）的执行情况；检查相关资料进行确认。

② 评分标准：抽选的审计项目都进行了后续审计监督，检查了被审计单位对审计意见（决定）的执行情况，80 分以上，含 80 分；个别审计项目未进行后续审计监督，检查被审计单位对审计意见（决定）的执行情况，60～80 分，含 60 分；大部分抽选的审计项目都未进行后续审计监督，检查被审计单位对审计意见（决定）的执行情况，60 分以下。

（4）被审计单位基于成本或其他考虑，决定对审计发现的问题不采取纠正措施，并作出书面承诺时，审计机构负责人是否向上级管理部门或主管领导进行了报告。

① 评估步骤：一是询问审计部门负责人，是否存在被审计单位基于成本或其他考虑，决定对审计发现的问题不采取纠正措施，并作出书面承诺时，审计机构负责人是否向其上级管理部门或主管领导报告；二是检查相关资料，并进行确认。

② 评分标准：抽选的审计项目中，当被审计单位基于成本或其他考虑，决定对审计发现的问题不采取纠正措施，并作出书面承诺时，审计机构负责人均向上级管理部门或主管领导进行了报告，80 分以上，含 80 分；个别事项未进行报告，60～80 分；大部分事项都未进行报告，60 分以下。

3. 创新及运用质量的审查与评估

主要从创新环境及投入、理论研究及管理和技术创新、审计成果推广运用等三个评价指标对内部审计工作的创新及运用质量进行审查与评估。

1）创新环境及投入

（1）创新环境。

① 创新机制是否建立。

a. 评估步骤：查看单位相关制度及访谈单位审计人员，判定单位是否制定有鼓励审计人员创新的制度或规定。

b. 评分标准：创新机制建立且健全，80～100 分；创新机制建立，但尚未健全 60～80 分；创新机制未建立，60 分以下。

② 审计创新文化氛围及审计人员创新意识。

a. 评估步骤：通过访谈审计人员了解单位审计创新文化氛围及审计人员创新意识程度。

b. 评分标准：单位审计创新文化氛围浓厚及审计人员创新意识程度高，80～100 分；单位审计创新文化氛围较浓厚及审计人员创新意识程度较高，60～80 分；单位审计创新文化氛围淡薄及审计人员创新意识程度较低，60 分以下。

③ 大学本科及中级职称以上审计人员比例。

a. 评估步骤：统计单位大学本科及中级职称以上审计人员比例。

b. 评分标准：得分 = 占比 ×80/80%（80% 为 80 分，得分限 0～100 分）。

（2）创新投入。

① 评估步骤：统计单位上一年度人均研究及创新方面经费投入。

② 评分标准：得分 = 人均研究及创新投入（万元）×80/0.1（人均研究及创新投入 0.1 万元为 80 分，得分限 0～100 分）。

2）理论研究及管理和技术创新

（1）审计理论研究。

① 人均承担课题个数。

a. 评估步骤：统计单位上一年度人均承担课题个数。

b. 评分标准：得分 = 人均承担课题个数 ×80/0.01（人均承担课题 0.01 个为 80 分，

得分限 0～100 分)。跨年项目按当年实际开展月数折合全年计算。

② 人均发表论文篇数及论著部数。

a. 评估步骤：统计单位上一年度人均发表论文篇数及论著部数。

b. 评分标准：得分 = 人均发表论文篇数及论著部数 ×80/0.08(人均发表论文篇数及论著部数 0.08 个为 80 分，得分限 0～100 分)。国家级刊物发表论文计算系数为 1，省部级刊物发表论文计算系数为 0.75，地市级刊物发表论文计算系数为 0. 5。

(2)审计管理及体制、机制创新。

① 评估步骤：一是询问审计部门负责人，了解单位审计发展规划与计划、审计组织构架及审计制度体系(含激励机制、质量保障体系等)的建立及健全情况；二是检查相关资料，并进行确认。

② 评分标准：单位审计发展规划与计划、审计组织构架及审计制度体系(含激励机制、质量保障体系等)建立且逐步健全完善，80～100 分；单位审计发展规划与计划、审计组织构架及审计制度体系(含激励机制、质量保障体系等)建立，未进行健全完善 60～80 分；单位审计发展规划与计划、审计组织构架及审计制度体系(含激励机制、质量保障体系等)未建立且未进行健全完善，60 分以下。

(3)审计技术和方法创新。

① 评估步骤：一是询问审计部门负责人，了解单位利用新型审计技术与方法开展工作的情况；二是检查相关资料，并进行确认。

② 评分标准：单位采用新型审计技术与方法开展工作的情况良好且普及，80～100 分；单位采用新型审计技术与方法开展工作的情况较好，不够普及，60～80 分；单位采用新型审计技术与方法开展工作的情况较差，基本未采用新型审计技术与方法开展工作，60 分以下。

3)审计成果推广运用

(1)知识性成果推广运用。

① 评估步骤：一是询问审计部门负责人及部分审计人员，了解单位对审计知识性成果的运用程度及成效；二是查阅相关资料，并进行确认。

② 评分标准：单位对审计知识性成果的运用程度广，成效显著 80～100 分；单位对审计知识性成果的运用程度较广，成效较显著，60～80 分；单位对审计知识性成果的运用程度较低，成效较差，60 分以下。

(2)审计直接成果推广运用。

① 评估步骤：一是询问审计部门负责人及部分审计人员，了解单位对审计直接成果推广运用的程度及成效；二是查阅相关资料，并进行确认。

② 评分标准：单位对审计直接成果推广运用的程度广，成效显著 80～100 分；单位对审计直接成果推广运用的程度较广，成效较显著，60～80 分；单位对审计对审计直接成果推广运用的程度较低，成效较差，60 分以下。

(3)审计衍生成果推广运用。

① 评估步骤：一是询问审计部门负责人及部分审计人员，了解单位对审计衍生成果

推广运用的程度及成效；二是查阅相关资料，并进行确认。

② 评分标准：单位对审计直接衍生推广运用的程度广，成效显著 80～100 分；单位对审计衍生成果推广运用的程度较广，成效较显著，60～80 分；单位对审计对审计衍生成果推广运用的程度较低，成效较差，60 分以下。

4. 业绩及增值质量的审查与评估

主要从效率和效果两个评价指标对企业内部审计工作的业绩及增值质量进行审查与评估。

1）效率评价指标

（1）工作时间。工作时间指人均现场审计工作时间。

① 评估步骤：统计单位上一年度人均现场审计工作时间（人·日）。

② 评分标准：得分 = 人均现场审计工作时间 ×80/120 人·日（人均现场审计工作时间 120 人·日为 80 分，得分限 0～100 分）。

（2）计划完成率。计划完成率指年度审计计划完成率。

① 评估步骤：统计单位上一年度年度审计计划完成率。

② 评分标准：得分 = 年度审计计划完成率 ×80/80%（年度审计计划完成率 80% 为 80 分，得分限 0～100 分）。

（3）覆盖率。

① 审计单位覆盖率。

a. 评估步骤：统计单位上一年度审计单位覆盖率。

b. 评分标准：得分 = 审计单位覆盖率 ×80/60%（审计单位覆盖率 60% 为 80 分，得分限 0～100 分）。

② 审计资金覆盖率。

a. 评估步骤：统计单位上一年度审计资金覆盖率。

b. 评分标准：得分 = 审计资金覆盖率 ×80/70%（审计资金覆盖率 70% 为 80 分，得分限 0～100 分）。

2）效率评价指标

（1）可货币化审计成果。

① 人均审计查出问题金额。

a. 评估步骤：统计单位上一年度人均审计查出问题金额大小。

b. 评分标准：得分 = 人均审计查出问题金额 ×80/40（人均审计查出问题金额 40 万元为 80 分，得分限 0～100 分）。

② 人均为企业增收节支金额。

a. 评估步骤：统计单位上一年度人均为企业增收节支金额大小。

b. 评分标准：得分 = 人均为企业增收节支金额 ×80/6（人均为企业增收节支金额 6 万元为 80 分，得分限 0～100 分）。

③ 人均挽回（避免）经济损失。

a. 评估步骤：统计单位上一年度人均挽回（避免）经济损失大小。

b. 评分标准：得分 = 人均挽回（避免）经济损失 ×80/6［人均挽回（避免）经济损失 6 万元为 80 分，得分限 0～100 分］。

④ 人均工程审减金额。

a. 评估步骤：统计单位上一年度人均工程审减金额大小。

b. 评分标准：得分 = 人均工程审减金额 ×80/3（人均工程审减金额 3 万元为 80 分，得分限 0～100 分）。

⑤ 人均产值。

a. 评估步骤：统计单位上一年度人均产值大小。

b. 评分标准：得分 = 人均产值 ×80/60（人均产值 60 万元为 80 分，得分限 0～100 分）。

⑥ 投入产出比。

a. 评估步骤：统计单位上一年度审计投入产出比。

b. 评分标准：得分 = 投入产出比 ×80/3（投入产出比 3 为 80 分，得分限 0～100 分）。

（2）不可货币化审计成果。

① 人均审计报告个数。

a. 评估步骤：统计单位上一年度人均审计报告个数。

b. 评分标准：得分 = 人均审计报告个数 ×80/0.4（人均审计报告个数 0.4 为 80 分，得分限 0～100 分）。

② 人均咨询意见书个数。

a. 评估步骤：统计单位上一年度人均咨询意见书个数。

b. 评分标准：得分 = 人均咨询意见书个数 ×80/0.8（人均咨询意见书个数 0.8 为 80 分，得分限 0～100 分）。

③ 人均审计衍生成果报告数。

a. 评估步骤：统计单位上一年度人均审计衍生成果报告数。

b. 评分标准：得分 = 人均审计衍生成果报告数 ×80/0.1（人均审计衍生成果报告个数 0.1 为 80 分，得分限 0～100 分）。

④ 人均审计建议个数。

a. 评估步骤：统计单位上一年度人均审计建议个数。

b. 评分标准：得分 = 人均审计建议个数 ×80/0.5（人均审计建议个数 0.5 为 80 分，得分限 0～100 分）。

⑤ 审计建议采纳率。

a. 评估步骤：统计单位上一年度审计建议采纳率。

b. 评分标准：得分 = 审计建议采纳率 ×80/80%（审计建议采纳率 80% 为 80 分，得分限 0～100 分）。

⑥ 审计整改到位率。

a. 评估步骤：统计单位上一年度审计整改到位率。

b. 评分标准：得分 = 审计整改到位率 ×80/85%（审计整改到位率 85% 为 80 分，得分限 0～100 分）。

⑦ 高管满意度。

a. 评估步骤：通过访谈了解单位上一年度审计高管满意度。

b. 评分标准：得分 = 高管满意度 ×80/85%（高管满意度 85% 为 80 分，得分限 0～100 分）。

⑧ 被审计单位满意度。

a. 评估步骤：通过问卷调查了解单位上一年度被审计单位满意度。

b. 评分标准：得分 = 被审计单位满意度 ×80/85%（被审计单位满意度 85% 为 80 分，得分限 0～100 分）。

四、内部审计质量评估指标权重

质量评估指标体系的权重是采用层次分析法来确定的。对上述四级递阶层次结构指标体系按照层次分析法的比较尺度，设计了评价指标体系权重的两两比较调查表，将调查表连同指标含义和设计依据信息一同发给有关专家，进行指标的重要性比较。

在收集专家返回的调查问卷后，将调查结果输入了 yaahp 层次分析法软件，并利用该软件计算获取了各级评价指标的权重，由于各层次指标权重计算结果皆通过了一致性校验，符合层次分析法的相关要求，说明权重结果有效。

1. 指标因子权重

各级评价因子（指标）权重见表 4-6。

表 4-6　评价因子权重明细表

序号	评价因子名称	权 重
1	内部审计的宗旨定位与相关制度规定是否一致	3.68%
2	实际执行情况与制度规定是否一致	2.84%
3	内部审计部门和人员是否保持独立性	1.44%
4	内部审计人员是否客观地开展工作	1.31%
5	内部审计机构规模与其所承担的审计任务是否相适应	0.53%
6	队伍专业结构与审计业务是否匹配	0.95%
7	具有注册会计师、造价工程师及国际注册内部审计师等执业资格的人员占比	0.69%
8	内部审计人员接受继续教育和培训的时间是否符合制度规定，培训内容的相关度、培训方式的有效性	0.53%
9	当内部审计人员缺乏完成任务的能力或经验时，内部审计机构负责人是否拒绝开展此项业务或向他人寻求充分的建议或帮助	0.36%
10	开展审计业务时，内部审计人员是否考虑可能影响目标、运营或资源的重大风险，并采取措施加以规避	0.52%

续表

序号	评价因子名称	权 重
11	开展咨询业务时，内部审计人员是否考虑咨询结果的性质、咨询目标实现的复杂性和咨询成本	0.22%
12	内部审计人员是否遵循了不绝对承诺的原则（不绝对承诺所有审计结果都正确，不绝对承诺所有问题都发现并查出）	0.18%
13	内部审计部门是否建立健全相关制度（包括基本制度、以审计对象或方法为管理目标的制度及以审计系统内部管理为目标的制度）	1.14%
14	内部审计部门的主要业务流程是否清晰，对重要风险是否设计应有的控制措施，控制措施执行是否到位	1.06%
15	是否建立审计机构质量控制制度和审计项目质量控制制度	0.83%
16	是否建立健全漏审、审理责任追究机制	0.57%
17	审计机构是否对审计组的审计工作情况进行监督检查	0.68%
18	审计人员编制的审计工作底稿，是否经主审或组长、审理人员和审计机构负责人分级复核	0.56%
19	审理过程是否留下记录，是否将审理材料（包括审理人员的审理意见、审计组的审理意见回复等）与审计项目资料一并归档	0.34%
20	审计机构是否通过持续和定期的检查，对内部审计质量进行考核和评价	0.69%
21	是否建立和宣传职业道德规范	0.65%
22	职业道德规范是否得到了贯彻执行，如：审计人员是否遵循诚信、独立、保密、胜任的原则等	0.88%
23	编制年度审计计划时是否结合内部审计中长期规划，在对组织风险进行评估的基础上，根据组织的风险状况、管理需要和审计资源的配置情况，确定具体审计项目及时间安排	0.94%
24	编制年度审计项目计划前，对相关情况的调查了解是否充分	0.86%
25	是否认真组织实施经批准的审计项目计划	0.88%
26	审计机构负责人是否定期检查、考核本机构审计项目计划的执行情况	0.86%
27	计划调整是否合规	0.46%
28	是否充分利用内部和外部审计资源以完成审计计划	0.42%
29	是否全面了解和掌握整个企业监督管理现状，并与相关部门共享监管信息	0.56%
30	与企业领导、业务部门和所属单位的沟通渠道是否畅通，关系是否融洽	0.34%
31	审计队伍内部沟通是否顺畅，关系是否融洽，审计经验是否共享	0.66%
32	审计管理信息系统、计算机辅助管理系统等各种审计信息化系统的建设、维护等是否符合相关规定	0.65%
33	档案保管、借阅是否符合程序，是否存在未按规定保管档案导致档案丢失、损坏或泄密现象	0.48%
34	办公系统管理、审计信息管理等及其他综合事务管理是否规范	0.36%

续表

序号	评价因子名称	权 重
35	编制审计方案前是否进行了审前调查，调查方式、调查内容、收集的相关资料是否符合企业的相关规定	0.68%
36	编制审计方案时是否评估了审计风险，考虑的风险因素是否齐全	1.41%
37	编制审计方案时，是否围绕审计目标确定审计范围、内容、方法和步骤	0.82%
38	审计方案的内容是否齐全，对审计作业的指导性如何	0.88%
39	审计方案的调整是否合规	0.54%
40	是否按制度规定的时间和内容送达审计通知书	0.36%
41	是否采用恰当的审计方法，如分析性复核、审计抽样、计算机辅助审计、舞弊审计等手段的运用是否充分和恰当	0.86%
42	是否执行规定的审计程序，是否存在漏审现象	0.67%
43	审计工作底稿的编制是否符合相关要求	0.54%
44	审计组对实施审计过程中遇到的重大问题，是否及时向审计机构请示汇报，是否存在隐瞒审计线索的现象	0.28%
45	审计报告提交是否及时	0.14%
46	审计底稿中反映的问题是否在审计报告中得到了全面披露，在审计中发现的违反国家法律法规和本单位管理制度的行为是否及时向领导报告，并提出处理意见	0.65%
47	审计报告的结论是否有充分、可靠的审计证据支撑	0.76%
48	审计报告的编制是否符合企业的相关要求	0.65%
49	是否将后续审计作为年度审计计划的一部分，统筹安排审计时间和配置审计资源	0.44%
50	是否合理确定后续审计的时间和范围，并在规定的期限或与被审计单位约定的期限内执行后续审计	0.58%
51	是否对主要审计项目进行后续审计监督，检查被审计单位对审计意见（决定）的执行情况	0.66%
52	当被审计单位基于成本或其他考虑，决定对审计发现的问题不采取纠正措施，并作出书面承诺时，审计机构负责人是否向其上级管理部门或主管领导报告	0.30%
53	单位创新激励机制是否建立	2.82%
54	单位审计创新文化氛围及审计人员创新意识程度	2.53%
55	大学本科及中级职称以上审计人员比例	2.48%
56	人均研究及创新投入（万元）	2.66%
57	人均承担研究课题个数	1.07%
58	人均发表论文篇数及论著部数	1.05%

续表

序号	评价因子名称	权 重
59	单位审计发展规划与计划、审计组织构架及审计制度体系（含激励机制、质量保障体系等）的建立及健全情况	2.41%
60	单位采用新型审计技术与方法开展工作的情况	2.88%
61	单位对审计知识性成果的运用程度及成效	2.35%
62	单位对审计直接成果的运用程度及成效	3.01%
63	单位对审计衍生成果的运用程度及成效	3.68%
64	人均现场审计工作时间	1.62%
65	年度审计计划完成率	1.00%
66	审计单位覆盖率	1.95%
67	审计资金覆盖率	1.15%
68	人均审计查出问题金额（万元）	1.84%
69	人均为企业增收节支额（万元）	1.96%
70	人均挽回（避免）经济损失（万元）	1.11%
71	人均工程审减额（万元）	1.01%
72	人均产值（审计产出 / 在职审计人员）	1.52%
73	投入产出比（审计产出 / 审计投入）	2.12%
74	人均审计报告个数	1.68%
75	人均咨询意见书个数	0.68%
76	人均衍生审计成果个数	4.46%
77	人均审计建议个数	2.00%
78	审计建议采纳率	2.22%
79	审计整改到位率	2.00%
80	高管满意度	2.91%
81	被审计单位满意度	2.49%
合 计		100%

2. 各级指标权重

第一级：内部审计质量总指标 100%。

第二级：内部环境质量、审计业务质量、创新及运用质量、业绩及增值质量指标权重分别为 20.65%、18.69%、26.94%、33.72%。

第三级：内部环境质量指标下宗旨、权利及职责定位指标、独立性与客观性指标、专业能力与应有的职业审慎指标、制度体系指标、职业道德指标权重分别为 6.52%、2.75%、3.98%、5.87%、1.53%。

审计业务质量指标下内部审计活动管理指标、审前调查指标、审计方案指标、审计通知书指标、项目实施指标、审计报告指标、后续监督指标权重分别为 7.47%、0.68%、3.65%、0.36%、2.35%、2.2%、1.98%。

创新及运用质量指标下创新环境及投入指标、理论研究及管理和技术创新指标、审计成果推广运用指标权重分别为 10.49%、7.41%、9.04%%。

业绩及增值质量指标下效率指标及效果指标权重分别为 5.72%、28%。

第四级：专业能力与应有的职业审慎指标下专业能力指标、应有的职业审慎指标权重分别为 2.7%、1.28%。

制度体系指标下政策与程序指标、质量保证与改进程序指标权重分别为 2.2%、3.67%。

职业道德指标下职业道德规范的建设与宣传情况指标、职业道德规范的执行情况指标权重分别为 0.65%、0.88%。

内部审计活动管理指标下一年度审计计划及监督管理指标、人力资源管理指标、沟通与协调指标、审计信息系统管理指标、档案管理指标、综合事务管理指标权重分别为 4%、0.42%、1.56%、0.65%、0.48%、0.36%。

审计方案指标下方案编制指标、方案调整指标权重分别为 3.11%、0.54%。

项目实施指标下审计方法指标、方案执行指标、底稿编制指标、事项汇报指标权重分别为 0.86%、0.67%、0.54%、0.28%。

审计报告指标下及时性指标、完整性指标、可靠性指标、规范性指标权重分别为 0.14%、0.65%、0.76%、0.65%。

后续监督指标下计划编制指标、监督执行指标权重分别为 1.02%、0.96%。

创新环境及投入指标下创新环境指标、创新投入指标权重分别为 7.83%、2.66%。

理论研究及管理和技术创新指标下审计理论研究指标、审计管理及机制体制创新指标、审计技术和方法创新指标权重分别为 2.12%、2.41%、2.88%。

审计成果推广运用指标下知识型成果推广运用指标、审计直接成果推广运用指标、审计衍生成果推广运用指标权重分别为 2.35%、3.01%、3.68%。

效率指标下工作时间指标、计划完成率指标、覆盖率指标权重分别为 1.62%、1%、3.1%。

效果指标下可货币化审计成果指标、不可货币化成果指标权重分别为 9.56%、18.44%。

五、内部审计质量自我评估应用实践

以下是对一家大型国有控股企业内部审计质量进行评估的应用实践。这家企业主要负责川渝两地油气勘探开发、集输和销售业务，以及与之配套的矿区服务业务。审计部门主要负责对企业内部管理工作开展独立、客观的监督、确认与评价工作。审计部门现有专职内部审计人员 48 名，实行“一处两中心”的一体化管理模式，审计部门设审计管理科、财务收支审理科、投资与建设工程审理科、信息技术与对外合作审理科四个管理科室，主要负责审计计划、项目审理、审计信息系统管理等管理工作。审计部门下辖两个审计中心，两中心负责审计项目的实施等管理工作。

1. 评估过程

（1）评估方案设计。按照上述内部审计质量评估指标体系，确定了指标权重。在此基础上，结合实际设计了一套评估方案，用以指导评估工作。

（2）方案学习。为保证评估工作的相对独立性，评估工作委托具有专业测试能力的一家科研机构进行，为保证评估质量，参加评估人员提前两周时间对评估方案进行了学习。

（3）现场评估。评估小组通过采取访谈、审计抽样、发放调查问卷、查阅相关资料、执行分析程序等评估方法，对全年内部审计工作进行了检查。现场工作期间共查阅各类审计法律法规、审计标准、审计规章制度共计 77 项，查阅年度审计工作报告、年度审计统计报表、年度审计计划编制资料各 1 册，查阅审计项目档案资料 14 册，访谈审计部门管理人员 11 位，向相关业务部门（5 个）、所属单位（10 家）和审计人员（10 名）发放调查问卷 25 份，收回 25 份。

2. 评估结果

此次评估从审计环境、业务管理、创新及运用、业绩及增值四个方面，采用定性与定量结合，评估结果量化打分的方法对审计工作质量进行了评估。评估结果见表 4–7。

表 4–7　审计工作质量评估结果

<table>
<tr><th colspan="2">二级指标</th><th colspan="2">三级指标</th><th colspan="2">四级指标</th></tr>
<tr><th>指标名称</th><th>实际得分</th><th>指标名称</th><th>实际得分</th><th>指标名称</th><th>实际得分</th></tr>
<tr><td rowspan="6">审计环境</td><td rowspan="6">97.74</td><td>宗旨、权力及职责定位</td><td>100.00</td><td></td><td></td></tr>
<tr><td>独立性与客观性</td><td>100.00</td><td></td><td></td></tr>
<tr><td>专业能力与应有的职业审慎</td><td>95.72</td><td></td><td></td></tr>
<tr><td rowspan="2">制度体系</td><td rowspan="2">94.96</td><td>政策与程序</td><td>94.82</td></tr>
<tr><td>质量保证与改进程序</td><td>95.04</td></tr>
<tr><td>职业道德规范</td><td>100.00</td><td></td><td></td></tr>
<tr><td rowspan="3">业务管理</td><td rowspan="3">91.88</td><td rowspan="3">内部审计活动管理</td><td rowspan="3">95.84</td><td>年度审计计划及监督管理</td><td>92.23</td></tr>
<tr><td>人力资源管理</td><td>100.00</td></tr>
<tr><td>沟通与协调</td><td>100.00</td></tr>
</table>

续表

二级指标		三级指标		四级指标	
指标名称	实际得分	指标名称	实际得分	指标名称	实际得分
业务管理	91.88	内部审计活动管理	95.84	审计信息系统管理	100.00
				档案管理	100.00
				综合事务管理	100.00
		审前调查	70.00		
		审计方案	86.33		
		审计通知书	80.00		
		项目实施	97.70		
		审计报告	92.82		
		后续监督	88.89		
创新及运用质量	91.05	创新环境及投入	92.22		
		理论研究及管理和技术创新	88.65		
		审计成果推广运用	91.66		
业绩及增值质量	95.30	效率	80.94		
		效果	98.23		
合计	94.02				

通过表 4-7 可以看出，该企业内部审计工作质量综合得分为 94.02 分（优秀），其中：审计环境 97.74 分（优秀）、业务管理 91.88 分（优秀）、创新及运用 91.05 分（优秀）、业绩及增值 95.30 分（优秀）。审计环境和业务管理工作对制度、准则的遵循率为 94.96%（总体遵循）。内部审计工作质量总体属于优秀水平，在审计机构管理和项目质量管理方面总体遵循了内部审计相关标准和规章制度。通过评估分析，发现存在一些有待改进和完善的地方，主要包括：

1）审计环境方面

（1）内部审计机构规模与其所承担的审计任务不完全适应。

（2）具有注册会计师、造价工程师及国际注册内部审计师等执业资格的人员占比需进一步提高。

（3）内部审计部门的相关制度有待进一步完善。

（4）未将审理材料（包括审理人员的审理意见、审计组的审理意见回复等）与审计项目资料一并归档。

2）业务管理方面

（1）编制年度审计项目计划前，对相关情况的调查了解不够充分。

（2）计划调整不规范。

（3）审前调查收集的相关资料没有归档。

（4）编制审计方案时未评估审计风险。

（5）个别审计项目审计方案的内容不齐全。

（6）审计通知书内容不够规范。

（7）审计报告提交不及时。

（8）审计底稿中反映的问题未在审计报告中得到全面披露 。

（9）未对主要审计项目进行后续审计监督。

3）创新及运用方面

（1）审计创新文化氛围及审计人员创新意识程度有待改进。

（2）对新型审计技术与方法的运用不足。

4）业绩及增值方面

（1）人均现场审计工作时间较少。

（2）审计单位覆盖率较低。

3. 应用效果分析

（1）测试结果基本反映了企业内部审计管理现状。评价结果与审计部门领导进行了沟通，据他们反映，测试内容较全面，发现问题属实，总结成绩到位，证明评估指标体系系统、科学及客观。

（2）测试过程流程清晰，所需资料审计部门皆能提供，访谈资料也能及时提供。一方面说明审计部门基础管理工作到位、对测试工作积极配合；另一方面证明指标体系具有实用性及可操作性。

第二节　审计外委业务质量管理与风险控制

一、内部审计质量管理与风险控制相关理论

1. 内部审计外委业务

内部审计外委，也叫内部审计外部化，是指企业将内部审计业务或者职能委托给专业内部审计人员来实施，专业内部审计人员可以是会计师事务所，也可以是其他专业人士。

从 1990 年开始，西方理论界和实践界均将内部审计外包视为企业内部管理的一部分，国内学者也结合我国本土企业的特点进行分析探讨。研究成果主要集中在审计外包方式、可行性、独立性、优缺点、影响因素等方面。1990 年美国学者哈拉德等在《企业的核心竞争力》首次提出“Outsourcing”概念，中文意思即为“业务外委”，指企业利用其外部优秀资源，将非核心、次要的业务外包给外部的专业服务机构，利用它们的专长和优势来提高企业整体的效率和竞争力，而自身专注于核心、主要的业务。伴随经济的不断发展和企业内外部坏境的改变，以往的内部审计工作已经不能达到其自身的发展要求，并且从一开始的财务导向逐渐地发展到如今的风险导向内部审计。所以它在企业发

展阶段已经是十分重要的一部分，并且针对相关审计师的要求也不仅仅是单纯地了解财务相关知识，而是要对财务、审计、运营、法律等各方面都有着足够了解的全面性人才。因为企业中的内部审计师往往无法达到这些要求，就只能向外界去聘请专业人员，如此一来就出现了内部审计外委项目。

（1）审计外包方式。目前国内外较为认可的审计外包方式有四类：全外包、咨询式外包、补充式外包和协力式外包。若将内部审计外包，根据是否提供财务报表审计和履行管理职能把外包分为五种情况，表明同一家事务所为企业提供财务报表审计和内部审计外包服务时，审计人员不同会对财务报表的认识产生正面影响；外部审计人员同时履行部分管理职能则产生负面影响。对比四种外包模式表明，公司更愿意采用合作式，同时外部审计师更相信合作式的内部审计部门的审计工作。

内部审计外包的模式也可以根据企业需要自身内部审计资源和经营目标等因素选择适合企业本身的外包方式。在现有的经济环境下内部审计的作用越来越明显，并且对内部审计质量的要求越来越高，合作式外包是内部审计外包方式最有效的方法。还可以根据企业发展周期确定外包方式，初创期采用全外包，成长期采用合作外包，成熟期和衰退期采用补充或协力式外委。

（2）内部审计外包的影响因素。有研究发现资产的稳固性和内部审计外包的次数是企业考量是否将业务委托给外包商的重要参考依据。当企业的内控体系越薄弱，企业开展内部审计外包的概率就会增加。另有研究发现 99 家上市公司中有超过 50% 的公司并没有设立内部审计机构，而是选择部分或者全部外包其内部审计职能，且外部审计机构的技术能力越强，节约的审计费用越多，内部审计的成功率就越高。

殷丽丽等认为企业在面对市场竞争时可能会采取措施降低审计成本，因而实行内部审计外包，利用资源优势[18]。赵宝卿等对可能被外包的审计业务类型进行探究后发现，企业应区分不同的审计类型，考量外包实施条件，只有这样才能保证外包决策客观而严谨，以免外包策略失败的现象发生[19]。

2. 内部审计外委质量管理

国内对内部审计外委质量管理并未深入研究，只是提出一些建议和对策，有部分学者提出内部审计外委的质量控制，但研究不够全面系统，企业难以有效应用。外委质量管理理论上有以下几个方面：一是应从行业监管和国际注册内部审计师培训的大环境进行规范，企业也要从契约管理、外包项目和外包供应商的选择进行管理。二是认为应当对外包服务供应商的审计过程进行监督：完善内部审计准则、成立外包审计委员会、加强对外包审计人员的监管，注重审前和审后的内部审计质量控制、建立内部审计质量的责任追究制度。三是认为内部审计外包质量控制措施还应建立健全外部机构聘用管理体系，从合同履行评价、过程质量评价和结果质量评价三个维度构建内部审计外包质量评价体系。

3. 内部审计外委风险控制

关于内部审计外委风险控制的研究分析很少，只有一些国外学者提出的统计结论。艾当斯指出，在变幻莫测的竞争形势下，企业设立内部审计机构的意愿是与企业面临的经营环境的风险呈现出正相关关系的，内部审计的外包现象一般发生在处于稳定经营管理环境下的企业当中。克瑞斯莫得出结论：内部审计结论的可靠程度与企业面临的外部风险的高低呈现出显著的正相关关系，当风险较高时，管理层认为内部审计外包的客观性更强，从而更加信赖内部审计外包的结论。

二、质量管理和风险控制的相关理论

1. 全过程质量管理

全过程质量管理是指企业为保证和提高产品质量，运用系统的原理和方法，对企业生产经营活动全过程设计试制、生产制造、辅助生产和销售使用所进行的严格控制。产品的质量是经过生产经营的全过程逐步产生和形成的，好的产品质量是设计生产出来的，不是单纯靠检验得到的。企业产品质量的好坏，是企业全部生产环节和各方面工作的综合结果，要保证产品质量，就必须对生产经营全过程加强质量管理。

全过程质量管理是全面质量管理的一个重要组成部分，内部审计外委业务全过程质量管理就是对整个审计过程各个环节进行整体的质量控制。它是提高内部审计质量的保证，涉及审计的各项工作，贯穿于审计项目的全过程。它通过对各控制环节的有效管理，增强了内部审计工作的可靠性、准确性、合理性、效益和效率性，使内部审计工作质量得以全面提高。

全过程质量管理，要求审计机构将审计方案编制、现场审计、审计报告阶段等各个环节影响审计项目质量的一切因素都控制起来，使质量管理工作贯穿于审计项目实施的全过程。内部审计质量控制的各个过程是相互联系的，不能截然分开，前一过程是后一过程的条件，后一过程又为前一过程反馈信息，这样不断循环，就构成了质量形成的全过程。

实行全过程质量管理，必须把不符合审计要求的外委项目消除在质量的形成过程中，做到防检结合，以防为主。把质量管理工作的重点，从管事后对审计项目业绩的考核评估转到控制外委审计项目实施前的审计过程质量上来，特别是在服务商选择和合同签订过程管理上下功夫。对内部审计外委业务的一切环节加强控制，保证审计实施过程的工作质量，消除影响质量的各种风险，并逐步形成一个包括全过程管理的质量保证体系。

PDCA 循环是美国质量管理专家休哈特博士首先提出的，由戴明采纳、宣传，获得普及，所以又称戴明环。全面质量管理的思想基础和方法依据就是 PDCA 循环。PDCA 循环的含义是将质量管理分为四个阶段，即计划（Plan）、执行（Do）、检查（Check）、处理（Act）。在质量管理活动中，要求把各项工作按照作出计划、计划实施、检查实施效果，然后将成功的纳入标准，不成功的留待下一循环去解决。这一工作方法是质量管理的基本方法，也是企业管理各项工作的一般规律。

内部审计的 PDCA 循环工作法是一套严谨的内部审计方法论，是一套覆盖企业内部审计计划、执行、结果跟踪到最后处理的严格流程管理法。

1）P（PLAN）内部审计计划阶段

确定内部审计项目，做到“五个针对”：针对资产管理的风险大小立项；针对新会计准则的变异点立项；针对企业管理活动的重点立项；针对职工群众反映的热点立项；针对企业重要业务重点环节立项。

项目实施前的准备要把握四个方面：成立内部审计项目小组，明确职责分工；进行相关专业知识及企业相关制度的培训；制订实施方案，明确审计目的、要求和方法步骤；向被审计的单位发出内部审计通知并做好沟通。

2）D（DO）内部审计执行阶段

内部审计执行阶段实际上是对审计对象取证和评价的过程，组织实施内部审计时，严格依据项目实施方案规定的方法和步骤对审计对象进行检查，检查审计项目有关经营管理者履行职责、执行国家法律法规和企业管理制度、完成管理目标任务的情况；收集与审计项目有关的文件资料和事实陈述，检查经营管理者履职行为的正确性，发现行为偏差和管理缺陷，听取意见，及时沟通，寻找原因，提出建议，形成报告。

3）C（CHECK）内部审计追踪阶段

内部审计追踪也称后续审计，是指内部审计机构为检查被审计单位对审计发现的问题所采取的纠正措施及其效果而实施的审计。其基本目的是为了审查和监督被审计单位是否对报告中揭示的问题和偏差进行了纠正和改进，采取的纠正措施是否及时、合理、有效。可见，内部审计追踪是工作中不可或缺的关键程序，不仅关系到审计工作的质量，而且对于组织机体的纠错防弊和风险预警作用更加反映充分和有效。

4）A（ACTION）内部审计部门审理阶段

在内部审计追踪的后期，对于一些跨部门的专业性或综合性较强的问题，要依靠经营管理高层以及相关制度来加以解决。审计工作质量应该是系统的、全面的，不仅是指审计工作实施本身及审计问题查处的客观、真实、正确，无差错、无风险，更应包括审计揭示问题是否最终得到落实和纠正。

2. 以风险为导向的风险管理

在内部审计业务中应用风险导向审计，对于内部审计部门合理、有效配置审计资源，进一步提高审计质量，控制审计风险具有重要作用。风险导向审计的引入，对于内部审计顺应企业发展规律，加强自身建设，更好地发挥“免疫系统”功能也具有深远影响。

所谓风险导向审计，是指内部审计人员在对风险及其内部控制系统进行充分了解和评价的基础上，分析、判断风险发生的可能性及其影响程度，建立审计风险模型和风险评级标准，制定与之相适应的内部审计策略、审计计划和审计程序，将审计资源重点配置于高风险领域，将内部审计风险降低至可接受水平的一种审计模式。风险导向审计关注公司高风险领域对审计目标的影响，将对风险的辨识、分析和评价贯穿于审计工作始终；风险导向审计既应用于审计项目实践，也可以应用于审计业务规划，建立与企业全面风险管理体系相匹配的审计策略体系。因此，风险导向审计不仅仅是一种审计技术，更是因审计理念的转变而产生的审计模式、审计方法的革新。

与传统的审计方法相比较，风险导向审计带来的是审计理念和审计方法的重大转变。风险导向审计不仅仅依赖于对企业内部控制制度设计和执行情况的测试评价，更将审计视野扩展到对企业内外部环境、公司管治、战略管理等层面的全面风险评估，内部审计人员在审计时始终秉持合理的职业审慎，并将风险评估技术和分析性复核程序应用于审计项目全过程。

审计环境中经营数据失真、内控措施缺失、人员素质不高、审计质量控制不严等因素都是客观存在的，审计人员在作出审计判断时，不可避免地存在判断错误的风险。审计结果的不确定性和风险要求审计人员在不断提升自身素质的前提下，必须从审计全过程风险管理的角度，综合考虑各种因素，科学制定审计策略，采取各种积极有效的控制措施，以提高审计效率，进一步规避风险。

审计全过程风险控制是保证内部审计质量的重要前提，将风险管理融入审计全过程能全面有效地掌握内部审计工作动态，高效灵活地分配审计资源，提高审计工作的效率和业务质量，从而对企业风险进行有效管理。内部审计的全过程风险控制的具体应用如下：

（1）启动阶段——风险评级，确定项目。内部审计部门通过对企业内部单位的分析测评，确定风险等级，将分析结果提交决策层，根据风险高低，确定年度审计项目计划。在评价标准上，内部审计部门可以借鉴国际内部审计师协会的“内部审计实务标准”、巴塞尔银行监督委员会的“银行内部审计及监管当局与内外审的关系”、2002 年特恩布尔（Turnbull）委员会颁布的公司行为准则等内容，并根据企业实际情况，设定量化评分表，对风险测试结果来排期审计项目。

（2）准备阶段——风险预估，制订计划。在审计准备阶段，内部审计部门搜集相关资料，了解被审单位及其环境，对治理结构、组织结构、经营活动、会计政策、行业现状等进行分析，从而进一步预估风险。审计部门按不同风险等级提供不同的审计方案，如预估应收账款存在较高风险，根据该风险等级，测算出审计抽样的样本量。

（3）实施阶段——风险测试，计划修订。进入审计实施阶段，内部审计部门通过风险测试，对被审对象的风险有了重新认识，如果与预估的审计风险存在较大差异，则需调整审计计划。如对高风险领域，对审计人力资源统筹调配，追加审计力量，实施低风险的审计方案。在审计实施的过程中应充分运用各种工具，如数据工具、审计预警、审计查证、审计抽样、数据分析、数据汇总等。通过审计工具来规范审计工作过程，提高审计效率。在执行审计作业时，通过执行内部控制测试、实质性程序来识别风险、控制风险。

（4）报告阶段——风险报告，管理建议。提供审计报告是内部审计部门重要的价值所在。通过审计实施阶段获取的各类审计证据形成的审计底稿，审计底稿对审计过程中的相关风险进行记录，形成被审单位的风险报告，内部审计部门并据此提出管理建议，有的放矢，为企业提供更好的增值服务。

（5）后续阶段——风险追踪，经验积累。审计项目结束后，内部审计部门可能会根据企业需要，对被审单位实施跟踪审计。在跟踪审计中，内部审计部门通过调阅与风险相关的工作底稿，以风险为主线，能够事半功倍，提供审计效率和效果。此外，根据审计项目的经验可以整理法律法规库、审计案例库、底稿库等资源。相关的法律、法规、制度是审计人员执业的依据，不断更新的专业知识是审计人员执业质量的重要保证。同时，审计过程中针对重大风险发现的问题、对发现问题的处理、问题存在的原因等可以作为审计经验充实到审计案例库中，作为长期的积累。

三、内部审计外委业务存在的主要问题

1. 选商的竞争性条件单一

实行“价低者得”政策，仅以服务费用高低作为进入中介库服务商的中标标准，未能合理考虑备选服务商的其他资质及能力。

内部审计不同于外部审计，其本身具有企业内部监督与服务的特点，石油石化行业内部审计机构在采购时往往偏重选用熟悉油田内部生产经营业务、优质可靠且经验丰富的供应商。但公开招标加剧竞争，劣币驱逐良币现象时有发生，优质优价实现难度增加。

部分外委服务商为了拓展审计业务，大幅降低审计费用，甚至低于审计活动开展成本，最终导致中标后审计工作无法正常开展或者为节约审计成本而牺牲审计质量。而且外委服务商整体水平良莠不齐，有些低价中标外委服务商并不具备足够的胜任能力，导致审计质量无法得到保证。

2. 服务商为中标恶意低价竞争

外委审计费用，主要由基本审计费和审减提成费两部分组成。基本审计费分值占比70%，控制价为项目概算金额的0.13%；审减提成费分值占比30%，控制价为审减净额的5%。基本审计费控制价是一个经验值，参照的是以往年度外委审计基本费，审减提成费控制价参考的是地方政府定价。从服务商竞争报价看，基本审计费最低报价仅为0.08%，审减提成费最低报价为1.2%。以一个1000万投资概算的工程项目为例进行分析，看其是否属于恶意低价竞争。由于审减费是一个不确定数据，可多可少，甚至没有审减，因此，这里仅以基本审计费进行测算分析，基本审计费为8000元（1000万元×0.08%）。参照常规的审计投入人·日分析，这个项目一般应投入21个（3人×7日），以目前1个造价工程师1200元/日的平均市场价计算，基本审计费应为25200元，远远超出8000元，服务商明显属于低价竞争。究其原因，是部分服务商想进入公司市场，不惜“赔本赚吆喝”，牺牲近期利益，以谋取今后长远市场。

3. 服务商审计人员专业能力、投入工时难以满足项目要求

低价中标后，除少部分服务商按照合同约定，派出有经验的执业人员组成审计小组进行审计，质量能够得到保证外，大部分服务商没有按照合同约定执行，在审计组成员的配备、审计项目的外勤时长、审计报告的出具时间等方面大打折扣，如审计人员专业胜任能力不足、情况了解不深入、审计报告出具时间拖延等，审计质量十分低下。具体表现在：

一是派出不少入职不久的新人，减少人工成本，甚至把项目当成新人“练兵场”，既减少了人员费用，还进行了人员培训，服务商一举两得，但损害的是业主方的审计质量。2018年三家服务商派出的造价工程师及注册会计师不到审计人员的50%，其中一家服务商在11人的团队中仅派出1名注册造价师，1名注册会计师。

二是缩短现场时间，以时间换成本，审计查证深度不够，如不进行现场踏勘。工程项目审计，对工作量真实性核查，最有效的方法是到项目施工现场踏勘核验，以确定真

伪，但服务商为节约出行成本，往往不派人到实地进行核查，坐在办公室翻阅施工资料就草草了事，导致出现大量漏审、少审问题。2018 年外委项目中平均单个审计工程项目投入 26 工日，部分项目投入时间小于 20 个工日，以一个 5 人的审计团队计算，3～4 天就要完成一个建设项目的审计工作，审计质量不言而喻。

4. 审减成效低，审计报告编制质量不高

工程建设项目审减率 = 审减额 / 报审投资金额，审减率越高，越有利于企业减少投资损失，提高资金使用效率，确保工程资金合理合法合规使用。2018 年 54 个工程项目，报审投资 ×××× 万元，审减工程投资 ×× 万元，审减率为 1.35%，审计部门在工程审计方面为企业创效较少。

审计报告编制质量不高，由于事实不清、描述模糊、定性不准等，审理过程中反复修改，耗费大量时间，直接影响了业主方审计决定和意见的下达。2018 年服务商该项业绩考核分数满分为 10 分，大部分得分都在 5 分左右。

2018 年部分外委审计报告的问题表述与定性和底稿有明显出入、数据出现明显差错，不能对工程项目管理提出具有针对性和操作性的审计意见，未能达到预期的审计目标。

四、内部审计外委业务实施质量管理与风险控制的必要性

1. 是内部审计质量控制的内在要求

企业内部审计在“审计全覆盖”的要求下，工程建设项目实行 100% 审计，因此，面临审计监督的跨度大、审计的资金量大、审计项目数量多等压力。而且建设项目涉及组织复杂，审计资源、人力资源严重不足。为及时完成工程建设项目审计，提高审计质量，审计业务外委必然成为内部审计的主要选择和重要补充。但在外委审计实践过程中，外委审计成果的质量难以对标考核，影响内部审计整体质量的提升，外委业务的质量管理是需要解决的现实问题。

2. 是审计风险控制的重要环节

随着外委业务的范围和数量的增加，外委审计单位能否及时完成审计工作、人员素质是否满足工作要求，审计范围、内容、审计措施、查证深度能否满足审计质量要求，以及是否做到保密要求等，都会造成达不到审计目的的风险。对外委业务风险的控制，就是对管理风险的控制、对内部审计风险的控制、对企业经营风险的控制，是不可或缺的重要环节。

3. 是审计信息化建设的必然要求

随着审计信息化监督管理平台建设，整合利用生产经营管理相关统建与自建系统数据，构建预警分析模型，实现工程建设、油气营销、合同（物资采购）与财务管理四大业务领域核心业务流程的实时在线监控，实现重点风险领域的实时在线审计，为内部审计提供完整、全面的辅助查证与决策信息支撑。各项审计业务需求建立与当前信息系统建设相匹配的外委项目管理模式和工作机制，完成一系列审计标准化操作流程，完善审计质量管理和风险控制，要求外委业务质量管理和风险控制应尽快与审计信息系统建设相结合，进一步完善审计信息系统建设。

五、内部审计外委业务质量管理与风险控制体系

1. 发展规划

以促进企业战略目标的实现为终极愿景，分步骤、分阶段推行内部审计外委业务质量管理和风控体系，通过不断完善质量管理和风险评估技术，逐步建立适合内部审计外委业务质量管理和风控体系，并用这种模式去指导内部审计外委工作的全过程；积极探索新的审计方式，拓展新的审计领域，逐步在内部审计领域普及内部审计外委业务，最终实现内部审计人员工作范围由全覆盖的项目审计转变为重大项目审计、专项审计，内部审计业务重心由财务审计转型为管理审计、风险审计，工作方式由事后审计向事前、事中、事后风险监控审计转变，审计手段逐步向信息化方向发展，从而确保内部审计在实现公司目标、提升公司价值方面的职能作用真正得到发挥。

2. 业务流程

依据财政部颁布的《企业内部控制应用指引第 13 号——业务外委》，中国内部审计协会颁布的《第 2309 号内部审计具体准则——内部审计业务外委管理》，以及《中国石油天然气公司审计购买服务管理暂行办法》（中油审〔2017〕18 号）和《西南油气田分公司审计购买服务实施细则》（司审计〔2017〕12 号）等相关规章制度，结合业务实践，优化内部审计外委业务流程。

在整个内部审计外委全过程中，关键业务流程有四个：内部审计外委决策阶段、内部审计外委业务选商阶段、内部审计外委业务合同执行阶段、内部审计外委业务后续跟踪阶段。内部审计外委四大业务阶段如图 4-2 所示。

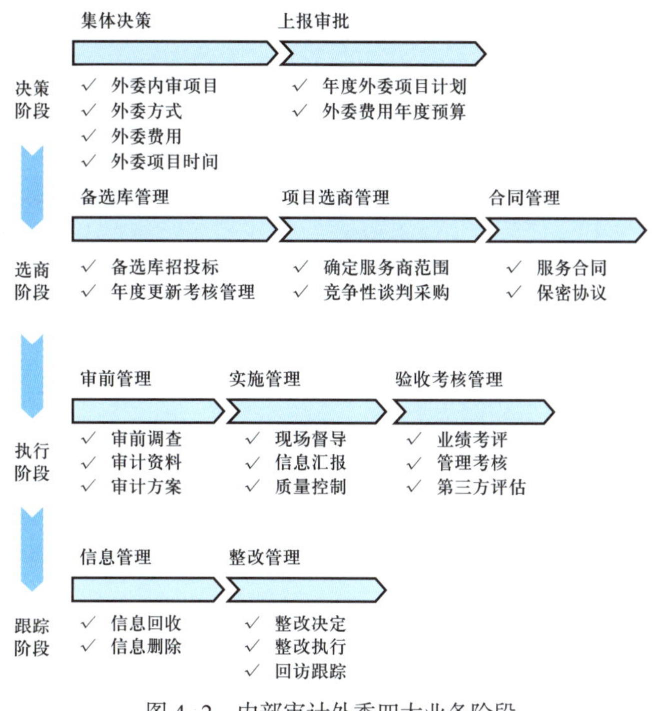

图 4-2 内部审计外委四大业务阶段

1）内部审计外委决策阶段

在这一阶段，企业的高层管理者的主要工作是确定外委的需求并制订实施的策略。要从外委中获得效益，最高决策层必须采取主动的态度，因为只有最高决策层才具有外委成功所必须的视角和推动变革的力量。在制订外委策略时，要考虑如下问题：

明确企业的经营目标和外委之间的联系；了解自己的核心竞争力，确定哪些业务需要外委，并明确通过外委所能获得的能力；在确定需要外委的业务后，还要收集大量的材料和数据以确定从哪些外委的业务中可以获得最快或最佳的投资回报；建立自己的需求底线，并收集相关外委服务商的信息；与员工开诚布公地沟通，了解满足员工的一些正当要求，并获得员工的支持，从而保证外委业务顺利实施。

外委项目选择基于以下原则：

（1）风险受控原则。选择外委审计项目应考虑公司声誉、整体利益及商业秘密等因素。通过风险评估，对可能有损公司声誉、整体利益以及涉及公司核心商业秘密的项目不予对外委托。

（2）重要性原则。目前公司审计项目主要包括工程项目审计、经济责任审计、专项审计，由于经济责任审计和专项审计会涉及公司中层管理人员和公司重大生产和运行管理，一般不予外委审计；工程项目按重要性原则又分为一至四类，外委项目，一般选择三、四类金额较小、规模不大、不属于公司的增储上产重要项目。

（3）成本效益性原则。把外委审计“费效比”纳入决策考虑的重要因素之一，充分预估投入与审计成效，尽量避免出现投入大于效益的项目出现。

公司审计部门会同审计中心于每年年底召开办公会，对外委内部审计项目、外委方式、经费预算进行集体决策，并结合被审单位是否具备现场审计条件来提前布置项目时间安排，形成下一年度外委项目计划和外委费用年度预算，按流程上报公司管理层审批后执行。内部审计外委项目决策流程如图 4-3 所示。

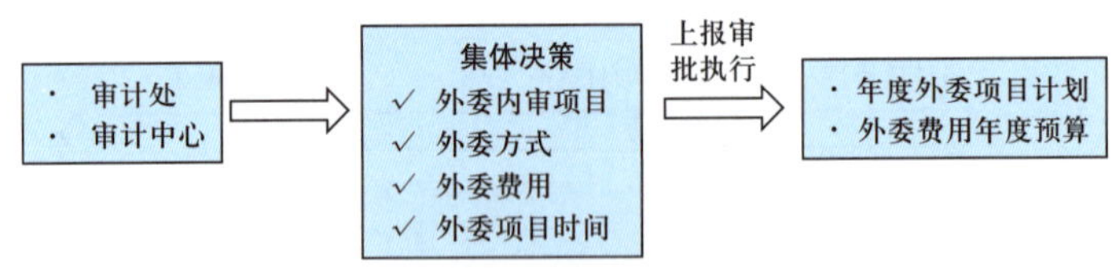

图 4-3　内部审计外委项目决策流程

2）内部审计外委业务选商阶段

内部审计外委选商阶段主要环节是备选库的建立和管理、审计项目竞争性谈判和合同签订，主要参与者包括委托方（审计部门和审计中心）和服务商。

内部审计外委项目选商阶段流程如图 4-4 所示。

审计部门采取公开招标方式建立审计服务商备选库，通过总量控制和年度考核来管理备选库规模和质量。

审计中心组织备选库的有效成员参与竞争性谈判，服务商按照竞争性谈判文件要求编制响应文件，参与竞争，审计中心派出代表和审计部门评审专家组成谈判小组，依据竞争性谈判文件对响应文件进行综合评审并作出评价，推荐成交候选服务商。

按流程，成交候选服务商与审计中心根据谈判文件确定的合同格式和采购标服务要求等事项签订服务合同，正式建立甲乙方关系。

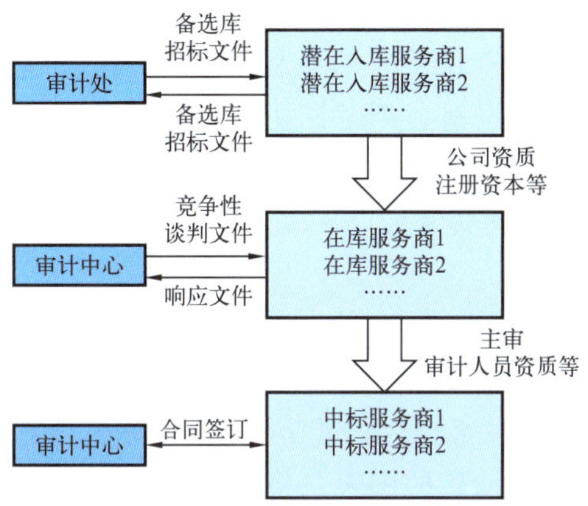

图 4-4 内部审计外委项目选商阶段流程

3）内部审计外委业务合同执行阶段

内部审计服务合同执行阶段主要有审前、实施和验收三个环节，涉及委托方、服务商、被审计单位三大责任主体。委托方主要履行质量监督和业务指导职能，服务商则主要履行项目实施和质量管控职能，被审计单位主要配合审计和反馈廉政信息。内部审计外委业务合同执行阶段流程如图 4-5 所示。

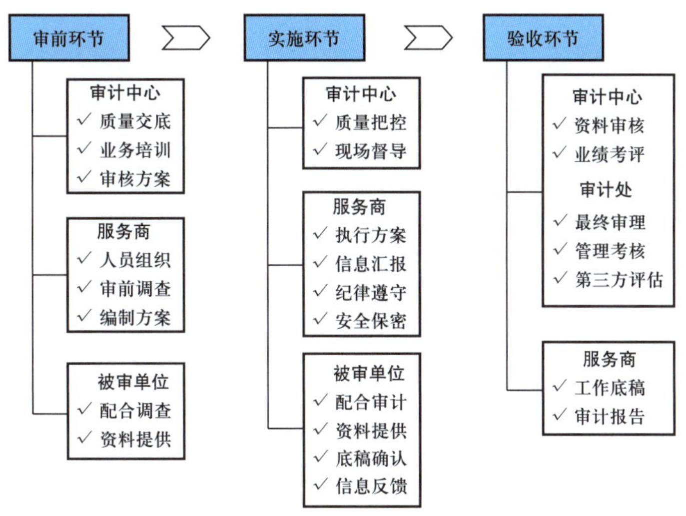

图 4-5 内部审计外委业务合同执行阶段流程

在审前环节，委托方进行质量交底、业务培训和方案审核等工作；服务商审计组开展人员组织、审前调查和方案编制等工作；被审单位则配合审前调查和资料提供。实施环节中委托方持续展开质量监督和现场督导管理工作，服务商审计组执行审计方案，被审计单位协调并配合外委审计组相关工作。审计中心在验收考核阶段对服务商审计组提供的审计资料报告进行审理和业绩考评，审计部门作为内部审计管理机构对报告质量履行最终审理程序，并且有权对服务商出具的审计结果委托第三方机构进行评估。

4）内部审计外委业务后续跟踪阶段

后续跟踪阶段主要涉及审计整改、跟踪回访和相关信息的回收。被审单位在规定期限内执行审计决定及时整改，并将整改结果及其相关资料、凭证上报；审计部门不定期对被审单位执行决定和意见情况进行跟踪回访；服务商在内部审计实施过程中掌握大量公司内部生产运营等涉密信息，在服务合同结束时全面回收所有涉及公司内部工作与人员的信息，并监督服务商进行彻底删除。

3. 评估方法

1）质量管理的方法

（1）质量计划的方法。

常用的质量计划的方法和技术包括质量功能展开技术和流程图。

质量功能展开技术用比较清楚的图表，将用户的需求和期望的复杂关系系统地表现出来，并进行综合权衡分析，以提供选定方案的决策依据。

流程图是由若干因素和箭线相连的因素关系图，主要用于质量管理运行过程策划，包括系统流程图和因果流程图两种主要类型。

（2）质量控制的方法。

项目质量控制的一个重点问题，就是能及时发现项目实施过程中是否存在异常，以便及时采取对策加以纠正。直方图、趋势图、帕累托图、动态分析法等都是质量管理可使用的工具。

（3）质量保证的方法。

质量保证是所有计划和系统工作实施达到质量计划要求的基础，为项目质量系统的正常运转提供可靠的保证，它应该贯穿于项目实施的全过程之中。

（4）质量改进的方法。

质量改进包括达到以下目的的各种行动：增加项目有效性和效率以提高项目投资者的利益。在大多数情况下，质量改进将要求改变不正确的行动以及克服这种不正确行动的过程。

2）风险控制的方法

（1）风险识别的方法。

项目风险识别的方法主要有检查表法、预先分析法、情景分析法、德尔菲法等，在内部审计外委业务风险识别过程中结合项目的具体情况，组合应用这些工具。

检查表法是管理中用量记录和管理数据的一种常用工具。用它进行风险识别时，将项目可能发生的许多潜在风险列于一个表上，供识别人员进行检查核对，用来判别是否存在表中所列或类似的风险。

预先分析法是指在每一项目活动开始以前，对项目所在风险因素类型、产生的条件、风险的后果进行概略分析。

情景分析法就是通过有关数字、图表、曲线等，对项目未来的某个状态或某种情况进行详细的描绘和分析，从而识别引起项目风险的关键因素及其影响程度的一种风险识别方法。

德尔菲法又称专家调查法，它以非见面形式收集专家意见，一种综合多名专家经验与主观判断的方法。基本做法为：在对所要预测的问题征得专家意见后，进行整理、归纳、统计，再匿名反馈给各专家，再次征求意见，再集中，再反馈，直至得到稳定的意见。

（2）风险评估的方法。

风险评估包括风险估计和风险评价两方面。

首先是风险估计的方法：

风险的大小是由两个方面决定的。一个是风险发生的可能性，另一个是风险发生后对项目目标造成的危害程度。对这两方面，可进行一些定性的表述，如“非常高的”“高的”“适度的”“低的”“非常低的”等，由此可得到一个可能（危害）等级矩阵，对发生可能性高且危害大的风险要特别注意。

风险估计的方法包括项目假定测试、数据精度分析、风险坐标图。风险坐标图是把风险发生可能性的高低、风险发生后对目标的影响程度，作为两个维度绘制在同一平面上。绘制风险坐标图的目的在于对多项风险进行直观的比较，从而确定个风险管理的优先顺序和策略。

其次是风险评价的方法：

风险评价是在进行风险识别和估计后对项目风险进行的系统分析工作，有效的风险评价方法一般采用定性与定量相结合的系统方法。常用的风险评价方法有：主观评分法、风险图评价法、层次分析法等。

主观评分法是利用专家的经验等隐性知识，直观判断项目每一单个风险并赋予相应的权重，然后把各个风险的权重加起来，再与风险评价基准进行比较分析。

项目风险图是根据项目风险的严重性和发生的可能性来绘制的，是目前广泛运用于风险识别和优先排序的工具手段。

层次分析法可以将无法量化的风险按照大小排序，根据评价目标、评价准则构造递阶层次结构模型。

（3）风险应对的方法。

应对风险，可以从改变风险后果的性质、风险发生的概率或风险后果大小三个方面，提出多种风险应对策略。具体包括减轻风险、预防风险、回避风险、转移风险、接受风险、储备风险六种方法。

（4）风险监控的方法。

风险监控是监控项目进展和项目环境，即项目参数的变化的行为，其目的是核对这些策略和措施的实际效果是否与预见的相同；寻找机会改善和细化风险规避计划，获取反馈信息，以便将来的对策更符合实际；对新出现及预先制订的策略或措施不见效或性质随着时间推移而发生变化的风险进行控制。主要包括监督残余风险、识别新风险、评估风险控制有效性等。

4. 全过程质量管理

内部审计外委业务质量管理中应当明确质量管理所涉及的不同部分的责任实体，即审计部门、审计中心应该负责的部分，服务商应该负责的部分以及双方共同负责的部分；

双方应当构建项目管理的协作机制，明确日常项目管理的具体内容。

内部审计外委业务的协作和同步平衡对双方都十分重要，审计中心的项目质量管理工作应全面考虑外委项目同自主项目的集成统一，服务商应严格控制项目进程和产品或服务交付的时间，按照审计中心定义的质量标准及时提供产品或服务。

双方必须统一涉及外委项目的评估指标，对评估的对象达成一致，同步开展评估的协调工作并形成书面报告，充分利用质量的数字评估标准为项目质量管理提供支持。

质量管理的主要活动包括质量计划、质量控制、质量保证和质量改进。

1）内部审计外委业务质量计划

质量计划是设定质量目标和开发为达到这些目标所需要的要素或过程。

内部审计外委业务质量计划是内部审计外委业务质量管理的一部分。质量计划是指导与质量有关的活动，即指导质量控制、质量保证和质量改进的活动。质量控制、质量保证和质量改进只有经过质量计划，才可能有明确的对象和目标，才可能有切实的措施和方法。

质量计划致力于设定质量目标。质量方针指明了项目相关方进行项目质量管理的方向，而质量目标是该方向上的“一点”。质量计划就是根据质量方针，结合具体情况确定这“一点”。

质量计划应为实现质量目标规定必要的作业过程和相关资源。质量目标设定后，就需要考虑为实现质量目标应采取哪些措施、必要的作业过程以及需提供的必要条件，包括人员和设备等资源，并将相应的职责落实到部分或岗位，使外委业务的质量控制、质量保证和质量改进等质量管理活动得以顺利实施。

2）内部审计外委业务质量控制

为保证内部审计外委业务质量，审计中心和服务商双方应全面参与内部审计外委业务控制工作。审计中心要全程参与业务外委的各个环节的质量监督，敦促服务商按合同要求实施各方面的质量控制工作，而服务商应无条件遵循审计中心对内部审计外委业务的质量要求，严格履行合同对承接业务的每个过程、环节、细节、因素的质量要求实施质量控制工作。审计中心应加强对服务商的质量控制工作，而服务商应侧重于对审计中心的质量保证工作。

审计中心应尽可能详细地明确外委业务的质量要求，为服务商实施质量控制提供前提和基础。服务商应严格按照承接的外委业务实施流程和规范来落实业务流程，确保审计项目的服务质量。

审计中心对服务商的质量控制主要包括两个方面：第一，选商及合同签订阶段对服务商的质量控制；第二，审计项目实际阶段服务商的质量控制。

服务商实施质量控制应以业务合同为依据，确保合同、规范所规定的质量标准，采取相应的检测、监控措施、手段和方法。

内部审计外委业务的质量标准是评价外委业务质量的尺度，业务落实过程中的各类数据是实施质量控制的基础和依据。业务质量是否符合质量标准，必须通过严格检查，以数据为准绳。

3）内部审计外委业务质量保证

内部审计外委业务质量保证包括确定质量标准、建立质量控制流程以及质量系统的评估，是在质量系统内实施的有计划的系统性活动，是质量管理的一个更高层次，是对质量计划、质量控制过程的控制保证。

项目质量保证工作的基本内容包括以下几点：

建立完善的外委质量标准。要制定各种定型、定量的指标、规则、方案等质量标准，力求在质量管理过程中达到或超过质量标准；

制订质量控制流程。对不同种类的审计项目，或同一审计项目的不同组成部分和（或）不同实施阶段，其质量保证和控制流程也不相同。

建立质量保证体系并使之有效运行。内部审计外委业务质量保证体系是一个动态的管理机制，通过循环往复地运行，提高外委业务的质量。为保证内部审计外委业务质量保证体系的有效运作，审计部门、审计中心、服务商及工程建设单位应高度重视招标投标、合同签订、审计项目实施过程、人力资源管理等各个质量环节，使质量保证体系得以良性循环。

4）内部审计外委业务质量改进

要保证外委审计服务的质量，服务商应根据业务的特性，真正理解审计中心对内部审计外委业务质量要求的每一个细节，有效地激励员工采取相应步骤制定承接业务的质量标准并建立服务系统，使得服务外委质量得以提高及完善。

质量改进工作首先要使企业内部员工树立高质量产品及优质服务是企业生命力保障的观念，理解质量对公司业绩的重要影响以及同员工个人利益的关系。

质量改进工作应重点分析并理解企业为什么存在质量问题的实际原因。可通过缩小服务外委业务中几个方面的差距达到改进质量的目的，包括：缩小审计中心对质量的期望值同服务商对质量的期望值的差距；缩小审计部门对质量期望值和工程建设单位对质量期望值的差距；缩小审计部门、审计中心对质量期望值的认知和质量标准的差距；缩小质量标准和实际质量的差距。

服务外委各方的质量改进工作可以通过以下几个方面具体实施：进行质量保证的人事规划；落实零缺陷的质量改进计划；服务商对审计中心的无条件质量保证；严格执行质量标准及审计中心外委业务制定的具体质量标准。

5. 全过程风险控制

传统的内部审计外委通常会出现各个阶段活动中出现的责任不清、监控措施不力等问题。这些问题不仅容易造成对承包方在费用投入、人员负荷、资源消耗、组织结构变化等方面的管理失控，给发包方在审计质量和经济效益方面带来严重损失，使项目遭受极大的风险，而且对提高承包方的审计报告质量造成很大的困难。主要原因在于在审计外包管理过程中阶段里程碑设置不合理、外包主体各方职责不清晰、流程管理不规范等。

全过程风险管理基于整个内部审计外委的业务流程，不同业务阶段的特点，确定各阶段及其主要任务和责任主体，明确各业务流程之间的输入、控制、机制和输出关系以及所需要的资源，以业务流程和阶段目标为主线，对外包全过程工作进行风险管理，强调将风险理念贯彻在审计工作的始终。根据“油公司模式”公司外委项目风险管理实践，将外委项目风险管理分为风险识别、风险评估、风险应对以及风险监控四个阶段（图 4–6）。

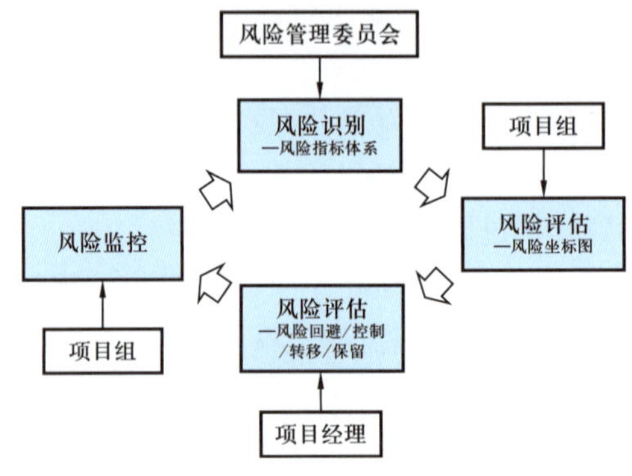

图 4–6　风险管理全过程

1）内部审计外委业务风险识别

内部审计外委业务风险识别是指管理者在前期收集资料和调查研究的基础上，明确项目的不确定因素、识别风险来源、确定风险发生条件、描述风险特征并评价风险影响的过程。内部审计外委业务风险识别不是一次性行为，而是一项贯穿于项目实施全过程的风险管理工作。

风险识别过程中需要确定三个相互关联的因素：

风险来源，主要包括时间、费用、技术、法律等。

风险事件，指给项目带来积极或消极影响的事件。

风险征兆，它是指实际的风险事件的间接表现。

引起内部审计外委业务不确定性的直接因素包括三个方面：项目中人的活动因素、物的流转因素和服务外委项目环境因素，它们共同构成了服务外委业务风险的基本来源。风险来源的不确定因素常常是在特定环境中，通过触发某一个或一连串“风险事件”来对项目起影响作用。风险后果一般采用风险事件对项目目标的影响来表示，也称为风险影响，例如对项目进度、成本和质量产生的风险影响分别称为时间风险、费用风险和质量风险等。

内部审计外委业务风险识别的主要内容包括：

（1）识别并确定项目有哪些潜在的风险。只有首先确定项目可能会遇到哪些风险，才能够进一步分析这些风险的性质和后果，所以在项目风险识别中首先要全面分析项目发展与变化中的各种可能性和风险，从而识别出项目潜在的各种风险并整理汇集成风险清单。

（2）识别引起这些风险的主要影响因素。只有识别清楚各个项目风险的主要影响因素及其对项目风险的影响方式、影响方向、影响力度等，才能把握项目风险的发展变化规律，才有可能进一步对项目风险进行应对和控制。

（3）识别项目风险可能引起的后果。全面分析项目风险可能带来的后果和严重程度，缩小和消除项目风险带来的不利后果，同时争取扩大项目风险可能带来的有利后果。

2）内部审计外委业务风险评估

内部审计外委业务风险评估是对项目风险进行综合分析，并依据风险对项目目标的影响程度进行风险分级排序的过程。它是在项目风险规划、识别和估计的基础上，通过建立项目风险的系统评价模型，找到该项目的关键风险，确定项目的整体风险水平，为应对和控制这些风险提供科学依据，以保障项目的顺序进行。

项目风险评估是对项目风险进行整体和综合评估，从整体上考虑项目所面临的各个风险，各风险之间可能的相互作用、相互影响以及对项目的总体影响，项目主体是否能承担这些风险等。对内部审计外委业务风险进行综合评价的方法一般有定性和定量两种。

内部审计外委业务风险评估内容包括：（1）对项目风险进行比较分析和综合评价，确定风险重要性的先后顺序。（2）分析各风险之间的相互联系，建立风险结构。（3）分析不同风险之间相互转化的条件和可能性，化风险为机会。（4）进行项目风险量化研究，减少风险发生概率和损失估计中的不确定性，为风险应对和监控提供依据和管理策略。

3）内部审计外委业务风险应对

内部审计外委业务风险应对是依据风险识别、风险估计、风险定性分析和定量分析的结果，为降低项目风险的不良影响而制订的风险应对措施，为实现项目目标创造机会、减少失败概率而制订的方案。风险应对应依据风险的优先级水平处理风险，根据需要适当调整项目计划中的资源和相应措施。

内部审计外委业务风险应对要与风险的严重程度相适应，所采取的措施要保证在项目的具体实施环境中切实可行。

制订内部审计外委业务风险应对计划的主要依据包括：（1）风险管理计划。（2）风险排序。将风险按其可能性、对项目目标的影响程度分级排序，确定要应对的威胁和要抓住的机会。（3）风险认识。指对放弃的机会和可接受的风险的认知，管理者的认知度会影响风险应对计划。（4）风险主体。项目利益相关者可作为风险应对主体的名单，风险主体应参与风险计划的制订。（5）一般风险应对。许多风险可能是由某一个共同原因造成的，这种情况为利用一种应对方案缓和两个或更多项目风险提供了机会。

4）内部审计外委业务风险监控

内部审计外委业务的风险监控主要包括两方面的工作：一是跟踪已识别风险的发展变化情况，包括在整个外委项目周期内，风险产生的条件和导致的后果变化，衡量风险消减计划需求；二是根据风险的变化情况及时调整风险应对计划，并及时识别和分析已发生的风险及其产生的遗留风险和新增风险，采取适当的应对措施。同时，对于已发生过和已解决的风险应及时从风险监控列表中调整出去。

进行风险监控一般遵守及时性、持续性和可操作性三项原则。风险监控不能仅停留在关注风险的大小上，还要分析影响风险事件因素的发展和变化。内部审计外委风险监控的主要内容包括：（1）风险应对措施是否按计划正在实施；（2）风险应对措施是否如预期的那样有效，收到显著的效果，或者是否需要制订新的应对方案；（3）对组织未来所处的环境的预期分析，以及对组织整体目标实现可能性的预期分析是否仍然成立；（4）风险的发生情况与预期的状态相比是否发生了变化，并对风险的发展变化作出分析判断；（5）识别到的风险哪些已发生，哪些正在发生，哪些有可能在后面发生；（6）是否出现了新的风险因素和新的风险事件，其发展变化趋势又是如何，等等。

风险监督和控制跟踪已识别的风险，监督残余和识别新的风险，保证风险计划执行，并评估这些计划对减低风险的有效性的过程。风险监控措施主要包括：权变措施、纠正措施、变更申请以及更新风险应对计划等。

6. 评价指标及标准

1）业绩评价表格

对内部审计外委业务的质量评价包括审计业绩评价和服务商综合业绩评价两部分。

（1）审计业绩评价指标。

该指标主要衡量单个审计项目的完成质量，可以从审计项目组织实施、审计项目质量管理、诚信履约等三个方面进行评价。审计业绩具体评价指标见表4-8。

审计项目组织实施关注项目完成的时效性，是否严格遵守合同约定的审计组审计纪律规定，是否按承诺组成满足项目实施需要的审计组，是否按照批准的审计实施方案严格执行，方案调整程序是否合规等。

审计项目质量管理关注审计的直接经济成果，审计报告的结构层次是否清楚、问题表述与定性是否与底稿有明显出入、数据是否正确、评价是否客观、建议是否有针对性和操作性，审计工作底稿的编制是否规范、事实描述是否清楚、定性是否准确、证据是否充分、审计依据是否可靠、处理意见是否恰当等内容。这是服务商审计业绩最重要的部分，其中审计成效是衡量审计项目最关键的指标。

诚信履约主要关注服务商是否对知悉的甲方商业秘密、数据、资料和审查记录等严加保密，是否执行违反公司健康安全环保等有关规定等内容。

表4-8　审计业绩评价指标表

序号	评价指标	序号	评价内容	权重	
一	审计项目组织实施	1	是否按投标或谈判承诺组成审计组，审计资源是否能够满足项目实施需要	40%	5%
		2	是否按照批准的审计实施方案严格执行，方案调整程序是否合规		5%
		3	是否在规定时间完成审计项目并按要求出具审计报告等相关资料		10%
		4	是否严格遵守合同约定的审计组审计纪律规定		10%
		5	是否及时向甲方汇报审计实施情况、审计发现的重大违纪违规等重要事项		5%
		6	是否存在隐瞒、私自处理审计发现问题的行为		5%

续表

序号	评价指标	序号	评价内容	权重	
二	审计项目质量管理	1	是否实现了审计目的，与审计目标有无偏离	50%	5%
		2	是否建立了针对项目的质量控制措施并有效实行		5%
		3	审计工作底稿的编制是否规范、事实描述是否清楚、定性是否准确、证据是否充分、审计依据是否可靠、处理意见是否恰当		10%
		4	审计报告的结构层次是否清楚、问题表述与定性是否与底稿有明显出入、数据是否正确、评价是否客观、建议是否有针对性和操作性		10%
		5	审计成效，即审计投入产出比 = 审计直接经济成果 / 合同金额（保留一位小数）。得分 = 项目审计投入产出比 ×2；当项目审计投入产出比不小于 10，得 20 分；当项目审计投入产出比不大于0 时，不得分		20%
三	诚信履约	1	在提供服务时进入甲方生产作业现场，是否执行违反公司健康安全环保等有关规定	10%	5%
		2	是否对知悉的甲方商业秘密、数据、资料和审查记录等严加保密		5%

（2）服务商综合业绩评价指标。

该指标主要衡量服务商的综合质量，主要从质量成效、专业能力、售后服务与诚信、纪律遵循等四个方面进行评价。

质量成效主要关注审计投入产出比，审计报告质量水平是否达到要求，是否发生质量事故或重大漏审事项等。

专业能力主要关注是否通过深入查证发现重大问题和风险，审计发现是否形成专题报告或管理建议上报公司领导，是否通过审计为公司提供了有价值、可借鉴的工作经验和成果。这是服务商综合业绩评价中最重要的部分。

售后服务与诚信主要关注是否遵守诚信原则，在近两年的审计项目中未发生不诚信经营行为，是否正确履行合同约定的责任、权利和义务，全面实现合同约定的目标。

纪律遵循主要关注是否存在违反审计组纪律规定的事项，是否遵守保密原则，对被审计单位的商业秘密、数据、资料和审计情况严加保密。

服务商综合业绩评价降低了审计成效与审计报告质量的指标比重，更多地关注服务商的审计成果能否提升企业的经营管理水平，同时加强了对诚信、保密等方面的比重，也是后续合作需要考虑的重要因素。服务商综合业绩评价指标见表 4–9。

表 4–9　服务商综合业绩评价指标表

序号	考核内容	序号	考核指标	权重	
一	质量成效	1	审计报告质量水平是否达到要求	25%	5%
		2	格式、数据错误，质量要求偏差		5%

续表

序号	考核内容	序号	考核指标	权重	
一	质量成效	3	审计投入产出比：投入产出比的值即为得分（保留一位小数），即不小于 10 时，得 10 分；不大于 0 时，得 0 分	25%	10%
		4	是否发生质量事故或重大漏审事项		5%
二	专业能力	1	是否通过深入查证发现重大问题和风险	30%	10%
		2	审计过程中是否创新审计方法		5%
		3	是否通过审计为公司提供了有价值、可借鉴的工作经验和成果		5%
		4	审计发现是否形成专题报告或管理建议上报公司领导		10%
三	服务与诚信	1	是否遵守诚信原则，在近两年的审计项目中未发生不诚信经营行为	25%	10%
		2	是否正确履行合同约定的责任、权利和义务，全面实现合同约定的目标		10%
		3	现场完成后对相关的后续工作是否及时和有效配合		5%
四	纪律遵循	1	是否存在违反审计组纪律规定的事项	20%	10%
		2	是否遵守保密原则，对被审计单位的商业秘密、数据、资料和审计情况严加保密		10%

2）风险事件集

通过梳理内部审计外委全过程，分别对每一阶段和环节，逐一进行调查分析，找到可能出现损失或者未能实现预期目标的关键因素，并考虑委托方、服务商以及被审单位三类主要参与者的职能定位，分阶段分责任主体进行风险的识别及分类。以重要性、科学性、可操作性以及有代表性为风险识别基本原则，按照四大业务阶段和三类参与主体两个维度来划分内部审计外委的一级风险项，并结合业务实践在一级风险项框架下细化二级风险项，建立一套全面、合理、易查询的风险事件集，最终形成了 17 类一级风险事件项和 45 种二级风险事件项。按照内部审计外委业务流程具体风险识别如下：

（1）内部审计外委决策阶段。

本阶段具体风险识别为 3 类一级风险和 7 种二级风险项，见表 4-10。

表 4-10　外委业务决策阶段风险事件集

一级风险项	二级风险项	风险项描述
A_1 外委业务范围风险	B_{11} 不宜外委核心业务风险	委托方将涉及公司重要人事、生产和运行管理等核心业务相关审计项目外委
	B_{12} 外委计划立项不当风险	委托方违反风险受控、成本效益、规定投资额和规模内等立项准则

续表

一级风险项	二级风险项	风险项描述
A_2 外委业务形式风险	B_{21} 项目全部外委风险	委托方违反内部审计人力资源、成本效益优势和项目内容等外委方式选择原则
	B_{22} 项目部分外委风险	委托方违反审计项目数量、内部审计人力资源、成本效益等外委方式选择原则
A_3 外委业务费用风险	B_{31} 预算费用未批准风险	预算费用基于市场平均价格，高于管理层对外委费用预期导致预算未被批准
	B_{32} 预算费用超支风险	由于市场平均价格波动，委托方实际发生费用高于预算费用
	B_{33} 投入大于效益风险	委托方投入费用多但审计效益少，费效比高

（2）内部审计外委业务选商阶段。

本阶段具体风险识别为 3 类一级风险项和 6 种二级风险项，见表 4-11。

表 4-11　外委业务选商阶段风险事件

一级风险项	二级风险项	风险项描述
A_4 外委服务商选择风险	B_{41} 竞争受限风险	委托方过度限制供应商数量，失去获得更低报价、技术上更具竞争力潜在服务商的机会
	B_{42} 自身道德风险	委托方在确定承包方上主观性和随意性大，甚至为了个人利益有所偏颇
A_5 外委服务商竞争风险	B_{51} 恶性竞争风险	服务商为了进入公司市场，不顾一切抢标，引发恶性竞争，破坏原本较为健康的供应生态
	B_{52} 串通舞弊风险	服务商形成同盟集体舞弊，操纵底价窜谋报价
A_6 外委合同签订风险	B_{61} 合同条款不明确风险	委托方没有结合业务实际需求细化明确合同条款
	B_{62} 霸王条款有失公平风险	委托方单方面制定的逃避法定义务、减免自身责任的不平等合同

（3）内部审计外委业务合同执行阶段及其风险识别。

本阶段具体风险识别为 8 类一级风险项和 28 种二级风险项，见表 4-12。

表 4-12　外委业务合同执行阶段风险事件

一级风险项	二级风险项	风险项描述
A_7 外委审计过程督导风险	B_{71} 项目经理职责不明确风险	委托方外委审计项目实行项目经理负责制，但项目经理职责划分不清晰
	B_{72} 质量技术交底不明确风险	委托方未召集承包方进行质量交底，明确外委服务质量要求

续表

一级风险项	二级风险项	风险项描述
A_7 外委审计过程督导风险	B_{73} 项目调查不充分风险	委托方对被审单位的生产经营基本情况、项目实施完成情况、项目资料准备情况等未进行充分审前调查
	B_{74} 项目经理管控不到位风险	委托方项目经理对审计项目的过程管理和质量监督管控不到位
	B_{75} 内部审计机构监管缺失风险	内部审计管理机构未不定期到现场进行工作督导
A_8 服务质量考核评价风险	B_{81} 考评机制缺失风险	委托方对服务商服务质量考核制度未建立或完善
	B_{82} 考评不透明不规范风险	委托方对服务商服务质量考核细则不明确或不规范，考评过程不透明
	B_{83} 责任追究不到位风险	委托方对服务商违反合同对于外委质量的条款，追责未落实或未完全到位
	B_{84} 考评结果未利用风险	委托方对外委质量考核流程不畅，致使质量考评结果未能充分利用
A_9 审前风险	B_{91} 审前调查未进行或不充分风险	服务商未派出人员或未充分对被审计单位的生产经营、项目实施、项目资料等进行审前调查
	B_{92} 人员配置不满足审计需求风险	服务商未按合同约定的承诺组成审计组，服务期间擅自更换审计组成员
	B_{93} 审计方案制订不切实可行风险	服务商未结合审前调查细化审计查证的范围、内容和重点，明确抽样样本、评估风险程度，而形成不可行的审计实施方案
A_{10} 实施风险	B_{101} 外审与内部审计理念转换不到位风险	服务商长期从事第三方审计项目，未能充分转换为内部审计理念
	B_{102} 牺牲质量节约成本风险	服务商为节约外委项目实施成本而牺牲审计质量
	B_{103} 沟通汇报缺失或不畅风险	服务商未按约定时间向委托方报送现场审计工作报告，或未充分汇报沟通相关重要信息
	B_{104} 实施质量管控不到位风险	服务商审计组负责人未能充分把控审计项目质量
	B_{105} 违反廉政纪律风险	服务商为照顾利益关系，隐瞒重要审计问题及线索，以此为筹码与被审计单位进行利益交换
	B_{106} 违反保密纪律风险	服务商违规向被审计单位或社会外部泄露重要信息
	B_{107} 现场实施无法完成风险	服务商未按照合同约定完成现场审计任务
A_{11} 完结风险	B_{111} 报告提交延期风险	服务商未按照合同约定按时提交审计报告
	B_{112} 移交资料不完整规范风险	服务商未按照合同要求标准移交审计资料
	B_{113} 服务成果质量风险	服务商未按照合同质量要求完成审计

续表

一级风险项	二级风险项	风险项描述
A_{12} 资料提供风险	B_{121} 资料提供不及时风险	被审单位未按照审计规定时间提交相关审计资料
	B_{122} 资料提供不完整风险	被审单位未按照审计规定要求标准提交相关审计资料
A_{13} 底稿签认风险	B_{131} 底稿确认不认真风险	被审单位对审计底稿的确认不仔细、不认真
	B_{132} 底稿签认不及时风险	被审单位对审计底稿签认不及时，延迟后续业务流程
A_{14} 信息反馈风险	B_{141} 信息反馈不及时风险	被审单位未按照反馈函要求时间反馈审计组廉洁从审情况
	B_{142} 信息反馈不完整风险	被审单位未按照反馈函要求内容完整反馈审计组廉洁从审情况

（4）内部审计外委业务后续跟踪阶段及其风险识别。

本阶段具体风险识别为 3 类一级风险项和 4 种二级风险项，见表 4-13。

表 4-13 外委业务后续跟踪阶段风险事件

一级风险项	二级风险项	风险项描述
A_{15} 信息回收风险	B_{151} 信息回收不完整泄密风险	委托方未充分监督服务商对审计相关全部信息进行彻底删除
A_{16} 跟踪回访风险	B_{161} 信息获取不准确影响决策判断风险	内部审计管理机构未充分对审计整改情况等进行跟踪回访，影响后续追责等决策
A_{17} 审计整改风险	B_{171} 审计整改不及时风险	被审单位未按内部审计管理机构整改意见及时整改审计出的问题
	B_{172} 审计整改不到位风险	被审单位未按内部审计管理机构整改意见充分完全整改审计出的问题

3）关键风险防控点

项目组将 17 类一级风险事件项和 45 种二级风险事件项汇总形成《内部审计外委风险发生可能性和影响程度》评分调查问卷，邀请委托方、服务商和被审单位的三类主体的负责人及相关员工对 45 种二级风险项发生的可能性和影响程度进行评分。风险发生可能性根据工作实际和风险项描述，按照“一般情况下不会发生”（1 分）到“常常会发生”（5 分）5 分制评分标准进行评分；风险发生影响程度的评分则从管理、质量、效益、保密、法律法规、纪律和声誉等七个方面综合考虑评价。内部审计外委风险发生影响程度的评分标准见表 4-14。

表 4-14　内部审计外委风险发生影响程度的评分标准

分值		1	2	3	4	5
描述词		极低	低	中等	高	极高
详细描述	管理	由于现场管控不严，审查方式不当，引起工作质量和效率低下，不会对业务运行或管理活动直接造成不利影响	由于监管不当，现场管控不严，审查方式不当，引起工作质量和效率低下，业务运行或管理活动不会受到太大影响	由于现场管控不严，审查方式不当，造成现场审计查证活动受到较大影响	由于现场管控不严，审查方式不当，造成现场审计查证活动受到很大影响	由于现场管控不严，审查方式不当，造成现场审计查证活动长时间瘫痪
	质量	对审计结果造成轻微影响，可以不采取补救措施	对审计结果造成一定影响，采取补救措施可以弥补	对审计结果造成中等影响；需一定时间才能恢复；应执行一定程度的补救措施	对审计结果造成严重损害；需相当长的时间来恢复；出现个别投诉事件；应执行重大的补救措施	对审计结果造成无法弥补的灾难性损害；激起公众的愤怒；潜在的大规模的公众法律投诉
	效益	造成审计成效低于审计费用的 1% 以下	造成审计成效低于审计费用的 1%～5%	造成审计成效低于审计费用的 6%～10%	造成审计成效低于审计费用的 11%～20%	造成审计成效低于审计费用的 20% 以上
	保密	泄露公司秘密技术和商业信息，泄露未造成公司的权益和利益遭受损害	泄露公司秘密技术和商业信息，泄露会使公司的权益和利益遭受轻微损害	泄露公司秘密技术和商业信息，泄露会使公司的权益和利益遭受损害	泄露公司机密技术和商业信息，泄露会使公司的权益和利益受到严重的损害	泄露公司绝密技术和商业信息，泄露会使公司的权益和利益遭受特别严重的损害
	法律法规	违反公司内部制度规定，未造成实质性后果	违反公司内部制度规定，造成了一定的实质性后果	违反公司内部制度规定，造成了较严重的实质性后果	违反各类行政法规，受到了行政诉讼	违反法律，受到了法律诉讼
	纪律	违反公司“审计十不准”审计纪律，未造成实质性后果	违反公司“审计十不准”审计纪律，造成了一定的实质性后果	违反公司“审计十不准”审计纪律，造成较严重的实质性后果	违反公司“审计十不准”审计纪律，给公司带来严重的影响	违反公司“审计十不准”审计纪律，给公司带来重大的经济损失和法律诉讼影响
	声誉	服务商审计工作未对公司声誉产生影响	服务商审计工作对公司声誉影响不太大	服务商审计工作对公司声誉造成较大负面影响	服务商审计工作对公司声誉造成很大负面影响	服务商审计工作对公司声誉造成极大负面影响

风险项发生可能性和影响程度的计算公式如下：

（1）对于二级风险项：

$$\begin{aligned}\text{发生概率}B_{ij} &= w_w \frac{1}{N_{ij,\mathrm{w}}^1} \sum_{n=1}^{N_{ij,\mathrm{w}}^1} \text{发生概率}B_{ij,\ n} \\ &\quad + w_f \frac{1}{N_{ij,\mathrm{f}}^1} \sum_{n=1}^{N_{ij,\mathrm{f}}^1} \text{发生概率}B_{ij,\ n} + w_b \frac{1}{N_{ij,\mathrm{b}}^1} \sum_{n=1}^{N_{ij,\mathrm{b}}^1} \text{发生概率}B_{ij,\ n}\end{aligned} \tag{4-1}$$

$$\begin{aligned}\text{影响程度}B_{ij} &= w_w \frac{1}{N_{ij,\mathrm{w}}^2} \sum_{n=1}^{N_{ij,\mathrm{w}}^2} \text{影响程度}B_{ij,\ n} \\ &\quad + w_f \frac{1}{N_{ij,\mathrm{f}}^2} \sum_{n=1}^{N_{ij,\mathrm{f}}^2} \text{影响程度}B_{ij,\ n} + w_b \frac{1}{N_{ij,\mathrm{b}}^2} \sum_{n=1}^{N_{ij,\mathrm{b}}^2} \text{影响程度}B_{ij,\ n}\end{aligned} \tag{4-2}$$

式中　w_w、w_f、w_b——分别表示委托方、服务商和被审单位类别权重，三者和为 1；

$N_{ij,w}^1$、$N_{ij,f}^1$、$N_{ij,b}^1$ 和 $N_{ij,w}^2$、$N_{ij,f}^2$、$N_{ij,b}^2$——分别表示二级风险项 $_{ij}$ 所对应的委托方、服务商和被审单位受访者人数；

发生概率 $B_{ij,\ \mathrm{n}}$ 和影响程度 $B_{ij,\ \mathrm{n}}$——表示受访者评价分值。

（2）对于一级风险项，采用悲观分析原则：

$$\text{发生概率}_{A_i}=\mathrm{MAX}(\text{发生概率}B_{i1},\text{发生概率}B_{i2},\cdots) \tag{4-3}$$

$$\text{影响程度}_{A_i}=\mathrm{MAX}(\text{影响程度}B_{i1},\text{影响程度}B_{i2},\cdots) \tag{4-4}$$

式中　发生概率 B_i 和影响程度 B_{ij}——表示前一步骤中二级风险项 $_{ij}$ 计算分值。

（3）计算一级风险项风险度：

$$\text{风险度}_{A_i}=\text{发生概率}B_{A_i}\times\text{影响程度}B_{A_i} \tag{4-5}$$

式中　发生概率 B_{A_i} 和影响程度 B_{A_i}——表示前一步骤中一级风险项 $_i$ 计算分值。

根据返回的 50 份问卷评分结果进行上述数据处理，形成内部审计外委风险值排序图。基于问卷调查结果，按照不同风险值对应风险等级划分，将 17 类一级风险项分为 7 类中风险（不可接受风险）和 10 类低风险（可以接受风险），按表 4–15 建议，对 7 类不可接受风险项有针对性变更工作流程，完善相关管理制度。

基于后期数据分析和风险值计算，对一级风险项进行排序评估，按照风险等级划分，得到各个阶段的关键风险防控点（10≤R<15，不可接受风险）。如图 4–7 所示，主要有 7 类一级风险点需要重点控制。按风险值高低排序依次为实施风险、过程督导风险、服务商竞争风险、完结风险、审前风险、外委业务范围风险及信息回收风险。

表 4–15　风险等级及建议措施

风险值（R）	风险大小	建议措施
R≥15	高风险	不可接受的风险，执行新的工作流程，寻求上级关注，制定新的管理制度
10≤R<15	中风险	不可接受的风险，积极管理，考虑变更工作流程，寻求上级关注，完善管理制度
R<10	低风险	可接受风险，积极控制、监测，要求相关执行者的特别注意

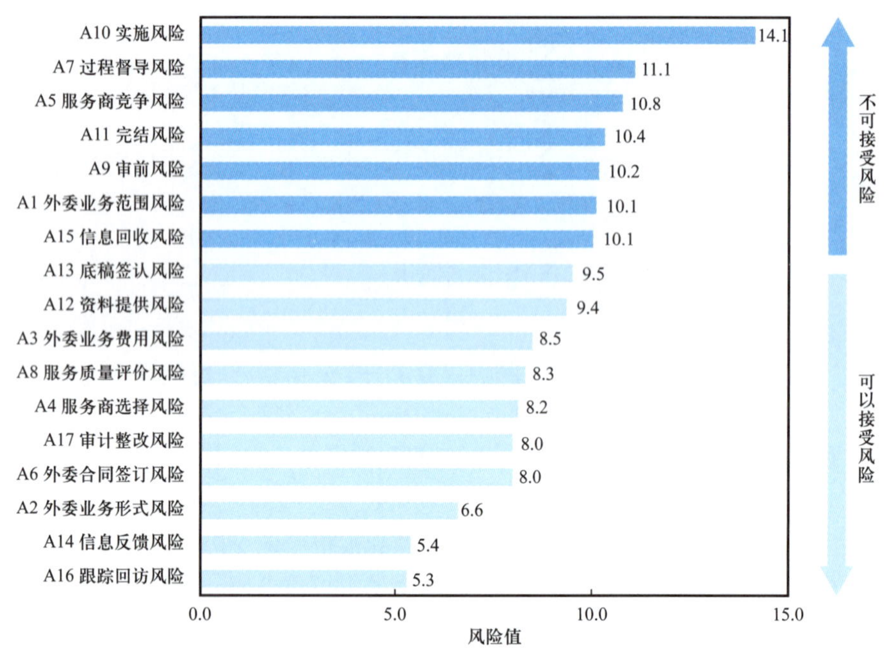

图 4-7　内部审计外委风险值排序图

如图 4-8 所示，7 类一级风险按外委业务流程分类分别是外委决策阶段的外包业务范围风险，选商阶段的服务商竞争风险，执行阶段的外委审计过程督导风险、审前风险、实施风险、完结风险，以及跟踪阶段的信息回收风险。

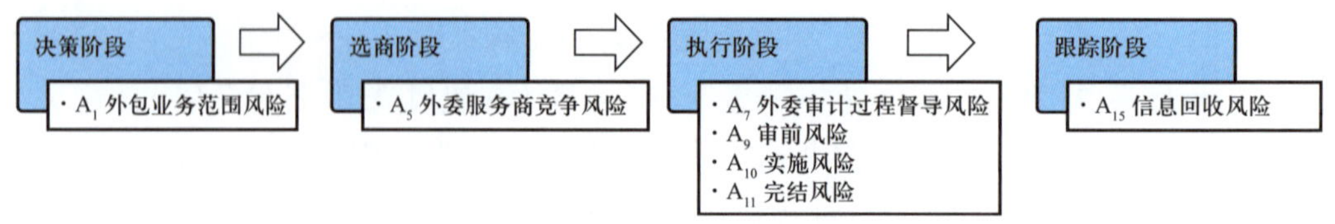

图 4-8　四大阶段关键风险防控点

7. 绩效考评

内部审计外委业务作为改善管理、完善内部控制、防范风险、改进业务流程并最终提高企业价值的重要管理制度和管理系统，其产出很难衡量，所以对其绩效进行评价是一件复杂的工作，平衡计分卡的出现为解决这一问题提供了可能。

平衡计分卡是由哈佛商学院的罗伯特·卡普兰教授和复兴全球战略集团创始人兼总裁大卫·诺顿在 1992 年提出的一种绩效评价体系。它以公司的战略目标为导向，从财务、客户、内部运营、学习与成长四个角度，将组织的战略落实为可操作的衡量指标和目标值的一种新型绩效管理体系。平衡计分卡是一种准确的计量工具，适合于现代内部审计职能转换的需求，相对于其他考核方法更具有优势。

1）基于平衡计分卡的内部审计外委业务绩效考核体系的构建

（1）客户维度：客户维度主要衡量委托方对服务商的满意程度，包括审计中心及审计部门的满意程度、管理层对风险的关注、被审计单位的反馈意见、审计建议采纳率等内容。

财务维度：财务维度关注的是服务商如何在消耗尽可能少的资源的情况下为企业创造尽量多的价值，可以从审计成效是否有所提高、是否减少了外部审计费用、是否减少一些不必要的作业、直接和间接审计成本等方面进行评价。

内部流程维度：内部审计外委业务的每一个程序执行情况直接影响了外委审计的质量，进而影响内部审计部门的绩效。内部流程维度可以从审计工作计划完成百分比、已采取的改进审计质量的措施、改进工作流程的次数、开展的内部咨询评价的数量、发现重大事项的数量等方面进行评价。

创新与成长维度：为了持续地提高内部审计外委业务帮助企业实现目标的能力，服务商的创新与成长能力也非常重要。创新与成长维度可以从外委审计人员的平均审计年限、负责审计项目数量、拥有资格证书的外委审计人员的百分比等方面进行评价。

2）基于平衡计分卡的内部审计外委业务绩效考核体系的实施

（1）结合企业战略规划建立考核体系。内部审计部门绩效考核指标体系的构建要结合战略管理的理念，服务商目标要与委托方的使命、远景、长中短期目标、战略行动达成一致，使外部审计人员更加明确自己在企业经营发展战略中的职责和义务，从而实现内部审计外委业务的价值。

（2）建立有企业特色的指标体系。每个企业在运用平衡计分卡时，都要结合自己的实际情况。另外，平衡计分卡的指标并不是越多越好，必须根据部门的服务内容、发展程度，协调好指标完整性与重要性的关系，设计符合自身的指标体系，提高考核的有效性。

（3）突出平衡计分卡中的平衡因素。第一是平衡财务指标与非财务指标的关系，非财务指标可以弥补传统的财务指标注重结果而不注重过程的缺陷。第二是平衡滞后指标与前导指标的关系，前导指标驱动了滞后指标的实现，滞后指标可以显示前导指标的效果。第三是长期指标与短期指标的关系，长期指标可以弥补短期指标“短视”的行为。

六、内部审计外委业务质量管理与风险控制措施

1. 决策阶段

内部审计外委业务需科学规划外委项目，防范外委业务范围风险。将涉及重要人事、生产和运行管理等核心内部审计业务外委，将直接对企业的权益造成重大负面影响。建立内部审计外委决策评价小组，运用层次分析法科学指导形成外委审计项目。通过定性和定量的分析方法决策何种审计项目以何种方式被外委。

决策的关键包括外委内容及外委方式的决策。

每个决策模型包括三个层级，中间准则层即是决策最为关注的五个方面。构建层次结构模型：决策目标层即选择哪种内部审计方式才能符合企业的现状及如何实现内部审计职能的最大化；根据内部审计外委决策评价小组的意见，中间准则层分为最关注的五个方面：风险受控、项目重要性、投资完成额、成本效益性、提高独立性；备选方案层为公司三大类审计项目：工程项目审计（包含一类、二类、三类和四类审计）、经济责任审计和专项审计。

审计购买服务方式分两种，一种为独立完成方式，即审计项目现场实施全部由中介组织派出审计组承担完成；另一种为参与实施方式，即中介组织派员以项目组长、主审或成员等角色参与项目现场实施，并按合同要求完成相关工作。

外委审计项目应是审计部门年度审计计划内的项目。所选项目还应是审计范围清晰、审计目的明确、审计费用落实、被审计单位具备受审条件的项目。综合考虑项目大小、优劣搭配，项目审计时间，设计项目分包包段。

外委审计项目的费用应列入审计中心年度预算，由审计中心按项目计划控制和管理。

内部审计外委项目内容层次和方式层次模型图分别如图 4-9 和图 4-10 所示。

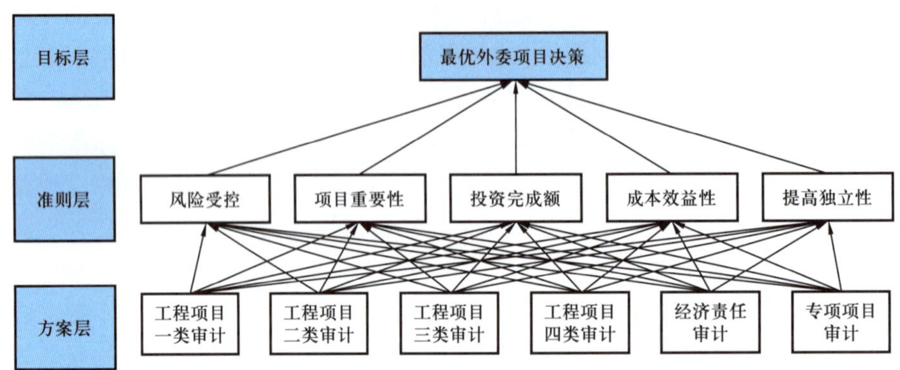

图 4-9　内部审计外委项目内容层次模型图

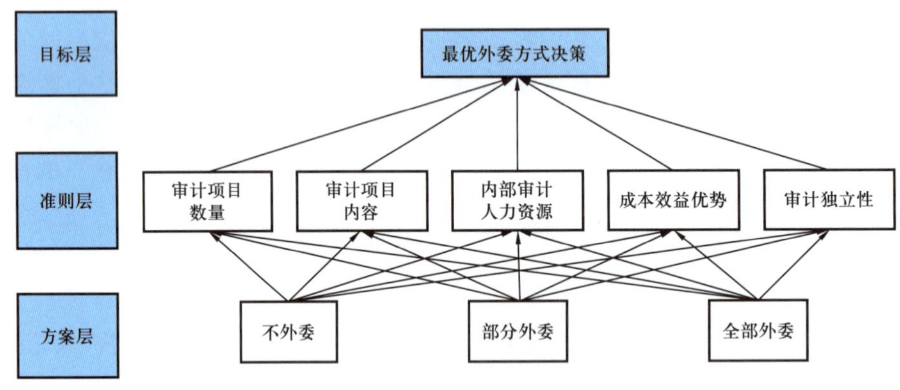

图 4-10　内部审计外委项目方式层次模型图

2. 选商阶段

1）扩大备选库，形成充分竞争机制

根据服务商工作质量的评价结果，定期对备选库进行更新；在选择入库的服务商时，主要考核服务商资质和业绩、从业人员的专业胜任能力及良好的职业声誉等因素。

2）改变服务商评价标准，变低价竞争为服务竞争

外委服务商为了进入外委服务市场，不顾一切抢标，引发恶性竞争，或形成同盟集体舞弊，操纵底价窜谋报价，破坏健康供应生态。

首先改变选商思路，低价优先变为服务优先。内部审计外委选商方式由原来的“最

低价法”转变为“综合评分法”，服务商之间的竞争由费用竞争变为人员竞争、服务质量竞争。其次是改变评判标准，服务费用分值占总分值的比重（即权值）为10%～30%，不再将价格作为主要竞争项。最后是改变费用计取标准，审计服务费包括基本审计费、效益审计费两部分，提高基本审计费费率，以较高的费用换取优质服务。

采用“非完全价格竞争性谈判”方式进行采购。外委服务费由基本审计费和效益审计费两部分组成。基本审计费是固定费用，为不可竞争费用；效益审计费按照净审减额和余料清退额之和的一定比例进行提成，由服务商在5%以内自主报价竞争，保障审计实施成本，规避低价恶性竞争。采用综合评分法，综合考虑外部中介机构的商务报价和技术资信，弱化商务报价，赋予技术资信绝对占比值，将外部中介机构的综合实力、商业信誉、类似项目业绩、拟派项目主审助审情况、服务计划及质量承诺等多方面因素作为技术资信关注要点，确保外委审计组专业胜任能力，避免单纯以最低价中标带来的负面影响。

3）细化质量管理与风险控制的合同条款，与事后考核对应

细化合同条款，对服务内容、拟派出项目人员要求、成果形式、质量和时限要求、报酬支付、双方权利义务约定，尽可能做到细致周全，同时明确违约责任，确保合同有效履行。

合同违约条款重点关注：不能再次转包、审计人员的固定性和团队稳定性、严格项目完成时间，严格遵守审计纪律及保密规定等，违约条款与评分因素对应，违约金多少与违约事项严重程度、评分分值匹配，做到违约行为可计量、罚金有力、执行斗硬。

3. 合同执行阶段

1）现场督导与信息化监督结合，落实项目经理职责

委托方委派项目经理，对审计项目全过程进行管理和质量监督是十分关键的督导机制。项目经理由审计中心派人担任，负责审计项目的过程管理和质量监督，现场主要负责组织审计组审计进场工作会，协调审计组与被审计单位的业务关系，定期收集审计组现场工作信息并不定期进行现场督导，运用钉钉软件对审计组成员出勤情况进行考勤并编报《审计人员现场出勤记录表》，对审计组成员出具工作底稿进行质量审核，对发现的重要线索按程序向中心领导报告，组织审计组与被审计单位进行审计初步意见交流。审计中心主管领导，不定期到现场进行工作督导，主要是协调和解决服务商与被审计单位之间的关系，推进审计工作，深入了解和初步处理现场重大审计发现。

2）强化审前培训，防范审前风险

通过以前年度对各外委审计机构审计的观察、与外委审计机构的沟通交流以及内部审计部门开展检查时发现的问题，对各外委审计机构的专业胜任能力、专长与短板、人员专业素质等因素进行充分的评估，结合实际工程项目审计需要，开展审前培训。主要进行质量交底、业务培训和方案审核等审前工作。委托方召集服务商派出的审计组成员，召开质量交底会，明确外委服务质量要求，包括对审计业务基本要求、服务依据的标准规范、审计实施方案、审计工作记录、工程结算审计抽样表、审计工作底稿、审计意见单、审计报告、资料移交等。业务培训主要采集汇总审计项目所需规章制度和办法，发

送给外委审计项目组组织学习，或选取以往优秀审计案例，分享给外委审计组，或到达审计现场，牵头组织被审计单位，详细向审计组介绍生产工艺流程和经营方式，让外委审计组尽快熟悉和掌握被审计单位生产经营特点和业务运作模式。最后由审计中心委派的项目经理组织审计组进行审前调查并负责审核审计组提交的审计实施方案。审计中心充分参与、了解服务商编制的项目审计方案的详细内容，明确审计目标、审计范围、审计内容、审计程序及方法，确保项目审计方案的科学性。服务商应按照合同约定组成审计组，服务期间未经项目经理同意，服务商不得擅自更换审计组成员。

3）建立配套模板和范例，实现审计项目流程标准化

审计中心充分参与、了解服务商编制的项目审计方案的详细内容，明确审计目标、审计范围、审计内容、审计程序及方法，确保项目审计方案的科学性。

（1）按审计业务流程，建立三大配套模板和范例，指定规范的流程，实现审计项目流程标准化。规范审计工作记录、工程结算审计抽样表、审计工作底稿、审计意见单、审计报告、发现问题清单等工作表单的要素、填写要求。

（2）建立复核与反馈制度。审计中心对服务商提交的审计报告初稿进行复核并提出意见，确保审计报告的质量。除了各项要素齐全以外，最重要的是审计事实是否清楚，对问题的叙述是否简洁、全面、明了，审计结论是否恰当。

（3）及时整理归档。服务商完成审计项目工作后，审计中心督促其按照审计档案管理相关规定汇总整理并及时提交审计项目的档案资料。未提交相关电子、纸质资料，接受方将不予受理，将以最终提交时间作为现场结束时间并进行考核。

4）建立日常例行和重大事项报告制度，加强过程管控

建立日常例行和重大事项报告制度，服务商审计组在审计现场应按照审计实施方案中的审计要点逐项出具详实的审计工作记录，并根据审计工作记录编制审计工作底稿，并向审计中心发送现场审计工作阶段报告周报，重点反映现场审计查证问题情况、工作进度以及需协调解决的问题，涉及重大事项应在1个工作日书面上报审计中心。被审计单位兼具现场监督职责，要求对审计组全体人员在审计期间廉洁从审、文明审计的情况给予监督和评价，填写《被审计单位监督和评价表》并上报审计部门。

5）加强考核力度，完善淘汰机制

对外委项目的质量评估采用过程监督与事后考核相结合的评价思路，审计中心从审计实施阶段全过程监督、考核；审计部门从事后质量控制，对审计服务商总体评价，兼顾过程督导。

（1）过程监督。审计实施过程中，审计部门对审计服务商适时进行现场检查、指导、督导；并对审计服务商人力资源配备及其人员考勤、审计纪律执行情况、中间成果（已形成底稿及审计记录等）等进行考核、抽查。

（2）事后考核。服务商完成项目服务后，审计中心将按照规定对服务商业绩进行综合考核、评价，考核结果作为合同履行考评结果的直接依据。建立诚信机制，根据其履约情况（服务承诺履行情况，包括拟派审计人员数量和资质承诺、工作时限承诺、报价承诺、服务质量承诺等的履行情况建立一套合同履约诚信打分机制，作为选商准入退出

的重要参考。

审计部门对报告质量履行最终审理程序，并且有权对服务商出具的审计结果委托第三方机构进行评估，若出现重大漏审等质量问题，有权要求审计中心拒付合同价款。同时审计部门依据当年审计服务商提供全部审计服务项目的业绩考核得分平均值，结合近两年承揽审计业务的工作质量成效、专业能力、售后服务与诚信经营、工作纪律等作为该服务商当年年度综合考核得分，填写《服务商综合业绩考核评分表》。考核结果应作为服务商选商的考评依据之一。对于审计服务商在服务过程中存在违反职业道德和工作纪律、综合考评不合格以及因专业胜任能力不足而导致重大工作质量问题或造成重大失误的，应取消其准入资格，两年内不得纳入供应商备选库；对情节严重的，应予以永久性准入禁止。

4. 后续跟踪阶段

编制回收清单，防止信息回收风险。在外委业务结束后，重要内部审计信息回收不完整将导致泄密风险。服务商审计组接触的每一项资料都进行登记管理，形成信息回收清单，除了在合同条款内保密协议款项作出具体描述限制以外，服务商在充分监督的环境下，按照信息回收清单全面彻底删除项目信息，是外委业务最后验收付款环节确认的必要条件。

七、实施效果

通过构建内部审计外委业务的质量评估指标体系，确定了指标权重。在此基础上，结合实际，建立了一套审计外委项目实施方案，从规范服务商选择、规范外委审计服务合同签订、规范审计过程督导、规范服务质量考核评价四个方面规范管理。把握质量控制、进度控制、合同管理、项目时效管理、保密规定等风险控制的关键环节，用以指导现场工作。

通过采取访谈、审计抽样、发放调查问卷、查阅相关资料、执行分析程序等评估方法，对 2019 年开展的 16 个外委审计项目（包括 54 个工程项目）进行了统计，取得了较好效果分析。

1. 外委审计整体实施效果

审计中心根据边研究边实施的思路，在 2019 年开展的内部审计外委项目中按照新的质量管理和风险控制措施指导项目实施，2019 年外委审计质量较 2018 年明显提高。

1）审计成效明显提高，外委审计创效能力进一步提升

无论是审计服务商业绩考核，还是综合考核，审计成效都是最重要的质量评估指标。2019 年外委审计项目在比上一年增加 3 个，审计资金增长 69% 的情况下，审计直接经济成果增长 255%，投资审减率增长 110%，人均工程审减额增长 25%。

2）投入专业审计人员、工作时间增多，有力保障审计项目质量

2019 年外委服务商投入造价工程师、注册会计师和其他职业资格人员较上一年分别增加 33 人、13 人和 32 人。审计人员执业资格人数及占比都较上一年有大幅提高。

2019 年外委服务商共投入 3079 工日，较上一年增加 1683 工日，增长 121%；单个

审计项目投入 192 工日，较上一年增加 85 工日，增长 79%；单个工程项目投入 55 工日，较上一年增加 29 工日，增长 112%。

3）服务商数量增加，服务质量水平提升，进一步充实服务商备选库

通过竞争性谈判，2019 共有 7 家服务商完成了 16 个外委项目审计，2018 年仅有 3 家服务商。根据 2019 年服务商业绩考核结果来看，2019 年外委审计项目最高分 96 分，最低得分 62 分，平均得分 79.4 分，均高于 2018 年考核水平。其中，4 个项目得分超过 90 分，占比 25%，10 个项目得分为 70～90 分之间，占比 62.3%，高分项目无论是数量还是比例均优于 2018 年，服务质量水平提升，优秀级的服务商更加突出。

4）审计报告质量大幅提升，被审计单位认可程度较高

2019 年外委服务单位根据审计中心制定的配套模板和范例，在项目实施过程中基本做到充分收集相关资料，进一步加强审前方案编制，规范审计记录、审计底稿、审计相关表格的编写，及时与项目经理、被审计单位沟通交流，按时完成审计报告编写、资料移交等工作，杜绝了审计报告中漏审、文字及数据错误、定性不准、发现问题能力不足、格式不统一、要素不齐全等问题，全面披露审计底稿中发现的问题，对后续工作提出合理化建议，得到了被审计单位的认可。

2. 典型项目实施效果分析

为了更好地说明 2019 年审计外委质量管理及风险管控措施实行效果，在分析对比 2019 年与 2018 年整体外委审计项目实施效果的基础上，选取同一家外委机构、同一家被审计单位、相同类型的审计项目将 2019 年及 2018 年的实施效果进行对比分析。

A 会计师事务所有限公司，作为一家专业从事会计、审计业务的中介机构，在 2018 年及 2019 年均参加了外委审计项目。

2018 年审计项目为“××× 改线等 6 个工程竣工决算审计”，2019 年审计项目为“××× 单位 2019 年第一批工程项目竣工决算审计”，项目类型相同，均为同一单位的管道类工程项目。

通过对比分析 2018 年及 2019 年相关审计资料，可以看出在审计成效、审计人员资格及工作时间、审计业绩考核等方面，2019 年指标均优于 2018 年。

（1）审计成效明显提升。2019 年审计项目中涉及 3 个具体工程，审计直接经济成果增长 531%，审减率为 2.14%，较 2018 年增加 1.59 个百分点，增长 289%，人均审减额较 2018 年增长 129%。

（2）投入专业审计人员数量及工作时间大幅提升。2019 年 A 会计师事务所加大专业审计人员投入，该项目上造价工程师 3 人，注册会计师 2 人，其他职业资格 6 人，远高于 2018 年的标准。2019 年现场审计投入人力 342 工日，单个工程项目 114 工日，而 2018 年仅投入 45 工日，单个工程项目仅为 8 工日。

2019 年 A 会计师事务所在该项目的服务商业绩考核的得分为 76.4 分，较 2018 年提高 10.4 分，提出了 4 条工程结算的审计部门审计意见及 5 条工程建设管理的审计部门审计意见，均被审计部门采纳。

第五章

内部审计成果运用探索与实践

第一节　内部审计成果的概念

一、审计成果

辽宁人民出版社 1990 年出版的《中国审计大辞典》中，对审计成果进行了如下定义：指一定时期内的全部审计活动及其主要环节所获得的结果。通常由审计的数量和质量指标相对构成和反映。数量指标包括：已审单位、已审单位资金额、违纪金额、应缴和已缴财政金额、促进增收节支金额、查出损失浪费金额及查处大要案线索等。质量指标包括：审计效率、审计效果、审计效益等。

这一定义科学地概括了审计成果的内涵和外延，在当时具有积极意义。但随着审计实践的发展及审计环境的变化，审计成果的内涵和外延也相应发生了变化，原有定义不可能全部涵盖现今审计成果的内容。一是审计内涵发生了变化。如审计科研、审计文化建设等，尽管不属于具体审计工作环节，但理应归入审计成果范畴，但审计成果原定义并未对此归纳；二是外延发生了变化。如领导干部经济责任审计作为一种新兴的审计形式，成为审计机关的重要工作，但原审计成果定义的数量指标并没有体现出对责任人具体责任的衡量指标。因此，审计成果的定义可以归纳为，一定时期内全部审计活动及各相关环节获得的结果。审计成果是一种知识成果，是审计人员通过理论研究或审计实践，对审计技术、方法体系等各个方面的经验总结，是审计发现或查处问题的结果，是提供给党委行政决策和满足公众享有“知情权”的信息材料。

二、审计成果运用

审计成果运用是指对审计成果进行科学、合理的开发、整合、使用或利用，以求成果达到最大的效用，也就是通过利用审计成果，最大限度地发挥审计的建设性作用。审计成果运用涉及多个层面和维度，旨在确保审计工作的效率和效果，同时注重经济效益。审计成果运用包括运用形式、运用效率、运用效果等。

第二节　审计成果分类

一、广义的审计成果分类

（1）直接与间接。直接审计成果指直接审计取得的成果；间接审计成果指对直接审计成果进行加工、通过间接审计或与审计相联系的工作取得的成果。相应地，审计成果应用可分为直接审计成果运用和间接审计成果运用，或直接审计成果的间接应用和间接审计成果的直接运用。

（2）正面与反面。正面审计成果，即通过审计查出的正面典型成果或有利于提高审计工作效率和效果的正面典型经验；反面审计成果是指审计查出的各种违法、违纪、违规行为的结果或审计工作失误的一些教训。与此相对应的是正面审计成果的运用、反面审计成果的运用以及正面审计成果的反面应用和反面审计成果的正面应用。

（3）过去、现在与将来。过去审计成果，指现期以前审计所取得的审计成果；现在审计成果，指现期审计所取得的成果；将来审计成果，是指将来审计取得的审计成果或过去与现在审计成果的将来应用；与此相对应的是过去审计成果的运用、现在审计成果的运用和将来审计成果的运用，三者具有相辅相成的关系，现在审计成果相对于将来就是过去审计成果，过去是现在的基础，现在又是将来的基础。

（4）微观与宏观。微观审计是指具体进行的各种审计活动，宏观审计是指国民经济的宏观间接控制的一种形式，从审计角度可以相应地得出宏观审计成果的定义。微观审计成果是指具体审计或调查取得的成果；宏观审计成果是指通过对微观审计的综合归纳或深入分析等取得的成果，这里所指的宏观审计成果的定义不仅包括上述宏观审计的成果，还包括审计机关的一些非审计内容，如精神文明建设等取得的成果。与此相对应的就是微观审计成果的运用和宏观审计成果的运用，及微观审计成果的宏观应用与宏观审计成果的微观应用等。

（5）国家审计、内部审计、社会审计及其他。分别指国家审计机关、内部审计机构、社会审计组织审计活动取得的审计成果。相对应的就是国家审计成果运用、内部审计成果运用和社会审计成果运用。其他审计成果及其运用指非上述审计工作而为审计所利用的成果，如财务大检查成果、统计成果、群众举报成果，这些成果不一定由审计取得，但能促进审计成果的产生和应用，有时会成为审计成果的关键。

（6）不同类型审计成果及运用。主要指本级预算执行审计、经济责任审计、财政审计、专项资金审计、行政事业审计、企业审计等取得的成果及其运用，这些审计类型不同，审计方法与审计重点也有区别，必须注意它们之间的差异。

（7）审计与审计调查。即通过具体审计取得的成果及运用和通过审计调查取得的审计成果及运用。

（8）审计的不同时期。根据审计的不同时期可分为审前成果及应用、审中成果及应用和审后成果及应用；三者既互相联系又互相区别，前两者是后者的基础，后者是前两者的总结。审计中一般重视审后结果及其运用，大的综合审计项目的审前及审中审计成果有时作用也很大。

二、按审计成果来源分类

（1）知识性成果。是指对审计技术、方法的理论研究和经验总结性成果。主要包括审计论文、审计课题研究、审计技术方法总结、审计经验交流材料、审计案例以及信息化审计工具等。

（2）直接成果。是指审计工作和审计项目实施过程中取得的审计发现或查处问题的结果。主要包括审计发现问题底稿、审计复核底稿、审计咨询意见书、审计评价、审计建议等直接工作成果，以及由此形成的审计报告、审计调查报告、重大问题专题报告、审计决定、审计意见书、审计移送处理书等。

（3）审计信息等间接成果。是指对审计直接成果进行归类、汇总、分析，以提升审计成果价值和拓展成果运用空间为目的，形成的供管理层改善风险管理、控制和治理的提示性和共享性材料。主要表现为审计工作报告、审计信息、审计报表、审计综合分析报告、典型性事例分析报告、审计公告、审计通讯等。

第三节　内部审计成果运用内容、特点和作用

一、审计成果运用的内容

审计成果运用从运用范围分为两个层次，一是审计内部利用，以审计技术、方法等审计理论研究为支撑的知识性审计成果，这些成果是审计经验积累、审计理论研究成果，是内部审计工作自身对成果的利用，以促进提高审计工作质量和效率。二是外部利用，以审计查处问题的结果和各类审计分析材料、信息材料为基础的审计实施成果，是通过审计决定（审计意见）的执行、审计查出的普遍性和共性的问题统计分析与评价、审计工作统计报表等多种方式，企业管理层、相关部门（单位）得以利用，促进企业改善管理工作。

二、审计成果的特点

（1）审计成果的广泛性。审计内容的广泛性决定审计成果产生的广泛性。内部审计机构按照本单位主要负责人或者权力机构的要求，履行下列职责：对本单位及所属单位（含占控股地位或者主导地位的单位，下同）的财政收支、财务收支及其有关的经济活动进行审计；对本单位及所属单位预算内、预算外资金的管理和使用情况进行审计；对本单位内设机构及所属单位领导人员的任期经济责任进行审计；对本单位及所属单位固定资产投资项目进行审计；对本单位及所属单位内部控制制度的健全性和有效性以及风险管理进行评审；对本单位及所属单位经济管理和效益情况进行审计；法律、法规规定和本单位主要负责人或者权力机构要求办理的其他审计事项。由于审计内容的不同，对不

同事项的审计会产生不同的审计成果。

（2）审计成果的特定性。审计组织体系分为：国家审计、社会审计和内部审计。三者在实施审计过程中都是对某个特定事项的审计，审计成果也是针对某个事项而产生的。但社会审计运用的对象较国家审计要少，它只对某个委托者负责，不需要对党委、政府和公众负责（除上市企业审计报告要公告外）；内部审计产生的审计成果运用对象相对较少，仅在本部门（单位）使用，主要包括领导层、被审计单位和相关部门。

（3）审计成果的约束性。内部审计人员办理审计事项，应当严格遵守内部审计职业规范，忠于职守，做到独立、客观、公正、保密。因此，审计机构和审计人员提供和利用审计成果要遵守法律法规的规定，具有约束性。同样，审计人员在实施审计过程中获取审计证据，要依照法定的程序，否则产生的审计成果是无效的，甚至是违法的。

（4）审计成果的时效性。任何事物要遵循“否定之否定”“发展再发展”的规律，这是得到实践检验的真理。从国家的大政方针到部门的工作规划，从宪法、法律、规章到制度，都需要不断修改和完善。在某个时期是正确的东西，在另一个时期变成了错误；在某一阶段是适用的，在另一阶段变成了不适用。这就是时效性，审计成果也一样。现在所讲的，审计要及时“跟进”，就是要跟进经济社会发展变化的步伐，审计成果要适应特定时期的经济社会发展的需求，简单地说要切合企业党委行政决策的需要。从另一层面讲，即使在审计时效内，审计成果能否发挥作用也要掌握关键的时间点。具体到内部审计，就是要符合企业生产经营实际和企业管理层决策需要。审计项目的实施要有明显的时效性，要及时“跟进”，“问题早发现、早处理、早整改”，若等到问题已经出现，再进行事后审计，审计效果必然大打折扣。

三、审计成果的作用

（1）有利于领导层的正确决策。审计是企业的组成部分，在党委、行政领导下开展工作，审计项目的安排要围绕企业的中心工作、企业关注的热点和难点问题、关注资金的安全与风险、关注企业投资绩效、关注上级拨入资金的使用和规范等各个方面。内部审计通过《审计报告》《审计结果报告》《审计专报》《审计信息》等多种渠道产生的审计成果会提交到企业领导的手中，这些成果也是企业的重点工作和高度关注的内容，大量成果会得到领导批示，被党委、行政采用。高质量的审计成果，有利于领导层的正确决策。

（2）有利于企业规范运作和廉政建设。审计履行监督经济的职能，也是预防和惩治腐败的重要组成部门。通过审计，发现和查处违法违纪问题，保障经济秩序健康运行，审计机关有权将发现案件线索及时移送纪检监察、司法部门，使腐败分子得到有效惩治。通过对领导干部的经济责任审计，促使领导干部有效履行职责，做到清正廉洁。审计是民主、法制的产物，通过审计产生的审计成果也是推进企业规范运作和廉政建设的有力工具。

（3）有利于践行审计“免疫系统”功能。通过审计成果的有效利用，预防、抵御和揭露风险和舞弊，预防违纪违规、管理不规范、职务犯罪行为的发生，保障经济健康的发展。揭露审计中发现的问题，促使被审计单位纠正违纪违规行为；通过审计或事先介入审计，进一步增强被审计单位和审计机构自身的管理经济的能力和水平，增强“免疫力”，有效防止病害的侵入。

（4）有利于提高审计的权威性和自身建设。通过成果披露问题、处理问题，才能提高审计机构的权威性。通过某个事项和一个时期的审计，审计机构可以积累各种内部审计成果，如《审计技术及方法》《优秀审计论文汇编》《审计课题研究》《审计案例分析》《典型性事例分析报告》《审计创新成果》等。这些经验积累，可以互相借鉴和推广应用，有利于审计事业的健康发展。

第四节　审计成果运用存在的主要问题和制约因素

内部审计机构在审计成果转化和利用方面，由于受到各种因素的制约和影响，在以下方面还存在亟待解决和完善的地方，这也是国内大多数审计机构面临的问题和难题。

一、审计成果未得到有效重视

（1）审计依法独立行使职权依然存在干扰因素。虽然体制上保证了内部审计监督的高层次和权威性，但由于内部激励考核制度不尽合理、不尽完善等，难以彻底消除对内部审计工作的干预和制约，领导意识仍对审计成果的运用存在干扰。

（2）内部审计成果未能有效地转化为决策信息。部分审计成果只注重了审计过程和审计问题的多少，对倾向性、苗头性问题的分析研究深度不够，质量不高，不能及时、准确地向上级和管理层提供高质量的决策服务信息。

二、审计成果运用的意识不强

（1）由于意识的偏见，审计成果运用效果不强。部分企业管理人员对审计成果运用重视程度不够，查而不纠、纠而不严的问题还存在。有的被审计单位对审计查出的问题置若罔闻，前审后犯、屡审屡犯。

（2）审计人员对审计成果运用转化不强。在实际工作中，有些领导和审计人员往往按照既定程序开展审计，墨守成规，按部就班，创新意识不强，缺乏审计成果转化和利用意识，比如有些审计干部坚持认为审计工作就是查找问题，对转化运用审计成果缺乏应有的意识，没有及时地按照切合实际的方法去转化应用审计成果，致使审计成果作用未得到有效发挥。甚至有些审计工作人员还存在审计工作就是“找茬”，审计谁就是和谁过不去，审计不产生效益的错误思想。对审计发现问题的处理也多是“蜻蜓点水”，避重就轻，根本谈不上审计成果的运用。同时，审计人员思维观念没有及时更新，主动性、积极性不高，对审计成果的运用缺乏全面性、全局性的认识。这些认识上的误区，使得审计成果的运用失去了推动力。

三、审计成果利用不充分

（1）审计成果不能为各相关职能部门充分共享和运用。反映审计成果的载体——审计报告和审计工作底稿等往往只能在审计部门、主要领导和被审计单位之间传递，很少延伸到其他相关职能部门和其他单位，职能部门与监督部门职能不清、界面交叠，影响了整体监督管理工作的效率，形成不必要的人力财力资源浪费。造成这类问题的原因是对调阅、共享内部审计发现问题缺乏必要的授权管理制度和信息交流机制，使得相关职能部门对所辖的审计成果缺乏系统的、全面的了解，更谈不上充分运用，因而难以从全局的角度通过审计成果的信息反馈作用，对有关的内部控制制度及时作出修订和完善。

（2）审计成果利用广度和深度不够。在现实工作中，很多领导往往只重视报告中所反映的问题和发现问题的整改率，直接表现在部分单位和领导存在“重经营、轻管理；重业务规模发展、轻业务发展质量；重查处问题，轻帮助被审计单位建章立制；重审计决定的落实，轻审计建议的采纳”的思想等，导致了审计工作出现年年搞，问题依然存在的情形。特别是对审计建议未见正视，束之高阁，大部分审计建议得不到真正的落实，对发现问题治标不治本，屡查屡犯现象严重。造成这类问题的原因是无督促审计建议落实的具体制度和对屡查屡犯问题的责任追究制度。

四、审计成果转化运用的工作机制不够健全

（1）未能建立有效的协调机制。审计成果的运用既是审计部门的关键性工作环节，也是纪检、组织、人事、财务、被审计单位等多个部门（单位）的重要工作内容之一。如果多部门的审计成果运用协调机制缺乏，就无法最大限度地挖掘和利用审计成果。

（2）审计成果整改落实考核机制不够健全。就目前而言，大多数单位未将审计成果整改落实情况纳入考核机制，即使纳入了其分量也不重。然而仅就审计部门的力量，远远达不到审计的目的，所谓的审计成果运用也就无从谈起。

第五节　内部审计成果运用机制的建立

一、建立审计成果运用保障机制

审计成果运用必须得到组织和领导的重视和认可，必须要有制度、资源和部门协作来保障，才能保证内部审计成果在企业运用的有序化、规范化和制度化。

1. 审计成果运用的组织保障机制建设

（1）企业领导层面的重视和支持。审计报告、审计调查报告、重大问题专题报告、管理建议书等审计成果要得到管理层高度重视，得到企业领导的批示，才能通过领导的影响力有力地督促被审计单位及主管部门认真落实、抓好整改，促进审计成果的运用效率和效果。因此，审计成果运用的重要性要和审计工作本身一致，需要有企业主要负责人负责。

（2）机关部门的协作。设计成果运用没有部门协作配合，其运用的有效性就会大打折扣，要建立起横向纵向的协作工作机制。一是加强与纪委、监督等相关部门的协调沟通，定期召开分析汇报会、联席会议，通报审计成果，促进监督管理主体之间的信息共享，规范和强化审计结果运用。二是加强与业务部门之间的协调配合，及时将审计发现问题和审计结果向公司有关部门通报，促进其提高管理水平、健全有关制度，并通过主管部门的监督检查，促使审计发现问题得到有效整改。

（3）执行单位的责任。审计决定、审计意见需要由被审计单位整改落实和业务主管部门积极配合，才能落到实处，因此，必须要从组织上规定部门和被审计单位对审计成果运用的责任。一是审计成果运用要由单位主要负责人直接领导；二是要明确审计成果运用的责任追究和考核。

（4）健全完善内部审计组织机构。调整理顺内部审计机构的隶属关系，合理设置独立的内部审计机构，是完善企业内部审计体制，确保内部审计机制和审计成果有效运用的关键所在。在有条件的情况下，建立总审计师或副总审计师制度，能够参与企业高级管理层会议，直接向企业总经理负责。同时，为了保证内部审计成果的有效运用，在审计机构设置审计成果运用部门，或在某管理部门赋予审计成果运用职责，并配备相关资源，负责审计成果的收集、整理、运用、制度建设、考核等工作的指导和实施。

2. 建立审计成果运用的制度保障机制

（1）建立审计成果运用基本制度。从审计成果运用原则、程序以及内容上明确相关部门的权限与职责，对审计成果运用的方式、要求、反馈、责任追究等方面作出明确统一的规定，使审计成果运用有章可循、有规可依。

（2）建立审计成果综合分析制度。建立审计成果定期分析、落实责任的工作机制，根据职责分工，确定责任部门和协作部门，明确各部门职责，通过多部门分工协作，对同类项目、同步项目和某一时间段项目的审计结果进行横向和纵向多角度的整合、分析和提炼。各审计组按照职责做好本项目的成果开发和整合，各业务部门负责各自职责范围内的同类项目和某一时间段审计成果整合和提炼，办公室负责综合审计成果的整合、协调。这样能够更好地提出被审计单位完善管理制度、提高经济效益的意见和建议，满足被审计单位的需求。

（3）建立审计成果工作考核制度。科学考核不仅是重要的工作机制，也是重要的管理方法。随着审计成果运用重要性和任务的增加，应尽快建立和完善审计成果开发、提炼和运用的考核办法，发挥考核的激励作用。将审计成果运用考核内容纳入审计人员年度绩效考核中，加大考核的分值分量，明确奖励和责任追究措施，切实解决审计成果实现不足的情况。

一是建立对审计内部审计成果工作考核制度。首先，应以审计项目质量、取得的审计成果进行量化考核，制订量化考核细则，明确考核的方式、考核内容、考核标准、考核权限等；其次，对审计成果运用的效果进行考核，考核办法中应明确各项审计成果运用的跟踪落实责任人，责任人负责对审计决定、审计意见书等审计成果的落实情况进行督促和动态跟踪，根据审计成果运用所取得的效果进行量化考核；再次，建立健全审计成果运用考核奖励办法，如审计报告、审计调查报告、重大问题专题报告、管理建议书等得到领导批示的奖励，审计信息、宣传、科研考核奖励办法等；最后，将考核结果与审计人员业绩奖金、评优、送外培训等挂钩，激发审计人员工作的积极性和主动性。

二是建立对被审计单位审计成果工作考核制度。首先，将审计整改与审计成果运用效果纳入被审计单位 KPI 业绩考核指标，比如将审计建议的采用率、审计整改率、审计成果运用率等指标纳入二级单位年度业绩考核，各单位应明确审计成果整改落实的监督和情况反馈联络人。此联络人应相对固定，负责督促对审计决定、审计意见的整改落实，并将执行情况反馈到公司审计管理机构，内部审计机构汇总后对各单位进行年度考核，通过审计成果运用效果考核，促进审计成果的进一步整改和落实。其次，考核对审计发现问题的整改是否成为常态化，被审计单位是否建立审计整改和审计成果运用的相关制度和流程，是否明确审计意见整改的部门和职责，对审计发现问题一般不应纳入后续审计范畴，应能通过审计发现问题举一反三，推广到其他领域进行检查整改。最后，考核被审计单位思想是否统一，是否具有全局观，很多问题的形成涉及被审计单位整体或多个部门，由不同的领导分管，这就要求被审计单位最高管理者要站在全局的角度，协调统一各分管领导思想，要求各部门相关协作，修正和完善管理漏洞和制度缺陷，促进整个单位的管理水平提升和持续改进。

3. 建立审计成果运用的资源、技术和信息保障机制

（1）建立审计人才的培养机制。人是决定性作用，如果没有一支业务素质好的队伍，要做好任何工作都是空话。现代审计对审计人员素质提出了更高的要求，审计人员不仅要懂会计、审计业务，也要懂企业经营管理和信息技术等方面的知识，如何培养一支复合型的审计人才队伍是审计机关首要考虑的问题，就是首先要建立人才的培养机制。

（2）建立审计业务与信息技术融合的工作机制。支撑现代审计的技术手段和方法是计算机审计，传统的手工审计已不能适应现代审计的需要。目前企业信息化管理已比较完善，因此内部审计也应建设信息系统审计，要配备和培养信息技术审计人员。

（3）建立审计成果公开的工作机制。审计公开要遵循“积极、稳妥、严谨、细致、谨慎”的原则，通过网络、书面公告、内部信息等方式，在内部一定范围内公开审计结果情况。这种制度不仅可以增加审计工作的透明度，更重要的是，通过对审计结果的公示，可以接受群众对审计结果的监督和检验，以加强社会舆论监督，发挥警示作用。

（4）建立审计宣传的工作机制。审计成果产生后，不能放在档案室里，要对有关审计成果进行梳理，通过网络、书面文字等形成相关的宣传材料。如审计实务研究、审计信息、审计专报等，通过宣传形成影响力，可以放大审计成果的运用效益。通过审计信息渠道反映，引起上层领导的重视，审计整改会得到很好很快的落实，审计成果也发挥更大作用。另外，加大审计内部成果的宣传，形成经验交流材料，能起到互相学习和经验推广的作用，有利于审计事业的发展。

二、建立审计成果形成机制

1. 多渠道、多层次开发审计成果形成来源

按照审计成果的定义将审计成果形成来源也分为三个层次：一是以审计技术、方法等审计理论研究和经验总结为支撑的知识性审计成果来源。主要表现为审计论文、审计课题研究、审计技术方法总结、审计经验交流材料、审计案例、审计创新成果、计算机辅助审计软件、审计管理软件、审计技术方法模版、审计质量考核评价体系等。二是以审计发现或查处问题的结果为基础的审计成果直接来源。主要表现为审计报告、审计调查报告、重大问题专题报告、审计决定、审计意见书、审计咨询意见书、管理建议书、审计移送处理书等。三是以审计信息材料为主的综合分析性审计成果间接来源。主要表现为审计工作报告、审计信息、审计报表、审计公告、审计通讯、审计综合分析报告等。

2. 建立以审计理论研究和经验总结为支撑的知识性审计成果形成机制

审计理论来源于审计工作和审计实践的经验总结，是审计工作和实践经验的凝集和升华，审计理论研究和经验总结是知识性审计成果的重要组成部分，同时也为形成的直接和间接审计成果提供了支撑保障作用。

建立审计理论研究和经验总结工作管理机制，为知识性审计成果的形成提供保障。一是成立审计理论研究和经验总结管理层。成立由审计机构领导及相关人员组成的审计理论研究领导管理层，加强对审计技术、审计方法和手段、审计管理、审计经验交流、审计论文、审计课题等审计理论研究的组织领导，使审计理论工作和经验总结形成常态化、制度化。二是精心设计审计理论研究选题和组织经验总结。每年确定审计理论研究重点范围和审计交流经验总结，以规定范围和自选范围相结合的方式，发挥个人与集体的智慧。三是创新审计理论研究和经验总结的组织形式。每年的理论研究和经验总结分为以个人为单位和以集体为单位参与理论研究和经验总结，确保出成效。个人研究和经验总结针对性、微观性较强，集体研究借助专家、学者智慧对全局性、宏观性、前瞻性、启示性把握较好。四是完善理论研究和经验总结的过程管理控制。领导小组应加强与各课题组的沟通协调，及时掌握进度、跟踪推进、及时解决实际问题；定期主持召开座谈会，听取课题研究的进展和遇到的问题，一起分析研究，寻找对策，提出指导意见和建议。五是加强对知识性审计成果形成、评估和转化的指导督促。审计理论领导管理层对形成的审计技术、方法等方面的理论研究和经验总结的成果形成、评估和转化要进行指导督促，加大知识性成果转化力度。

3. 建立以审计发现或查处问题结果为基础的审计项目实施形成机制

审计成果的形成贯穿于审计项目立项、审计实施、审计报告、审计处理等各个环节，因此，建立以审计发现或查处问题结果为基础的审计成果形成机制，是确保审计成果形成的根本。

（1）以风险导向为主，在立项环节把握“准确定位”有利于审计成果的形成。审计项目计划制订优劣直接影响审计成果。审计项目立项是否准确把握公司管理层、所属二级单位、公司管理部门的需求；是否兼顾专业性和针对性、全局性和局部性、宏观性和微观性、

普遍性和倾向性；是否紧跟管理难点、重点和热点；是否关注管理盲点和禁区决定了审计成果的最终形成。因此，在立项环节就应以风险导向为主，准确把握管理层、基层单位的管理需要，对审计成果的形成从立项环节就命中靶心。一是明确审计项目计划编制工作的工作流程和方法。公司审计项目计划编制以审理科为牵头科室，在审计处内部和外部广泛征求意见和建议并进行汇总。二是通过分层问卷调查，满足不同管理需求。向公司管理层、管理部门、二级单位、内部审计人员分别发放调查问卷收集风险评估信息，确定高风险领域。三是以风险评估确立项目计划，合理统筹科学立项。充分考虑经营环境、企业战略、管理能力、内部控制质量、审计覆盖面、审计频率等各种风险因素，重点关注与企业经营管理水平、经营管理目标实现有关的重大事项、重点单位、重点项目和重点资金，领导、群众关心的热点问题等高风险因素。根据“突出管理重点、关注监督热点、针对管理薄弱点”的审计项目计划思路，确定审计项目目的、所要取得的审计成果。四是将审计成果的运用情况作为审计项目立项重要的风险评估信息。以前年度的审计发现问题的频率、例外事项的个数、审计成果运用的效率及效果作为审计项目立项的风险评估信息。

（2）以质量控制为主，在实施环节把握过程控制有利于审计成果的形成。审计工作底稿是审计发现问题的表现形式，审计发现问题是形成审计成果的最直接素材，加强对审计项目实施的控制有利于审计成果的形成。

① 以审计课题组为单位，加强对审计课题组的控制。审计课题组是审计项目实施单位，实行主审（组长）负责制，层层落实责任，助审对主审负责，主审对组长负责，组长对审计机构领导负责。审计组的项目质量对质量控制领导小组负责。

② 注重把握好“三关”，加强审计过程控制。审计作业过程的质量控制是形成审计成果的关键所在。一是重点把好审计方案编制的源头关。特别是审计方案中合理确定审计重要性水平和审计风险方面进行严格把关，对应进行符合性测试、实质性测试、分析性复核的事项在方案中要明确，提高审计方案的可操作性和指导性。二是把好项目实施的过程关。在项目实施中，对审计人员是否严格按照审计方案实施情况进行严格审查，同时按照《审计项目量化考核标准》进行量化考核。三是把好审计成果的提炼关。对审计发现进行深加工，注意分析问题产生的根源、内在联系、管理和控制上的重要缺陷，按照审计发现问题的类型、重要性、审计成果的使用者形成审计报告、审计调查报告、重大问题专题报告、审计决定、审计意见书、审计咨询意见书、管理建议书、审计移送处理书等不同的审计成果载体。

③ 建立以审计信息材料为主的综合性分析审计成果形成机制。审计信息作为审计成果的一种重要载体和运用方式，有广义和狭义之分，这里所指的是广义上的审计信息。建立以审计信息为主的综合性分析审计成果形成机制，可以提高审计成果的范围和层次。目前，审计信息材料形成的审计成果来源分为三个层次。一是由审计管理科负责的审计信息、审计简报、审计工作报告、审计通讯等对审计工作经验进行总结、归纳和提炼的好的做法、经验交流等审计信息；二是由审理科负责的审计报表、审计综合分析报告、审计公告等对审计事项进行综合分析的审计信息；三是由审计课题组负责的审计案例、典型性事例分析报告等审计项目进行总结归纳、提炼的审计信息。

三、建立审计成果运用机制

1. 建立和完善审计成果开发、提炼和运用的工作机制

（1）建立内部协同作战的工作机制，形成优势互补的强大合力。建立和完善审计成果开发、提炼和运用的工作机制。首先，应设计与之相配的审计成果运用流程和工作模式，确定责任部门和工作部门，明确各部门的职责和工作流程；其次，各审计组按照职责做好本项目的成果开发和整合；最后，各业务科室负责各自职责范围内的同类项目和某一时间段审计成果整合和提炼，并通过多部门分工协作，对同类项目、同步项目和某一时间段项目的审计成果进行横向和纵向多角度的整合、分析和提炼，建立一个统一的、强有力的审计成果管理机构，对审计成果形成、提炼、转化与利用的全过程、全员进行管理，将审计成果运用工作机制常态化、制度化。

（2）建立审计项目管理机制，加强对审计成果的评估和规划。一是项目要实行分类多角度管理。按审计项目大小分类，包括大型审计项目、中型审计项目和小型审计项目；按审计项目重要性进行分类，有重点项目、次重点项目和一般性审计项目；从技术性进行分类，有计算机项目与非计算机项目之分。二是要建立审计成果预先评估和后评估制度。审计项目计划确定后，审计机关要组织审计专家或业务骨干对项目进行预先评估，明确项目应取得的成果，以及应对措施；在审计项目完成后，对审计成果进行后评估，审计项目实施是否达到预先确定的成果，存在哪些问题，是否可以补救或今后应注意的问题。

（3）建立审计成果数据库，为审计成果提炼分析提供技术保障。深入推进以审计发现与问题分析为主的审计项目数据库的建设与运用。完成审计项目基础数据收集、分类和录入，进一步开展数据库管理需求分析，提出数据需求及应用需求，建成满足高效检索需要的审计项目基本情况与发现问题数据库，大量数据资料的存储、分析、快速查询得以实现，为审计发现问题的统计、分析提供重要支撑，为审计成果的运用提供全面、分类满足不同需要的强大功能。全面推行数据库系统的上线运行，实现对项目数据统一的管理和控制，并在操作、运用过程中不断开展系统维护和功能调优。充分利用已有审计发现，揭示和分析普遍性、倾向性问题的规律及趋势，关注高风险业务和风险高发领域，明确审计工作重点，有效发挥内部审计预防性控制的职能作用。

2. 探索审计成果载体多样化

根据审计成果使用者的需求，提供不同形式的审计报告、分析报告或研究报告、审计信息等，实现审计成果从粗加工向深加工、精加工转变，审计成果载体从单一形式向多样化、多渠道转变。从单一的审计报告、审计决定（意见）书向审计项目单项专报、重大问题专题报告、管理建议书、审计综合报告、调研报告、审计信息等载体转变。

（1）采用审计项目分报告形式。针对审计报告篇幅长，审计发现反映的管理链条较长，专业性强，不便于领导阅读，每个审计项目在出具审计法律文书的基础上，进行归纳提炼、去粗取精、由表及里的再加工后，可以按管理层领导管理分工不同形成一份内容精炼、重点突出、分析透彻、建议可行、通俗易懂的审计项目的分报告，引起管理层

高度重视，及时作出批示，通过领导的影响力有力地督促被审计单位及主管部门抓好整改、举一反三、建章立制。

（2）通过重大问题专题报告的形式及时报送审计要情。针对审计所接触的大量微观经济活动信息中存在的普遍性、倾向性、苗头性问题，以及审计发现的重大违法违纪问题和重大经济犯罪线索，及时编撰重大问题专题上报公司管理层。

（3）以《风险分析报告》的形式向有关部门通报审计发现问题。将审计结果及时向有关业务主管部门通报，要求进一步调查核实，并按规定进行处理，同时将查处整改情况函告审计部门，既可以达到通报审计情况的效果，也指出了相关主管部门在管理上及制度建设中存在的不足，促进其提高管理水平、健全有关制度，同时通过主管部门的监督检查，促使审计发现的问题得到有效整改。

（4）以管理建议书的形式向公司管理层通报管理中存在的问题。借鉴由财政部批准专门发布的《独立审计实务公告第 2 号——管理建议书》（1996 年 12 月 26 日中国注册会计师协会协字〔1996〕456 号），内部审计对审计中发现管理上存在的漏洞和不足、内部控制存在的薄弱环节，通过管理建议书的形式上报管理层，以此降低管理中的风险，优化管理流程，规范管理制度，提高管理水平。

（5）向管理层报送审计综合报告、调研报告、审计信息等审计结果。审计综合报告、调研报告是反映审计成果的重要载体，是从大量审计项目个体中综合提炼而成的，具有宏观性、整体性、典型性、代表性。通过及时向管理层报送综合报告、调研报告，可以更好地发挥审计建设性作用，对领导科学决策和指导工作具有重要作用。在报送信息中要努力提高审计信息质量，准确反映问题和提出高质量审计建议，可以使许多时效性强、针对性强，有情况、有分析、有建议的信息，及时进入公司管理层的决策视野。

3. 建立审计成果运用的风险防范机制

审计工作是有风险的，审计成果及其运用也是有风险的，审计成果及其运用的风险防范应列入审计成果的管理体系。

（1）严把实施审计质量关。实施审计若有风险，以后的各种审计成果也有风险，必须严把实施审计质量关，遵守审计各个阶段上的操作规范和纪律，特别要遵守实施审计中各项防范审计风险的要求。实行分级复核制度，规定实施审计结束后，主审（组长）、审计中心、审理科、审计处领导逐级严格把关，减少审计成果的风险；另外，对其他审计成果，比如审计信息、宣传等稿件，也要建立相应的领导把关制度。

（2）坚持重大审计成果领导集体定案制度。坚持重大审计成果集体定案制度，以减少其中的法制漏洞和风险。主要程序为：审计组形成最初的报告，经逐级审核，然后由审计质量控制管理委员会进行审议研究，再一次从宏观视角把关。

（3）联席会议制度。审计成果如审计决定确定后，落实往往成了难题，有些决定审计机构可以直接处理，但由于审计机构职能和人力等局限，有些审计决定很难通过审计力量去落实。因此，应把加强部门协调、联合加大审计决定落实力度提到重要日程。

（4）建立审计成果运用的评估机制。审计成果运用评估机制是在确保审计质量的前提下，对审计成果运用的可行性和效果进行分析和评价，是防范审计成果及其运用的风险的重要手段。当审计成果的运用遇到异常情况，应遵循维持、变更、终止利用的机制；同时，审计成果运用也应遵循公司保密原则在适当的范围进行披露和运用。

4. 建立审计成果运用的跟踪问效制度

跟踪问效制度一方面是检查审计成果的落实情况，另一方面也是对审计成果的深入应用，可以看成防范审计风险的一项特殊措施。

（1）审计回访制度。现有的回访制度是指审计结束后，审计机关组织专门人员对被审计单位的走访制度。回访的内容包括审计人员执行审计纪律的情况，审计决定的落实情况。每年组织的一些审计项目检查、审计决定落实大检查，也应属于审计回访内容。建立审计回访制度，在回访内容、回访程序和流程上进行优化和修订，做好回访前准备工作、回访内容的规范化、回访达到的目的、回访效果的评价等都应包括在内。

（2）审计成果追踪落实制度。对审计成果的追踪落实，能够进一步落实审计决定，使审计成果得到更加充分的应用。主要方式有：一是认真落实领导批示。领导对审计报告、信息等的批示，说明审计结果已发挥了应有的作用，而按照领导批示做好下一步的落实工作，往往是审计成果能够真正充分利用的关键，所以，一定要抓住审计成果运用的这个“牛鼻子”；二是采用问卷调查法或征求被审计单位意见书征求被审计单位意见。由于审计机构人力精力有限，在不能事事都进行回访的情况下，实行这两种办法，能够缓解审计机构的压力且一定程度上达到回访的目的。

（3）开展后续审计。后续审计以审查和监督被审计单位是否对报告中揭示的问题和偏差进行了纠正和改进，采取的纠正措施是否及时、合理、有效为目的。后续审计立项依据是以审计发现问题的数量、问题性质的类别、问题性质的严重性和复杂性、审计成果运用情况等作为立项依据。通过开展后续审计，对审计成果是否得到运用、运用效果进行评价，使审计成果及其运用得到有力保障。

（4）开展延伸审计。对在被审计单位发现的问题是否具有普遍性、倾向性等问题可以通过开展延伸审计向相关年度、相关单位、相关人员、内部控制进行延伸。延伸审计的立项依据是根据某段时间内部审计计发现问题的倾向性、普遍性问题进行相关延伸审计，提高审计成果的深度和广度，提升审计成果运用的效果。

四、审计成果运用监督考核机制

1. 内部审计成果工作考核机制

科学考核不仅是重要的工作机制，也是重要的管理方法。随着审计成果运用重要性和任务的增加，应进一步建立和完善考核办法，发挥考核指挥棒作用。首先，应当从完善审计人员业绩考核责任制入手，以审计准则、审计项目质量量化考核办法等为考核依据，建立健全审计质量检查、考评制度，对审计流程各环节制订详细的考核细则。其次，利用计算机程序，建立审计准备、审计方案、审计日记、审计调查、审计证据和审计工作底稿、审计报告初稿和审计信息披露、审计成果整合、审计成本运用效果的控制流程。最后，对考核制度的落实有专人管理，把考核权限分别授予审计组长、主审、审计机构负责人，把考核工作落到实处。

2. 对被审单位审计成果运用进行监督考核

一是被审单位是否建立审计整改和审计成果运用的相关制度，是否明确审计意见整改的部门和整改流程与职责；二是对审计整改与审计成果运用的程度和效果是否进行自我评价，对审计机构进行后评价；三是建议将审计整改与审计成果运用，如审计建议的采用率、审计整改率、审计成果运用率等，纳入公司KPI绩效考核；四是审计整改方式上要打破常规的审计模式，以后续审计整改项目、审计意见整改和公司闭环管理办法相结合的方式落实审计结果跟踪监督制度，将具体执行情况作为审计项目完成的重要要素来管理。

五、建立问责和责任追究机制

1. 建立健全对审计部门审计成果质量问责制度

审计成果质量问责制度应是审计质量控制中的一环，是对审计人员在实施审计过程中，对应形成审计成果而未形成审计成果、对应从自上而下形成的审计成果运用而未运用等情况进行相应问责的制度。

2. 建立健全对被审计单位审计成果运用问责制度

问责包括执行者之责、管理者之责、前任之责、检查者之责、用人者之责五个方面。但审计机构的职责是有限的，问责涉及众多管理职责，因此，审计成果运用问责制度是对审计发现的被审单位经营管理人员违法乱纪、未履行或未正确履行职责造成企业管理混乱和财产损失，以及审计整改不力，按照审计决定（处理）意见书、审计管理建议书、风险分析报告等多种审计成果载体形成的审计成果未运用、运用不到位、无法运用从制度上进行规定，一是从管理职责和流程上进行问责；二是按照审计成果未运用、运用效果不到位、无法运用等管理职责追究被审计单位和相关人员的相应责任。

六、激励机制

有效地推广和运用审计成果，是全面提高审计工作质量和水平的重要手段。建立审计成果运用激励机制，依靠合理制度与有效执行，充分激励和调动人的积极性，最大限度地发挥其潜能，保证审计成果最大效率的运用，实现审计成果价值。

1. 对审计机构与人员的激励措施

审计组织和人员运用审计成果的行为，就是不断生产审计成果的过程。为了激励审计人员更加积极、主动地运用和创造审计成果，创新工作方法和提高工作质量与效率，应建立起从绩效挂钩等物质激励到项目评优、先进事迹宣传、优秀表彰奖励，对工作业绩的认可等积极的精神激励措施和方法。

（1）将成果利用与员工绩效考核相结合。审计成果运用的效果体现了审计人员的工作努力程度、绩效大小、贡献大小，与工作报酬挂钩，对绩效表现突出的审计人员不仅是心理安慰、也是精神鼓励，是奖勤罚懒、赏罚分明的表现。审计人员的劳动产品就是审计成果，有价值的审计成果需要审计人员不断去创造和深加工。将审计成果的优劣，运用的有效性、针对性、及时性纳入业绩考核，与物质奖励挂钩，从而激发审计人员的工作热情，提高工作效率，使“要我做”变为“我要做”，主动提高审计成果质量，积极落实审计成果的运用和推广，让物质激励成为实现目标而奋斗的驱动力，不断产出新的审计成果。

一是将审计技术、方法等方面的理论研究和经验总结成果纳入绩效考核。主要包括审计论文、审计课题研究、审计技术方法总结、审计经验交流材料、审计创新成果、计算机辅助审计软件、审计管理软件、审计技术方法模板、审计质量考核评价体系等审计成果，按获国家级，省部级，油田级一、二、三等奖的不同等级进行差别计分纳入绩效考核。

二是将优秀审计项目评选结果纳入绩效考核。主要包括优秀审计项目、审计报告、审计工作底稿，以及优秀主审等评选结果，按获集团公司、油气田公司的不同奖励等级进行差别计分纳入绩效考核。

（2）将成果利用与评先评优相结合。在企业管理层和审计组织内部利用评选优秀审计项目、主审、审计工作底稿、优秀理论研究和学术论文、先进工作者等精神激励形式，激发审计人员的事业心和成就感，从而生产出数量更多、质量更高、价值更大的优秀审计成果。

①定期评选优秀审计成果。一是开展公司年度“十佳审计底稿”和“十佳审计报告”评选活动。奖励措施：给予物质奖励；同时，在公司审计主页列示十佳审计底稿、审计报告，作为大家观摩学习的榜样。二是评选表彰公司“优秀审计项目”，激励审计人员争创优秀审计项目和审计成果。

②向上级推荐优秀审计项目。对在公司年度考核评比中获得名次的优秀审计项目，积极推荐参加上级优秀审计项目评比，激励审计人员从项目计划出精品开始，以“精、深、透”为工作要求，努力践行“在审计工作深度和广度上求突破、在审计服务水平和质量上求提升”的审计理念，将“审出水平、审出成效”落实为行动和成果。

（3）将成果利用与干部使用相结合。在年度审计成果运用考核评比中，对理论研究成果显著、审计工作业绩突出、获奖优秀项目多的员工，实施岗位激励措施，在后备干部推荐，组长、主审等关键岗位任用，优先选用审计成果突出者，真正形成优秀干部有成就感、平庸干部有压力感、不称职干部有危机感的激励导向，为创造审计成果储备优秀人才。

（4）将成果利用与人才培训相结合。审计人才队伍建设是立审之本，强审之路。在审计人才队伍建设上，要以提高队伍的专业化水平为核心，以提高队伍的审计能力为重点，打造一支专业特长突出、业务能力精湛、作风过硬、廉洁自律的审计队伍，实现审计事业的可持续发展。在审计成果运用的过程中，利用年度理论研究和学术论文评选、优秀审计项目评选、优秀审计报告和优秀审计底稿评选等结果，对达到了预期目标和成效突出的员工，外送高校理论知识重点培训等成才激励方式，培养专业化人才和业务骨干，积极为审计人员提供个人成才平台。

2. 对被审计单位及其他部门与人员的激励措施

由于公司相关业务主管部门、被审计单位、非审计单位，利用审计成果的目标不同，所取得的成效也不尽相同。公司在考核表彰审计成果运用取得突出成绩的单位（部门）时，应在物质和精神层面重奖主动利用审计成果、举一反三、加强本单位（部门）生产经营管理和风险防控，并取得了明显成效的单位和个人。

（1）建立年度审计成果运用考评机制。加强审计成果利用，强化审计效果，促进审计成果转化，使之为构建强有力的内控制约机制和风险管理机制服务，既需要有相关制度与之配套，又需各方紧密协作。因此，在公司设立“年度审计成果运用先进集体和先进个人”奖项，评比表彰成绩突出的先进集体和个人，有利于充分发挥审计成果相关运用者主动推广和运用审计成果，扩大审计成果的效用。

（2）定期评选审计免检单位。公司在制订年度审计项目计划时，对主动运用《审计综合分析报告》《典型性事例分析报告》《审计案例》等审计成果、借鉴其他单位的成功管理经验和教训总结、举一反三、加强本单位的生产经营管理、在检查中未发现有其他单位同类违纪违规问题和管理缺陷，且内控制度健全有效、内部管理总体规范的，给予该单位1～3年的免审激励。这既是对管理工作成绩的肯定，也能节省审计资源。

（3）将成果运用与干部管理挂钩。运用审计成果作为考核、评价、使用领导干部的重要依据，以激励领导干部廉洁从业、模范履职。如：让纪检监察机关了解被审计人员遵纪守法和党风廉政建设的情况，对有关的违法违纪问题进行处理；让组织部门掌握被审计人员履行经济责任的情况，利用审计成果对领导干部进行考核、监督和管理。

第六节　审计成果运用主要对象及方式

审计成果运用的方式和方法很多，不同的方式方法，表现形式不同，所达到的目的和效果也不尽相同。

一、公司决策层运用审计成果

公司决策层作为公司领导机构，关注和掌握的重点是公司内部各项规章制度和各项计划是否落实和有效执行，经营活动是否良性循环；企业内部控制是否存在缺陷和漏洞，是否存在潜在风险。而内部审计作为公司内部的一种独立客观的监督和评价活动，提供与所审查活动相关的分析、评价、建议、咨询和信息，可以对信息进行及时反馈，提出的处理意见和建议操作性强，能为决策层的正确决策提供经过鉴证的可靠信息和依据，最终为企业增加价值，促进公司目标的实现。

公司决策层运用审计成果的方式主要是根据审计机构的汇报进行批示，相关职能部门和单位按照批示执行。根据审计规范和实际工作需要，审计部门向决策层的汇报主要分为书面汇报与直接口头汇报。

书面汇报包括审计报告、审计调查报告、专题报告和其他报告。

1. 审计报告

审计报告指实施了必要的审计程序后出具的，用于表达审计事项意见的书面文书报告。它是审计结果的最初书面反映，也是审计成果的最初载体，是审计组向公司领导层报告审计情况和结果的报告。审计机关同时根据审计报告出具审计意见书和审计决定书，并对有关事项作出处理处罚。

2. 审计调查报告

审计调查报告是主要根据审计调查情况写出的书面汇报，是协调审计人员紧张、平衡审计计划的一种有效方式，其报告也是审计成果应用的一种经济形式。

3. 专题报告

专题报告是审计报告的一种特殊形式，是指就专项审计结果向交办或委托单位进行汇报的一种审计报告。这种审计报告具有一定的特殊性，成果也比较大，每年决策层交办的重大投资工程审计就属于这一类。这类审计成果的应用，一般审计机关高度重视；期间，可能向委托领导多次口头汇报或进行阶段性成果汇报，最后再总结汇报。

4. 其他报告

审计汇报的形式多种多样，除上述形式外，还有其他汇报形式。主要有：

（1）《管理建议书》：抓住审计发现问题的核心根源，深度挖掘审计发现问题背后的问题，从加强公司管理的要求出发，提出有分量、可操作的整改建议，形成《管理建议书》直接呈报给公司总经理。建议书要剖析深刻、办法具体、切实可行，一般会得到总经理亲自批示，会责成分管领导和有关处室逐条研究落实。

（2）《专题分析评价报告》：重点关注各单位共同存在的屡查屡犯问题，以分析评价为主线，剖析问题的内在成因，集中解决普遍性、倾向性问题，在统计、分类、评估风险的影响范围与程度的基础上，形成《专题分析评价报告》，协助管理层规范并监督企业管理和内部控制的建设和运行，提升审计工作成果价值。

（3）《审计发现问题综合汇总分析报告》：审计机构分期（半年或年度）对发现问题汇总分析，提出合理化建议，形成《审计发现问题综合汇总分析报告》按程序呈报决策层。

二、审计机构运用审计成果

审计作为公司“管理中的管理”，公司对审计人员的素质要求极高，各审计组织应充分利用已有的理论研究和经验总结，对审计人员进行专业培训和继续教育制度，不断提高审计人员的政治、业务素质和职业道德，保证审计人员随时掌握与更新履行其职责应具备的知识、技能，并不断提高熟练程度。为提高内部审计的层次，实现内部审计从以合规审计为主，向效益审计、管理审计和风险性审计为主转变，审计机构应扩大审计成果的运用分量，提升审计成果的价值。

1. 对审计发现的问题类审计成果的运用方式

1）审计意见书和审计决定书

审计机构根据审计报告出具审计意见书和审计决定书，并对有关事项作出处理处罚。

2）移送处理书

内部审计机构在审计中发现的违反国家法律法规和公司管理制度的行为应当及时向领导报告，并提出处理意见。涉及严重违纪违规的，应当移送同级监察部门处理。

3）审计通报

内部审计发现的内部控制重大缺陷、重大违规违纪问题、重大资产损失情况、重大经济案件及重大经营风险，以及具有普遍性、倾向性的问题，应当向有关业务管理部门通报。

4）后续审计

内部审计机构对主要审计项目应当进行后续审计监督，检查被审计单位对审计意见（决定）的执行情况。

5）延伸审计

对在被审单位发现的问题是否具有普遍性、倾向性等问题可以通过开展延伸审计向相关年度、相关单位、相关人员、内部控制进行延伸。

6）审计回访

审计结束后，审计机关组织专门人员对被审计单位进行回访。回访的内容包括审计人员执行审计纪律的情况、审计决定的落实情况。另外，每年组织的一些审计项目检查、审计决定落实大检查，也应属于审计回访内容。

2. 对审计理论和经验总结以及审计信息类审计成果的运用方式

1）审计信息

审计信息作为审计成果的一种重要载体和运用方式，有广义和狭义之分，广义的审计信息是指审计活动情况及其发展态势的选择性描述，是审计工作情况、资料、数据等所蕴涵内容的总称。各种审计汇报、审计总结、审计公文、宣传、科研等都属于广义上的信息；狭义的审计信息是仅指审计信息简报、快报等信息专刊编发的反映审计及其相关工作的情况。这里的信息主要指狭义的审计信息。

2）审计宣传

审计宣传主要指审计成果的新闻宣传。为了审计成果最大程度的利用，审计宣传成为目前审计成果社会化的一种主要方式，新闻报道可以增加审计的社会影响力，树立审计人员的良好社会形象。审计宣传一般通过不同文体的文字、文章和图片、声音和图像、计算机网络等方式进行。

3）审计培训

对审计工作报告、审计信息、审计通讯、审计通报、审计报表等信息资料进行学习和宣传，不仅可以加强上下级审计部门之间、公司审计内部各部室间信息交流和资源共享，而且便于上级审计机关检查监督审计成果利用情况，使每位审计人员熟悉和知晓公司审计工作动态和审计方向。培训的方式主要有通过集中召开会议、集中学习或内部网络平台交流等。

4）审计理论、技术方法、案例汇编

对审计技术及方法、优秀审计论文、审计课题研究、审计案例分析、典型性事例分析报告、审计创新成果等编纂成册，发放给每个审计人员，供其学习和参考，并加大审计实务培训力度，开展案例教学和经验交流，探求审计工作规律，相互借鉴，成果共享，缩短和减少摸索过程，提高审计效率。

三、被审计单位及其上级主管部门运用审计成果

被审计单位接受审计后，需对审计发现问题进行整改和落实，并能举一反三，杜绝类似问题再次发生，促进管理水平的提高。针对被审计单位的审计成果运用方式主要有审计对话、审计意见书、审计决定和审计结果公示。

1. 审计对话

审计结束后，审计组就审计结果、审计承诺等内容与被审计单位对话，以达成共识。其之所以成为审计成果运用的一种方式，因为其可以调换角度验证审计成果，减少审计风险，保证审计成果质量；还可以通过对审计成果的认识，让被审计单位从审计角度了解家底，认清责任；特别对重大违规问题的确认，可对被审计单位和个人发挥警示作用。

2. 审计意见书

审计意见书包括审计意见和审计建议两部分，而实际审计工作中有的把审计意见书称为审计建议书，内容上基本一致；也有的将二者分开。划分方法不同，侧重点也不同，尽管形式和名称有时不一样，但其功能基本上一致。

3. 审计决定

主要通过审计决定书来表达，其定义有不少形式，但内涵基本一致。它主要是指审计机关对被审计单位违反国家规定的财政财务收支行为给予处理、处罚的文书，包括审计直接处理的一些内容，但它只是书面文书形式。能否发挥具体作用，还要看审计执行的效果。

4. 审计结果公示

审计公示制度是近几年为防范审计风险、增加审计工作透明度而实行的一种公示审计有关内容的方式方法，审计每次进点前，审计人员将审计公示贴在被审计单位公告处，被审计单位干部员工可就有关问题线索进行举报，也可就审计人员遵守审计纪律等有关情况举报，一般分为审前公示和审后公示两部分。审计结果公示制度指审后公示。审后公示主要在于不仅能对违反财政纪律行为起到一种震慑作用，也可对审计成果的真实性、合法性进行再一次验证。审计结果公示要注意公示范围，特别对具有保密性内容的审计成果公示时，更应谨慎。

四、组织人事部门运用审计成果

组织人事部门作为具体的干部主管部门，能否用对、用好经济责任审计结果，直接关系到领导干部选拔、任用的合理性与正确性，直接关系到公司整体的经济发展。因而，组织人事部门应把审计结果作为领导干部考察任用、教育管理和年度评价的依据。其运用经济责任审计结果的主要方式有以下三种：

（1）把经济责任审计结果运用到对领导干部的日常考察考核中去。把经济责任审计结果运用于干部的调整任免，是对领导干部实施有效监督和管理的重要手段。经济责任审计结果可以反映出被审计者对党的经济工作方针政策和国家法律法规贯彻得如何、经济决策能力如何、民主集中制执行情况如何、经济工作实绩和廉洁自律情况如何。组织

部门对于准备提拔任用的领导干部在考察过程中，把经济责任审计结果作为领导干部考察的重要参考依据，在很大程度上可以弥补传统干部考察方式的缺陷。比如，可以通过在考察报告中增加履行经济责任的情况的分析，避免或减少用人上的失察和失误。

（2）把经济责任审计结果作为领导干部谈心、谈话及实行诫勉的重要内容。对于审计结果报告中反映的一般性问题，组织人事部门可以采取谈心、谈话的方式向被审计者甚至领导班子集体进行反馈，提出改进意见和要求，有针对性地做好对被审计单位的督促整改，一方面可以让领导干部和领导班子从中找到经济管理、干部管理、作风建设等方面存在的薄弱环节乃至重大失误，吸取经验教训，起到提醒和警示作用；另一方面可以使离任的领导干部到新的岗位后改正以往的不足，避免犯同样的错误。比如，对于一些问题性质比较严重，但还够不上纪律处分的问题，组织人事部门应及时对被审计者进行诫勉，要求限期整改。

（3）把经济责任审计结果作为加强对领导干部教育的重点内容。对经济责任审计结果的运用要有经常性、长远性的思想，不可采取实用主义的态度，就事论事，为“审”而“审”，重要的是要善于从中发现倾向性、苗头性问题，总结出带普遍性、规律性的东西，运用到干部教育管理中去。比如，注意及时对审计发现的普遍性问题，通过汇总分析，挖掘原因，将典型事例纳入干部的教育培训内容。对领导干部进行警示性教育，可以增强教育的针对性和现实性，有利于领导干部普遍树立财经法纪观念，增强领导干部的责任意识、廉洁从政意识和经济管理意识，提高领导干部的领导水平和经济决策水平。

五、纪检监察部门运用审计成果

审计机构针对已经结论的非审计处理范围内的问题或案件线索，需按规定程序将其当事人或单位移送有关部门进一步处理或处罚，公司纪检、监察部门是移送的对口部门，利用审计结果，不仅可以发现案件线索，而且可以节约人力资源。纪检、监察部门应把审计结果作为领导干部追究责任和查办违纪案件立案的依据，并把审计结果与党风廉政建设问题结合起来。其运用主要方式是以审计结果为线索，对于涉及个人经济问题、单位财务收支问题的经济大案、要案进行深入的调查，以加强办案力度，同时把审计报告归入干部廉政档案，作为对领导干部廉洁自律情况进行监督检查的重要依据。纪检、监察部门应根据被审计人存在的问题在其职权范围内视问题轻重给予党纪处分，或采取调整职务、降级降职、辞退等措施，对严重违纪的立案查处，触犯刑律的移交司法机关依法查处。

六、公司其他部门（单位）运用审计成果

公司其他部门，主要指的是公司其他监督和管理部门，如公司财务处、企管处、内控处、质量安全环保处、物资采购部等。过去，审计报告、审计信息一般只对上级报送，审计成果的利用率不高。一方面大量的审计信息和成果被闲置，得不到有效利用；另一方面需要掌握审计情况的部门又得不到这些信息，造成信息不对称，形成浪费和重复检查。审计部门针对每一个审计项目发现的存在问题，及时向涉及此类问题的管理、监督部门反映

审计情况，促进监督管理主体之间的信息共享，提高审计结果传递的时效性和目的性。其他管理部门（单位）运用审计成果主要有两种方式：一是按照公司领导批示的审计报告、管理建议书、重大问题专题报告等，对涉及本部门的问题进行整改落实，对部门规章制度进行修订完善，督促下级对口单位加强管理；二是利用审计报告、管理建议书、重大问题专题报告等反映出的审计信息，成果共享，节约人力资源，不再重复监督。

第七节 审计成果运用途径及程序

审计成果运用途经就是按照审计成果的不同类型，根据不同的运用对象，建立的规范的审计成果运用对象及文本载体。而审计成果运用程序就是为达到审计成果全面、有效利用而建立的审计成果文本载体的转化、评估、利用及利用的监督检查与验收规定，涉及审计成果文本载体转化的具体控制程序，以及运用的对象、流程和控制的环节、措施、责任部门等。

一、审计成果的管理与载体转化

审计成果管理就是在审计工作、管理过程中，对可预见的审计成果进行评估和规划，对形成的审计成果进行汇集、开发、提炼和运用的工作机制。而审计成果的载体转化就是将审计成果转化成被运用者运用的文本载体。

1. 理论研究与项目实施经验类成果的管理和转化

1）项目实施经验类审计成果的管理和转化

在审计项目实施完成后，由审计课题组成员独立对审计项目进行经验总结，其内容包括对审计方式方法、审计技术，以及审计实施过程使用的、创新的“经验”类审计成果进行提炼，转化形成个人项目实施经验总结，再由主审合并提炼项目实施经验总结；主审针对项目实施经验总结中可推广应用的部分，简化、记录形成项目实施经验总结推广表审计成果载体。

集中提炼转化：对年度优秀审计项目、内部审计经验交流材料，由审计中心组织业务骨干进行专业会讨论，对重要的经验、操作技术、方式方法进行研讨，审计中心质量控制室汇总、提炼形成会议纪要，进而简化、记录形成项目实施经验总结推广表审计成果载体。审计项目实施经验类审计成果集中提炼转化流程如图 5-1 所示。

2）审计理论研究成果的管理和转化

审计中心质量控制室、审计处管理科、审理科对年度审计论文、个人年度工作总结进行汇编。由审计中心质量控制室、中心领导，审计处审理科、审计处领导，结合论文或总结的获奖情况，以及实际审计运用的可行性进行初步筛选，指令撰写人编制、转化形成审计理论研究成果利用表审计成果载体。

集中提炼转化：按照年度，对完成的或已经形成成果的在报刊、杂志上发表的文章，以及立项进行专项审计课题研究等方面的材料，由审计中心组织业务骨干召开专业会，对理论成果的合理性，以及现实操作的可行性进行研讨，审计中心质量控制室汇总、提炼形成会议纪要，进而记录形成理论技术成果利用表审计成果载体。审计理论研究成果集中提炼转化流程如图5-2所示。

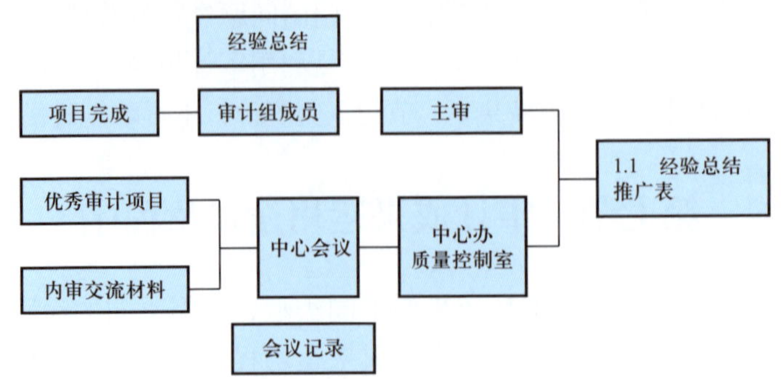

图5-1 审计项目实施经验类审计成果集中提炼转化流程图

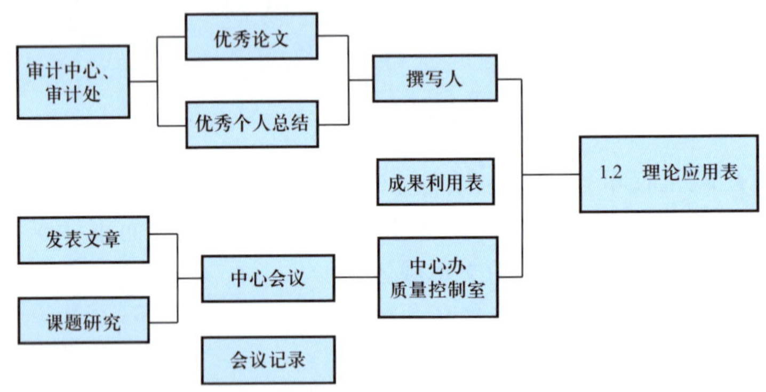

图5-2 审计理论研究成果集中提炼转化流程图

2. 审计项目实施形成审计成果的管理和载体转化

1）项目实施形成的审计成果向报告类载体的转化

由项目成员在实施了必要的审计程序后出具的，用于表达审计事项发现、评价、建议的书面报告，它是审计结果的最初书面反映，也是审计成果的最初载体。根据公司实际，此部分审计项目实施形成成果的转化，主要由项目主审形成，其过程主要是通过对助理审计人员相关底稿的汇总、提炼，转化为审计报告、测试报告等。

除上述审计项目既定流程执行的结果产生的报告外，对结合项目实际实施过程的重要发现，编制的专项报告，如管理建议报告、重大问题专题报告，在项目实施过程中，由审计组成员、主审针对项目实施过程的发现或线索的重要性程度，经课题组长、审计中心领导确认后编制。

在报告载体利用过程中，经公司领导指令要求，需要按照公司分管领导业务管理范围或公司处室业务管理范围，编制报告载体的分项报告时，由原报告载体编制人根据公司领导批示编制转化，形成分项报告。

2）审计项目实施形成的审计成果向审计意见书的转化

在上述类型审计报告的基础上，对审计事项作出的评价和向被审计单位提出的管理意见的书面文件，由审计处按照内部审计管理程序，结合领导批示情况，转化形成审计意见书。

3）审计项目实施形成的审计成果向审计决定的转化

在审计报告基础上，对被审计单位违反国家、公司规定的管理行为给予处理、处罚的文书，由审计处结合领导批示情况，转化形成审计决定。

4）项目实施形成的审计成果向审计咨询意见书、开工前审计报告的转化

由项目成员在实施了必要的审计程序后出具的，用于表达审计事项发现、处理意见、审计决定的书面文书报告，并经过了审计中心、审计处审核、审批确认。由主审人员形成，或通过助审人员相关底稿的汇总，提炼转化为审计咨询意见书、开工前审计报告。

5）项目实施形成的审计成果向审计移送处理书的转化

在实施必要的审计程序过程中或实施完成后，对已经形成初步结论的非审计处理范围内的问题或案件线索，由项目主审组织审计组进行讨论，组长确认后编制审计移送处理书初稿，经审计中心领导、审计处复核后转化形成审计移送处理书。

6）项目实施类审计成果的管理和转化流程

项目实施类审计成果的管理和转化流程如图 5-3 所示。

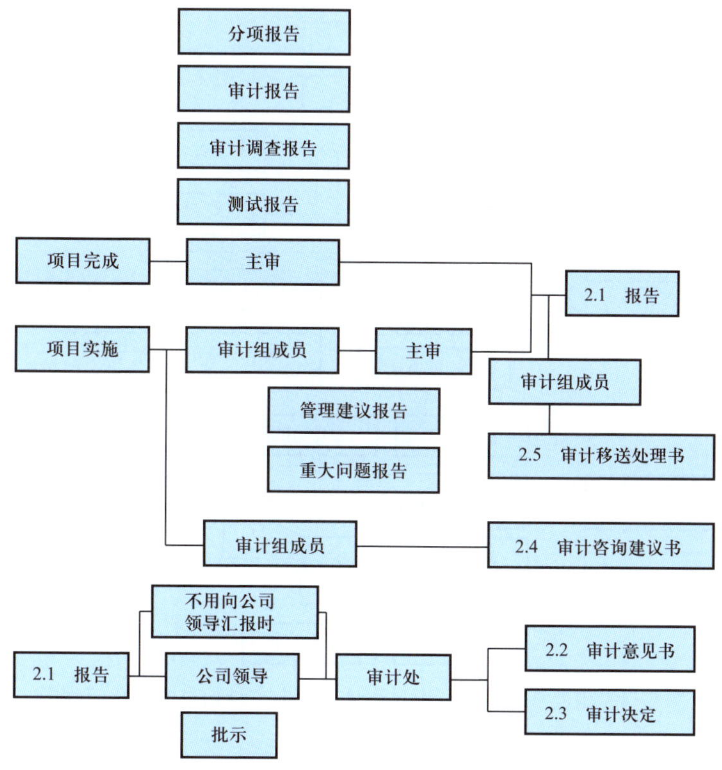

图 5-3　项目实施类审计成果的管理和转化流程图

3. 信息类审计成果的管理与转化

1）年度或历史项目实施的审计成果向综合汇总分析报告的转化

由审计处审理科根据历史、年度审计项目实施情况，结合审计信息系统、审计发现数据库和审计项目实施全过程资料，按照审计项目和被审计业务控制活动类型，从微观

到宏观，从历史演进、横向纵向等角度，形成对公司层面的统计报表，综合汇总分析报告、审计工作报告。

由审计中心年度工作会、审计处例行会议，组织业务骨干，针对历史、年度审计项目实施情况，选择有代表性的项目，指令项目主审人员对项目进行总结，形成典型性事例分析报告、审计案例。

2）审计及其相关工作的情况向审计信息、审计宣传材料的转化

审计组成员、审计中心质量控制室、审计处各科室，根据项目安排、实施、日常审计工作等情况，将反映审计活动情况及其发展态势的审计成果转化为审计信息、审计公告、审计通讯。

3）相近、类似审计项目审计成果向审计信息的转化

针对即将开展的时间相近、类型相似的审计项目，由审计处审理科将历史、年度审计项目实施情况，转化形成过往审计项目成果信息资料包，以在项目实施过程中使用。流程图如图 5-4 所示。

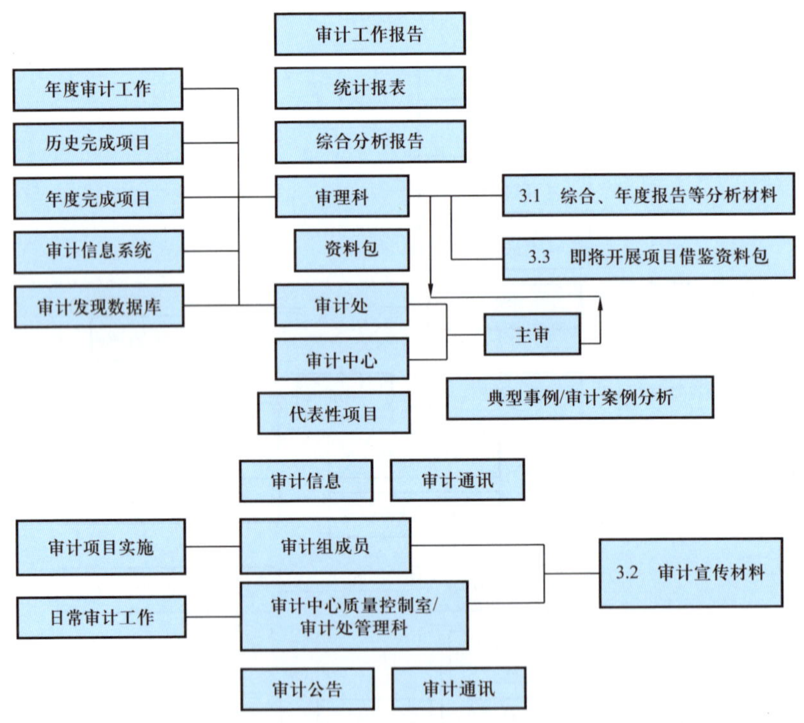

图 5-4 相近、类似审计项目审计成果向审计信息的转化流程图

二、审计成果载体的分析评估

审计成果载体的分析评估是为了确保审计成果载体内容的规范性、合理性、准确性，以及利用的可行性，而采取的审计内部、内部与外部协作进行的评价、审核、确认程序。

1. 审计理论研究与项目实施经验类审计成果载体的评估

经过汇总、提炼的经验总结推广表（图 5-1）、理论应用表（图 5-2）审计成果载体，

对涉及中心层面使用的，中心组织业务骨干召开专业会，筛选、评估、中心质量控制室形成会议纪要，并报审计处备案。对需要报审计处评估，在公司层面审计机构范围内使用的，形成推荐成果报审计处，由审计处组织业务骨干审核、评估，对需要报上级单位的，由审计处上报评估。

2. 审计项目实施发现、评价与建议类审计成果载体的评估

对形成的 2.1～2.5 类（图 5–3）审计成果转化资料，即审计报告、审计意见书、审计决定、审计移送处理书、审计咨询建议书，对按照既定项目实施流程，在被审计单位利用层面的，遵照内部审计机构现有相关质量控制措施进行评估，如四级审核制度等。

对非既定流程实施要求，在公司层面或非被审计单位层面执行的，需同级部门协作评估。由审计处审理科根据实际情况进行判断，在审计处领导批准后，向同级部门发出审计咨询函件，内容主要包括咨询调查和落实的事项，处理意见、建议、优秀管理经验的准确性、合理性、可行性等。对于从业务主管部门的角度，从设计层面分析现行的管理机制在制度、流程等方面是否存在缺陷；从执行层面分析导致问题的主、客观原因及问题性质等，在协商一致后，报公司业务主管领导、审计主管领导进行评估。

3. 信息类审计成果转化的评估

对形成的 3.1 类（图 5–4）综合、年度报告等分析材料，由审计处组织内部程序组织评估，报公司主管领导审批，对典型事项、审计案例分析材料由审计中心和审计处分别组织评估；对 3.2 类（图 5–4）审计宣传材料，由审计中心、审计处评估、审定；对 3.3 类（图 5–4）即将开展课题组主审借鉴资料由审计处评估。

4. 评估流程图

审计成果载体的分析评估流程如图 5–5 所示。

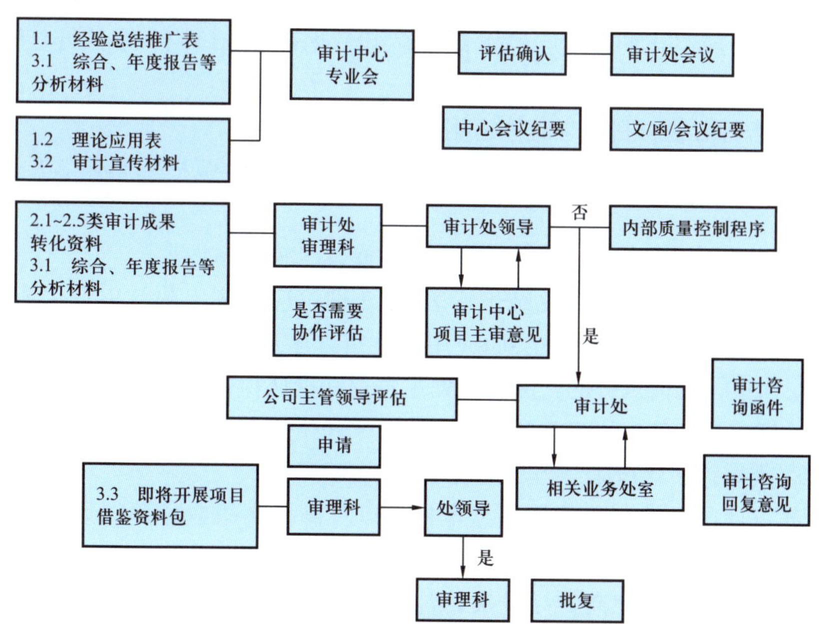

图 5–5 审计成果载体的分析评估流程图

三、审计成果载体的实施运用程序

1. 审计成果载体运用的风险防范程序

1）理论研究与项目实施经验类审计成果载体运用的风险防范

经评估后的理论研究与项目实施经验类审计成果载体运用，在实际利用过程中，当出现下列情况：对成果载体的运用，缺乏实际操作性、可行性，难以达到预期效果时；成果载体运用产生的效率效益不能满足实际，甚至降低了审计项目执行的效率和效益，阻碍了审计项目的执行或审计预期目标的实现等情况时。由审计项目成果载体运用成员、审计项目主审提出成果运用变更或终止建议书，经过审计中心组织业务骨干讨论，审计处领导核实、确认后，可变更或终止成果载体的利用，否则成果载体的运用继续进行。

2）审计项目实施类审计成果载体运用程序

经评估后的审计项目实施类审计成果载体，在实际利用过程中，采取下列措施进行风险防范：

一是 2.1 报告类成果载体，在公司领导运用过程中，其运用结果的反馈，出现异常批示时，如对报告中相关审计事项发现、评价和建议的准确性、可行性等提出质疑。由审计处组织、指令报告撰写人员（或课题组），根据批示事项的复杂程度，采取现场补充核实、确认等方式，形成补充报告后报原批示领导。

二是 2.2～2.4 类审计成果载体在公司平级处室、下属二级单位利用过程中，出现成果载体不具有实际操作性、成果载体的运用不能达到预期效果、成果载体极大降低了实际业务控制效率和效果，甚至阻碍了实际业务活动控制目标的实现等情况时，由成果运用单位（部门）提出成果载体运用变更或终止申请，并详细阐明变更或终止的原因，反馈至审计处审理科。审计处指令原成果载体撰写人（或课题组）核实、确认后，编制成果运用维持、变更或终止的建议，经审计中心组织业务骨干讨论、审计处核实、确认后批复、发函或发文通知成果运用单位执行。

3）综合报告等分析材料成果载体运用

对 3.1 类综合报告等分析材料成果载体运用，其风险防范措施参照 2.2～2.4 类程序执行。

2. 审计理论研究与项目实施经验类审计成果载体运用程序

对经过评估确认的 1.1 经验总结推广表、1.2 理论应用表，附带审计中心会议纪要、审计处文 / 函 / 会议纪要，对中心层面应用的，审计中心通过会议通知确认执行启动时间，对公司层面审计机构执行的，由审计处主页通知确认执行启动时间。

3. 审计项目实施发现、结论与建议类审计成果载体的运用程序

1）对 2.1 类审计转化成果载体运用程序

经过内部审计质量控制程序评估、审核，以及需要同级业务部门评估后的 2.1 类报告，由审计处根据报告反映事项的结论、建议、事实等情况的重要性程度，结合公司主管领导指令要求，选择性地向领导呈报。若领导对其中内容进行了批示，并详细批示了处理意见的，参照下述 2.2～2.3 类审计转化成果的利用流程执行。

2）对 2.2～2.3 类审计转化成果载体运用程序

2.2～2.3 类审计成果转化资料，即审计意见书、审计决定、审计咨询建议书、开工审计报告，对直接由被审计单位运用的，由审计处按照既定审计作业流程下达文件，被审计单位办公室接收到文件后，结合审计联络员意见，呈阅到主管领导和相关业务分管领导批阅，按照文件具体内容形成督办表单，并发送至相关业务科室，相关业务科室按照审计处理意见、审计建议内容，制订整改措施、整改期限，由业务分管领导审批后执行。相关业务科室执行完毕形成督办事项完结反馈表，并随执行结果反馈至业务主管科室汇总，主管领导复核、审批后，由审计联络员协调单位办公室汇集督办表单、执行方案、执行情况报告、执行结果附件，按照既定上报文件程序，一并上报审计处。对非被审计单位进行成果利用的，如同级处室、下属二级非被审计单位，由相关业务处室参照上述被审计单位执行模式进行。执行流程如图 5-6 所示。

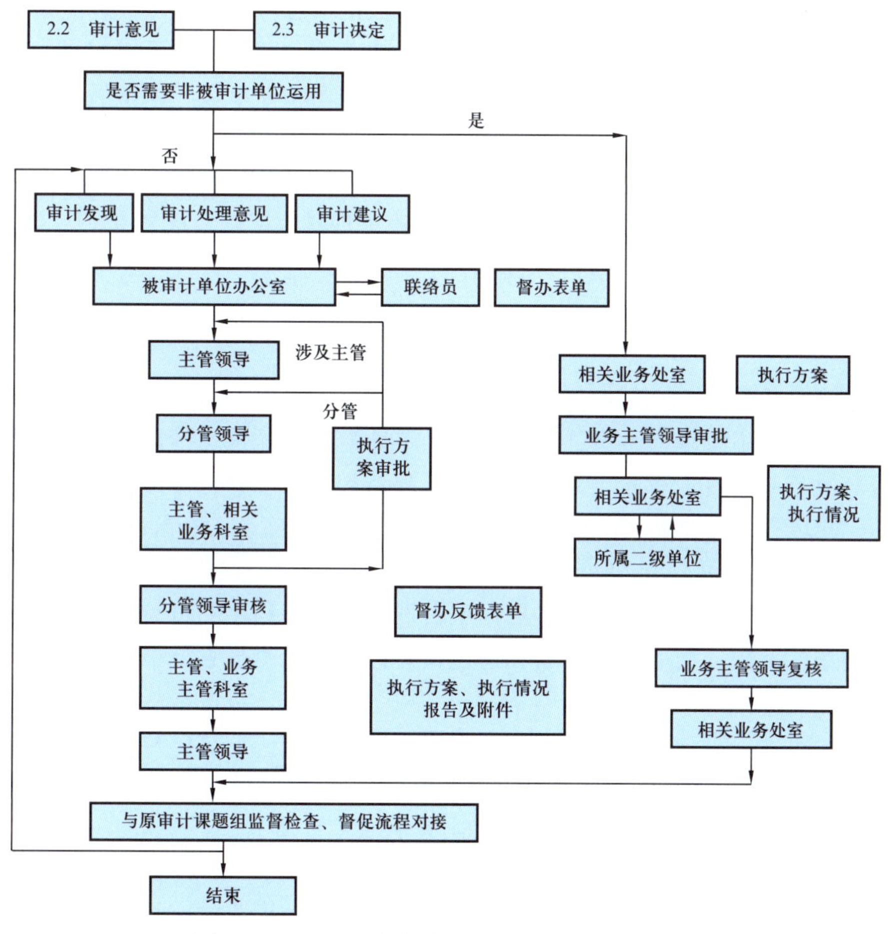

图 5-6　2.2～2.3 类审计转化成果载体运用流程图

3）对 2.4 类审计咨询建议书和开工审计报告运用程序

对审计咨询建议书和开工审计报告，按照既定的审计咨询管理办法、开工前审计管理办法，由被审计单位相关业务科室按照审计意见执行，并在咨询事项完成、工程开工后，回复审计开工前审计和审计咨询事项的执行情况。

4）对 2.5 类审计移送处理书运用程序

根据评估结果，由审计处审理科汇集审计移送处理书、领导批复、资料移交清单至公司监察部门或相关业务处室，并取回经相关业务处室确认的审计移交处理书交接资料清单。相关业务处室在完成移交事项的调查、分析和处理完结后，反馈处理结果和附件至审计处审理科，审理科归档保存。对移交外部单位的，经过主管领导批准后，直接移交相关外部单位（部门）。

4. 信息类审计成果转化资料运用程序

对 3.1 类中典型、案例类审计成果转化资料，参照审计理论研究与项目实施经验类审计成果转化资料的运用程序执行，对 3.1 类中综合分析材料、报表类审计成果，呈送公司领导决策参考，若领导批示有进一步操作的意见时，按照领导批示情况，参照 2.2～2.3 类审计转化成果的运用程序执行。审计处审理科根据综合分析材料、报表类审计成果的内容及领导批示情况，结合年度和历史审计成果的范围、程度，以及横向纵向对比，有针对性地提出延伸审计建议，经审计处领导审核、公司领导审核、审批后纳入审计项目计划；对 3.2 类中审计宣传材料，由审计处综合科、审理科，根据重要性程度，拟定应用方式和范围，报审计处领导确认后实施，对需要公司领导确认的事项，经公司领导确认后实施。对 3.3 类中即将开展项目借鉴资料包，由审理科根据领导批复意见，发送给项目主审人员，主审人员在项目实施过程中运用。

四、审计成果运用的督办、检查和验收

1. 审计理论研究与项目实施经验类审计成果方面

在审计项目实施阶段，由审计课题组长、审计中心领导现场指导过程中，以及审理科现场督导过程中，负责对成果利用情况进行判断和分析，并督促审计组在可利用的项目中利用，并填写审计成果利用督导表，由审计项目主审确认，在审计项目实施完成后，随审计项目资料，一并提交审理。

在审计项目审理阶段，由审理科根据项目性质，成果利用的可行性，核实成果利用情况，对利用的范围、程度进行判断和登记，并记录进入审理意见书，并对审计中心和审计处领导进行反馈。

年度末，审计处审理科，根据年度审计项目审理情况，汇总填写审计成果利用情况表格，并进行分析评价资料，对审计中心和审计处领导进行反馈。

2. 审计项目实施发现、结论与建议类审计转化成果方面

1）对 2.1～2.4 类审计转化成果方面

（1）审计课题组的监督检查：由具体审计项目实施而形成的审计成果，在被审计单位的利用过程中，由该审计课题组负责进行督促、监督和检查。其具体程序为：审计机构向被审计单位下发审计成果运用载体文件时，同时下达给审计项目主审。

在被审计单位运用过程中（被审计单位内部运用流程参照 2.2～2.3 类审计成果载体运用流程），由被审计单位审计联络员归集整理成果运用的方案、结果及附件，报送给审

计项目主审。审计项目主审组织课题组，结合审计成果运用载体文件和审计项目实施过程的具体实际，对被审计单位的运用情况进行判断和分析，编制审计成果运用情况报告，并建议采取审计现场和非现场的方式进行检查、督促运用，经审计中心领导确认后执行。

检查、督促运用执行完毕，由审计项目主审计算成果运用参数，并编制形成审计成果运用情况报告，附被审计单位运用执行过程资料，经审计中心领导确认后报审计处审理科。

审计处审理科根据审计中心上报资料进行分析，并判断成果运用程度，是否需要继续执行运用程序，经审计处领导审核后执行：对需要继续执行运用程序的，向审计中心审计项目主审反馈，审计项目主审按照流程起点继续执行。对不需要继续执行运用程序的，由审计处审理科与被审计单位沟通确认，由被审计单位行文上报运用的正式报告到审计处。

按照年度，审计处审理科对成果运用参数计表，审计成果运用情况报告进行汇总统计，采取适度公开的形式：在年度工作总结、综合分析评价报告等资料中反映，并呈报公司主管领导；或在审计处主页中反映；或将各单位成果利用情况反馈至各单位。具体流程及审计成果运用参数见图 5-7 和表 5-1。

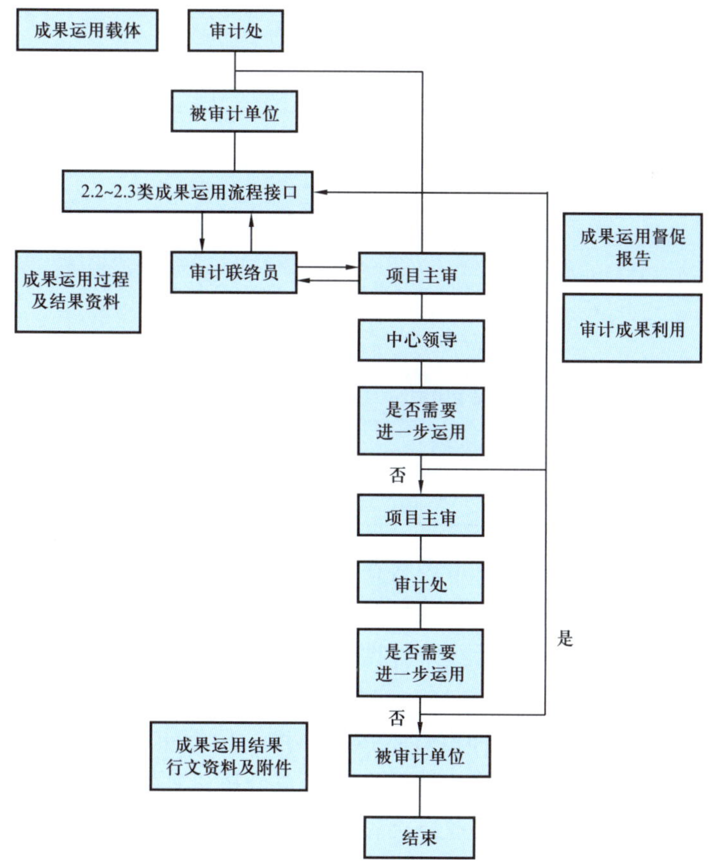

图 5-7　2.1-2.4 类审计转化成果运用流程图

表 5-1 审计成果运用参数表

<table>
<tr><th>大类</th><th>分项</th><th>参数</th><th>数量</th><th>比例（相对总个数）</th></tr>
<tr><td rowspan="12">设计层面</td><td rowspan="6">管理漏洞或缺陷修正</td><td>总个数</td><td></td><td></td></tr>
<tr><td>未整改</td><td></td><td></td></tr>
<tr><td>已经整改</td><td></td><td></td></tr>
<tr><td>设计整改不充分</td><td></td><td></td></tr>
<tr><td>后续执行不充分</td><td></td><td></td></tr>
<tr><td>设计和后续执行均不充分</td><td></td><td></td></tr>
<tr><td rowspan="6">进一步精细化管理需要</td><td>总个数</td><td></td><td></td></tr>
<tr><td>未整改</td><td></td><td></td></tr>
<tr><td>已经整改</td><td></td><td></td></tr>
<tr><td>设计整改不充分</td><td></td><td></td></tr>
<tr><td>后续执行不充分</td><td></td><td></td></tr>
<tr><td>设计和后续执行均不充分</td><td></td><td></td></tr>
<tr><td colspan="2" rowspan="5">执行层面</td><td>执行层面问题总数</td><td></td><td></td></tr>
<tr><td>未整改</td><td></td><td></td></tr>
<tr><td>已经整改</td><td></td><td></td></tr>
<tr><td>整改不充分</td><td></td><td></td></tr>
<tr><td>已整改但不及时</td><td></td><td></td></tr>
<tr><td colspan="2" rowspan="4">审计建议</td><td>总个数</td><td></td><td></td></tr>
<tr><td>完全采纳</td><td></td><td></td></tr>
<tr><td>未采纳</td><td></td><td></td></tr>
<tr><td>采纳不充分</td><td></td><td></td></tr>
</table>

（2）后续审计或跟踪回访：由审理科在审理阶段、审计中心在项目完结阶段（审理结束）提出项目后续审计、跟踪回访计划建议，由审计处审理科汇总建议，经审计处领导和公司主管领导审批后执行。后续审计课题组、跟踪回访组根据在项目实施结论的报告中进行审计成果利用参数的计算。

（3）成果运用发现问题的延伸审计：按照年度，根据审计成果利用参数计算结果，由审计处审理科对成果利用不完善的情况进行汇总分析，其主要内容是：成果利用不完善的程度，涉及的主要单位、主要业务类型、成果利用不完善的原因等，进而形成成果利用发现问题的延伸专项审计建议，在中心领导、审计处领导审核后，经公司领导审批后执行。以此督促、强化成果利用的效果，并根据实际情况，进一步发现成果利用不完善的根源，并提出补充完善的审计成果后强化执行。

2）2.5 类审计移送处理书方面

审计处审理科对审计移送事项、相关业务部门反馈的处理结果和附件归档保存，并登记。

3. 信息类审计成果转化资料方面

对 3.1 类中典型、案例类审计成果转化资料，参照审计理论研究与项目实施经验类程序执行；对 3.1 类中综合分析材料、报表类审计成果，参照 2.1～2.4 类审计转化成果类程序执行；对 3.2 类中审计宣传材料，由审计中心办公室、审计处综合办公室和审理科，对宣传信息的编制和采纳情况、采纳范围进行统计，并在审计工作会议或继续教育培训会议中公开，在业绩考核体系方面进行考核和计算。对 3.3 类中即将开展课题组借鉴资料方面，在审计项目实施完成后，由项目主审编制利用情况说明，在审计项目资料上报审理阶段一并上报，审理科进行统计登记，在审计工作会议或继续教育培训会议中公开。

4. 审计成果转化、评估、利用、检查验收的信息化

审计中心办公室、审计处审理科，按照审计成果转化资料的类型，以年度为单位顺序登记，对审计成果转化资料，评估过程及结果，以及经评估确认后的审计成果转化资料的构成简叙，成果利用的情况、范围、程度和结果进行统计，建立审计成果管理与利用的电子台账，以便实现审计成果转化与利用的信息化转化。

第六章

内部审计整改探索与实践

第一节　内部审计整改内涵和目标

一、内部审计整改的内涵

“审计整改”一词最早只是作为审计过程中的一种日常用语进行交流和使用，并未进入相关的法律法规中。在我国，“审计整改”概念的推广是从国家审计发展而来的。在2006年修正后的《中华人民共和国审计法》中，并没有明确指明审计整改的含义，但却作出如下规定：被审计单位需要针对审计决定进行一系列的工作。2011年颁布的《中华人民共和国国家审计准则》，其中规定，国家审计机关必须督促、检查和报告被审计单位对审计整改的相关情况。“审计整改”第一次出现在我国的法律条文中。在内部审计方面，中国内部审计协会在2014年颁布的《内部审计具体准则第2107号——后续审计》中，将审计整改作为后续审计工作的一部分进行描述，内部审计整改正式有了自身的含义和定位。

本书所指的审计整改，是专指企业内部审计中的审计整改。主要是指被审计单位或部门根据审计部门所作出的审计决定、审计意见或建议，对相应存在的违法违规问题或者不合理现象进行纠正和改进的过程。审计整改作为审计结果的主要组成部分，通常在审计工作的后期开展。

二、内部审计整改的目标

内部审计整改的目标是企业各组织部门希望通过审计整改所能得到的效果。内部审计整改的目标属于内部审计目标的组成部分，因此将内部审计整改目标分为直接目标和终极目标来进行分析。企业内部审计整改的直接目标有如下几个方面：一是弥补损失。通过审计整改对相应问题进行及时的修正和弥补，防止其对企业带来更多的利益损失。二是推进问责。让整改的责任人更为明确，整改问题该是谁的责任谁就要负责整改，不能一概交给审计部门去做，每个员工都需要为自己的行为负责。三是风险防范。通过审计整改，总结经验教训，督促建章立制，预防相关问题的再次发生，推动企业运营管理的风险防范机制。

内部审计整改的终极目标要结合内部审计的目标来分析，整改的最终目标是和审计的前期工作结合在一起，最终实现审计问题的整改和解决，实现内部审计工作的价值，提高内部审计工作质量，让内部审计能够为企业的总体发展发挥自己最大的作用。

当然，由于内部审计其本身的独特性，每个企业的内部审计工作开展情况各不相同，其目标也可能存在一定程度上的偏差。在实际的审计实施中，可以根据企业自身的发展情况制订审计整改具体目标。

第二节　内部审计整改的制度与政策

内部审计整改制度与政策是指国家和内部审计协会以及各企业内部对于内部审计整改作出的相应的制度和规章。制度规章的建立和完善，能够有效给予内部审计整改工作相应的制度保障和支持，规范整改相关操作和流程，从而提升相关人员对内部审计整改的重视程度，提高内部审计整改地位。以下是对我国审计整改的相关制度进行的梳理和总结。

在2006年以前，我国对“审计整改”的相关概念并不是十分明确，2006年新修订的《审计法》中仅仅提到了“被审计单位要执行审计部门所作出的审计决定和规定”。国家审计由于其所处环境的优势，对于审计整改的观念也较内部审计较早发展，其对于审计整改经过十几年的发展，有了一定的制度保障。

2014年国务院发布了《关于加强审计工作的意见》，在文件中强调了要狠抓审计发现问题的整改落实。通过健全整改责任制、加强整改督促检查以及严肃整改三个方面来保证审计问题的整改落实。在健全整改责任制方面，强调确定主要整改负责人，认真对待所提出的审计问题和建议。审计整改结果需要及时书面报告和公开。在加强整改督促检查方面，要将审计整改纳入督察督办事项中去。对于审计问题，审计部门要通过建立整改检查跟踪机制来对被审计部门进行及时的跟进和督促，在必要的时候，可以申请其他部门的协助。在严肃整改问责方面，各组织部门需要把整改效果与部门和相关人员的绩效考核相挂钩，面对严重的整改不力行为，需要及时与负责人沟通，严肃追究其责任。

中国内部审计协会在2014年制定了新的内部审计准则，其中在《内部审计具体准则第2107号——后续审计》中指出，后续审计是指在被审计部门针对审计审查出来的问题而采取相应的措施进行改正和纠正的同时，审计部门通过跟踪检查而对其进行审查和评价的活动。对审计中所发现的问题实施纠正措施，是被审计部门领导人的责任。评价被审计部门相关人员所采取的纠正措施是否及时、合理、有效，是内部审计人员的责任。

2015年12月，中共中央办公厅、国务院办公厅印发了《关于完善审计制度若干重大问题的框架意见》，提到了要完善审计结果运用机制。要求相关部门和领导必须加强监督检查，推动涉及发现问题的整改。对于拒不整改、整改不力的现象和行为要及时约谈和问责。另外，还指出在审计整改方面要建立突出整改情况报告机制，审计部门要严格公布审计结果和整改结果。

2018年审计署颁布的《审计署关于内部审计工作的规定》，在第四章强调了审计结果运用。要求单位应当建立健全审计发现问题整改机制，明确被审计单位主要负责人为整改第一责任人。对审计发现的问题和提出的建议，被审计单位应当及时整改，并将整改结果书面告知内部审计机构。建议各单位对于典型的整改问题进行认真分析研究，并建立和完善相关的整改机制，采取相应的整改措施。各单位应该重视审计结果运用，把其作为各项考核的重要依据。同时，内部审计机构应当加强与内部纪检监察、巡视巡察、组织人事等其他内部监督力量的协作配合，建立信息共享、结果共用、重要事项共同实施、问题整改问责共同落实等工作机制。内部审计整改制度发展见表 6–1。

表 6–1　内部审计整改制度发展

法律或政策	颁布时间	对内部审计整改的规定
《中华人民共和国审计法》	2006 年	“审计整改”的概念并不是十分明确，对整改的概念界定也比较模糊
《关于加强审计工作的意见》	2014 年	强调了要狠抓审计发现问题的整改落实。从健全整改责任制、加强整改督促检查以及严肃整改三个方面来保证审计问题的整改落实。审计整改有了明确的制度规定和实施保障
《内部审计具体准则第 2107 号——后续审计》	2014 年	内部审计具体准则将内部审计整改作为后续审计的一部分进行说明，审计整改有了明确的工作范围和定位
《关于完善审计制度若干重大问题的框架意见》	2015 年	要求完善审计结果运用机制。要求相关部门和领导必须加强监督检查，推动设计发现问题的整改。同时重视整改问责机制和后续整改报告公开公示，审计整改有了更加具体的要求
《审计署关于内部审计工作的规定》	2018 年	强调内部审计结果运用。对内部审计整改有了更多细节方面的要求。要求各单位要建立健全审计发现问题整改机制，明确整改责任，加强整改结果的公开程度。同时加强整改考核机制，以及多注重整改过程中多部门的联动和配合。整改工作的要求更为具体和全面，有助于整改地位的提升和整改工作的规范化

2018 年 5 月，习近平总书记在中央审计委员会第一次会议上强调，要认真整改审计查出的问题，深入研究和采纳审计提出的建议，完善各领域的政策措施和制度规则。可见，完善审计整改工作并强化审计整改是当前工作的重中之重。在国家审计的影响下，内部审计整改的相关法律法规也在不断完善。这意味着官方层面对审计整改工作的重视程度正在不断提高，通过制定和下发各种规章制度来要求各组织单位加强整改意识，推动各组织单位积极开展审计整改工作。但是当前对于整改的制度和规章相对于其他审计工作来说还是相对较少，并且权威性和强制性还不够充分，对于企业审计整改能够起到一定的促进作用，但是力度较弱。因此，在未来内部审计整改发展过程中，各类制度规章的继续修订和发布也是必不可少的条件。随着我国经济社会和内部审计事业的不断发展，内部审计整改制度发展也是未来内部审计事业发展的必备要素。

第三节　审计整改工作存在的不足

一、整改机制不健全

虽然审计整改相关制度明确了被审计单位各项整改职责，但从整改过程中依然存在整改不及时、整改资料不完善、反复督促等现象，反映出目前还缺乏有效机制，推进整改单位（部门）主动层层落实。

二、整改责任不明确

虽然在审计整改制度中明确单位（部门）“谁管业务谁负责”的原则，但在实际操作过程中，各项审计发现问题归属于哪一业务部门，并没有进行准确而清晰的界定，造成部分问题归属不正确或错误，难以有效落实到责任部门，整改督促责任难以精准落实。

三、整改标准不统一

首先，对整改措施的使用标准不明确，同类问题整改建议缺乏一致性，整改措施缺乏指导性，造成整改效果参差不齐；其次，整改建议与整改措施缺乏对应关系，整改内容与需要达到的整改效果不清晰，造成整改结果复核依赖经验判断，成为“良心活”。

第四节　审计整改的意义和必要性

一、审计整改是审计工作闭环管理的要求

审计发现问题和审计决定、审计意见、建议等审计结果得不到全面执行，审计工作的目的就无法实现，审计工作就失去了意义，也不能使审计工作实现闭环管理。

二、审计整改能提高被审计单位管理水平

通过审计整改，将审计发现问题进行纠正、改正，吸取教训、举一反三，能够使问题不再发生或少发生，将审计意见、建议在管理中进行改进，能够促进改善管理，逐步提高管理水平，从而体现审计的效果和价值。

三、审计整改能够增强审计部门权威性

审计整改是内部审计工作的重要组成部分，做好审计整改工作有利于将前期各项审计工作落到实处，更好地发挥审计的确认和咨询功能，进一步完善内部审计工作，有效保证内部审计质量的持续改进，增强内部审计部门的权威性。

第五节　审计整改的具体措施

一、强化组织领导

1. 聚焦“担当”，提高政治站位

要从讲政治的高度，切实增强审计整改工作的政治自觉和行动自觉，将审计整改落实纳入党委会、领导班子民主生活会，将审计整改作为重要议题，由组织、审计、纪委等相关部门列席，班子成员分别对照审计发现问题，把自己摆进去、把职责摆进去、把

工作摆进去，深刻剖析，把抓好问题整改作为重要政治任务，推动审计发现问题整改闭环，推动审计成果转换创效，促进企业管理水平有效提升。

2. 聚焦“责任”，坚持从严从实

主动担当尽责，坚持“严、紧、细、深”标准，层层传导压力、层层压实责任。全面推行审计整改清单化管理，定人、定责、定目标、定时间、定任务、定标准，实时跟踪审计整改动态，力戒形式主义、官僚主义。强化对审计整改工作的督办，坚持立行立改、严督细导，依法依规严肃问责。建立整改绩效考核，将整改工作细化、量化，推动整改的自觉性和主动性。

3. 聚焦“长效”，注重标本兼治

抓好审计整改工作落实，既要纠正违纪违规行为，更要关注“屡审屡犯”，查找问题产生的根源，将审计整改工作的重点放在推动完善管理制度、构建整改长效机制、促进高质量发展，达到“审计—整改—规范—提高”的效果。同时要建立完善审计建议采纳的相关制度，使审计建议能够及时修补制度缺陷、堵塞管理漏洞，改善风险管理、控制和治理过程效果，实现治标治本的目标。

二、制订整改计划

审计部门要将审计整改纳入年度、季度和月度计划，下达被审计单位执行，并纳入计划统计和日常检查督办工作。作为计划工作的组成部分，被审计单位要做好制订整改方案、落实整改责任和报告整改情况三方面的工作。

1. 制订整改方案

被审计单位要梳理分析审计发现问题，剖析问题产生的原因、性质及其造成的损失和影响，编制整改方案，明确整改内容、整改时间、责任人和整改措施等工作要求，列出整改计划表。组织召开整改会议，对整改工作作出具体安排。对立即整改与强化执行性问题，要明确整改的闭环时限，对审计建议要纳入单位改进、改善管理的工作计划中。同时要安排审计整改的延伸内容，将自查自纠、举一反三，法规制度学习、培训等工作进行安排。对整改效果提出具体要求：一是对管理制度顶层设计问题，要求相关部门应从自身业务管理存在缺陷入手，通过健全制度体系，创新管控方式，从而规范业务管理、弥补工作短板。二是对基层单位执行问题，相关单位应积极落实工作职责，加强统筹协调，分类提出清理措施，扎实有效推进整改工作开展。三是对历史遗留的问题以及涉及体制机制建设的深层次问题，应建立长效整改机制，持续组织整改落实，直到问题得到整改落实。四是对涉及责任追究的问题，应遵照审计处理意见、结合“三个区分开来”的重要要求，对相关人员进行责任追究，最大程度上挽回经济损失。

2. 落实整改责任

落实被审计单位主要负责人是审计整改第一责任人制度，对审计查出问题的整改工作负总责，需及时部署、统筹协调整改工作，对重大问题亲自抓、亲自管；同时明确分管领导具体负责，层层压实整改责任，确保整改按时落实到位。要落实责任部门、责任人员，确保整改工作一级抓一级、层层抓落实，事事有人管、件件有人抓。

3. 报告整改情况

按审计整改计划和整改工作要求，按时报告整改情况。审计整改报告应包括审计意见书执行情况、审计查出问题的整改落实情况、有关责任单位和责任人的责任追究情况、尚未完成整改的原因及后续整改计划与时限、审计建议采纳情况等重要内容。

三、建立审计整改督办系统，监督整改过程

将审计信息系统业务流程从审计部门扩展到各被审计单位，审计部门一旦将需要整改的审计发现问题推送至被审计单位，被审计单位必须在限期内进行审计整改，并在系统中录入提交相关整改情况。一般审计发现问题设置默认的审计整改时间，推送被审计单位；对于限期整改的问题，根据问题情况、审计处理意见要求，并结合被审计单整改时间计划，修改设置限期整改时间，推送被审计单位；对于限期整改的问题，及时提醒预警，跟进监督，根据时间延长的长短来采取相应的措施，从而实现对审计问题的实时跟踪、督办和监督；同时对已整改的问题，审计部门应明确其整改方式，审核被审计单位提交的整改执行情况及上传的整改佐证资料，最终经审核确认，结束该整改问题的一系列工作，促进审计整改工作落到实处、强化审计工作的闭环管理。

1. 督办业务启动

系统以审计发现问题底稿为单位自动生成督办单并推送至被审计单位，督办内容包括审计整改状态、整改期限、问题的基本信息、督办期限、督办内容、整改要求等。

2. 督办整改执行

被审计单位根据督办单位和实际整改情况，将整改情况按照整改实际过程、整改完成度、整改情况录入系统，并将相应的整改证据附件上传至系统，审计部门可以实时查看整改进行情况。针对未及时进行审计整改的现状，系统可设置时间提示功能进行审计整改预警，被审计单位还可以实时查看督办剩余时间，系统会根据实际情况进行督办提醒。

3. 督办结果审核及成果录入

为提高审计整改的及时性及有效性，被审计单位在完成问题的整改后，可实时提交审计部门进行结果审核，审计部门针对被审计单位对整改情况的回复进行复核及评价，对审核通过的问题，系统自动转为已整改；对审核不通过的问题，审理部门可以手动进行结果的确认和更改，并推回至被审计单位进行再次整改。最后，审计部门针对完成审计整改的每一个问题底稿复核评价并录入审计成果信息。对于限期整改的问题，由审计部门根据审计发现问题的情况、审计处理意见的要求结合被审计单位提出的整改时间计划，判断确定限期整改时限，并在系统中进行相应的时间设置，推送被审计单位。

4. 考核整改质量

将审计整改到位率作为一项年度绩效指标，并将问题划分已整改类、限期整改类、强化执行和加强管理类、未整改类等四大类，实施分类动态管理，重点监控限期整改类、未整改类问题的管理。对限期整改的审计发现问题，系统设置预警及报警功能，例如在整改时限到期前一周，系统以黄色字体在待办工作中提示被审计单位尚未整改处理的审

计发现问题，预警应按时在系统中录入整改情况，并自动发送短信到被审计单位审计联络员办公即时通；在整改时限到期前三天，尚未完成整改处理的被审计单位，系统则以橙色字体进行报警，并自动发送短信到被审计单位主管领导办公即时通；在整改时限到期后仍未完成整改，系统则以红色字体进行报警，并自动扣减该单位年终考核得分。

同时，将《审计整改考核评分标准》算法公式设置于系统中，并将审计整改到位率纳入所属单位业绩考评范围，审计整改到位率按照“90%～100%”“80%～90%”“80% 以下”三个标准进行严格考评自动打分，业绩挂钩，单位年终考核结果通过被审计单位审计整改的及时性、准确性、完整性等情况得分，直接计算。各被审计单位能够通过公开公平、透明直接的评分标准和计算公式，自动获取本单位的考核结果。同时，审计部门可通过系统进行审计整改通报、部门联动协调、质量考评打分，将审计整改结果考核制度化、常态化，确保审计整改质量。

5. 转化整改成果

（1）综合分析整改数据，深化成果运用。

通过建立审计整改数据库，将审计发现问题整改情况作为一种资源进行收集、存储，实现了从不同角度剖析问题的成因、问题的性质和问题的危害，对问题进行各种标定并再次分类存储，并加以二次挖掘和利用，用以确定审计的重点单位和业务领域，挖掘问题的共性，汇总审计成果分析，强化了审计人员对审计过程和成果数据的全面认识和理解；多维度进行审计数据分析和应用，促进内部审计从发现问题的初级阶段向问题挖掘利用的高级阶段转型，并将微观成果和个案成果提升至宏观层面和系统层面，形成有深度、高质量的整改分析报告，为管理层提供全面的审计整改信息，为领导决策提供依据。

（2）挖掘关联数据，量化屡审屡犯问题。

在分析层搭建起关联分析引擎、全文搜索引擎、回放引擎等核心引擎，进行多条件组合查询，多维度数据挖掘及数据的交互式分析、历史分析、合规分析等，将审计整改情况、整改意见建议、整改成果数据、整改相关数据同审计底稿、各类审计报告、总结及审计问题数据库的数据进行关联挖掘，分析各年度前审后犯、屡审屡犯的发现问题和发展趋势，通过对各类数据进行最细小度的综合对比分析，挖掘出具有普遍性、系统性、典型性和存在严重风险的问题，将屡查屡犯问题进行量化，从而实现挖掘问题根源，分析问题产生原因，达到提高审计整改效率、效果，强化后续审计，提升审计工作质量的作用。

四、建立整改协作联动和责任追究机制

1. 审计信息共享

通过定期召开的监督联席会、协调会和其他专业会议等形式，审计部门将审计中发现的、反映突出的、涉及面广的整改难问题，向业务部门进行通报，由业务部门按照整改职责分工，从管理源头抓好整改的督促与推进工作。同时，被审计单位在向审计部门报送审计整改情况时，也应抄送相关业务管理部门，便于业务管理部门及时掌握整改工作最新进展，帮助被审计单位进一步解决整改工作中面临的问题和困难。

2. 与业务部门协作联动

定期梳理各单位问题整改情况，针对重点领域、关键环节的审计对象及整改事项，联合业务处室，共同开展问题整改“回头看”，借助不同专业间协同共管之力，对典型性、倾向性问题分析研究，摸清症候、找准症结、对症下药，推动问题得到彻底解决。同时，鼓励业务部门加强与审计的沟通协作，在配合审计部门查找问题并推动整改的同时，适时开展各类专项检查，掌握公司重点领域存在的薄弱环节，与审计部门共同遏制、防范舞弊行为的发生，有效发挥联合监督职能。

3. 与巡察部门协同联动

与巡察部门的协作配合，融合两种不同常规监督模式的特点，既将审计整改列为巡察关注重点，又将巡察通报的共性问题纳入审计视野。督促单位及时反馈整改结果。巡查期间，对整改取得良好成效的单位，给予充分肯定和鼓励；对屡查不改、屡审屡犯给单位造成重大影响的单位及个人，要抓典型、强问责、严追责，由巡察领导工作小组对相关单位负责人进行约谈，并在公司范围内进行发文通报，责令限期整改。

4. 与组织人事协同联动

建议组织人事、劳资部门在年度目标考核、工作考核、业绩考核时，综合运用审计整改结果。一方面，将审计整改结果，纳入单位领导班子民主生活会和党风廉政建设责任制检查考核内容，作为领导班子成员述职述廉、年度考核、任职考核的重要组成部分。另一方面，将审计整改到位率，纳入对公司所属单位的业绩考评范围，将审计整改到位率与业绩挂钩，提高单位与领导干部对审计整改工作的重视程度。

5. 与纪检部门协同联动

与纪检部门的协作配合，利用各自职能特性，有效落实审计整改问责机制，加大对审计整改不力、屡审屡犯的惩处力度，真正体现追责问责的威慑和惩戒作用。同时，对审计发现的重大违纪、违规线索，及时向纪检部门移送，加强信息联动与互通，强化执纪问责，实现震慑，有效促进党风廉政建设和反腐败工作。通过反舞弊联席会议，对整改不力的典型案例给予通报曝光，共同会商解决措施指导、督促被审计单位抓好整改落实，对因未履行整改职责或虚假整改，给企业造成经济损失或其他严重不良后果的有关人员实施纪律问责。

参考文献

［1］彭华彰 . 政府效益审计论［M］. 北京：中国时代经济出版社，2006.

［2］刘玲君 . 企业管理效益审计的切入点［J］. 中国内部审计，2012（2）：2.

［3］王学龙 . 经济效益审计［M］. 大连：东北财经大学出版社，2014.

［4］刘昕雁 . 用精细化理念指导管理效益审计［J］. 经济师，2014（4）：2.

［5］蔡庆丰，郭春松，陈诣之 . 大数据思维在金融学研究中的运用［J］. 经济学动态，2015（3）：11.

［6］秦荣生 . 大数据、云计算技术对审计的影响研究［J］. 审计研究，2014（6）：6.

［7］周莹 . 大数据对当前审计工作的影响与应对［J］. 审计月刊，2017（4）：25–26.

［8］费利克斯·波姆莱斯 . 项目预算投资管理［M］. 北京：煤炭工业出版社，1992.

［9］金绵绵 . 工程审计发展研究综述［J］. 市场周刊（理论研究），2018（04）：118–119.

［10］曹慧明 . 论建设项目跟踪效益审计［J］. 审计研究，2005（1）：53–57.

［11］王中信 . 重大突发性公共事件全过程跟踪审计方式探讨［J］. 审计研究，2009（06）：3–7，12.

［12］张晓东，俞振华 . 建设项目跟踪审计中设计审计的探讨［J］. 铁路工程造价管理，2009，24（2）：5–8.

［13］王雪荣，陈国华，申月红 . 政府投资项目持续跟踪审计研究评述［J］. 科技进步与对策，2011，28（13）：90–94.

［14］王雪荣，申月红，杜丙金 . 基于工程分解的政府投资项目即时跟踪审计模式框架研究［J］. 科技进步与对策，2010，27（19）：99–102.

［15］陈伟，刘思峰 . 基于 BCP 视角的联网审计风险控制［J］. 工业技术经济，2007（10）：135–137.

［16］陈伟 . 计算机辅助审计原理及应用［M］. 北京：清华大学出版社，2008.

［17］饶凤娟，郭涛 . 多措并举 加强政府投资审计工作［J］. 审计与理财，2011（10）：21.DOI:10.19419/j.cnki.36–1264/f.2011.10.013.

［18］殷丽丽，李媛媛 . 经济危机下的内部审计战略［J］. 审计研究，2010（01）：39–46.

［19］赵宝卿，黄译贤，刘晓敏 . 基于国家治理的我国国家审计与专业经济监督形式的协调［J］. 中国审计评论，2016（01）：41–48.